小さな会社

社長が知っておきたい お金の実務

土屋会計事務所
土屋裕昭 [監修]
Business Train [著]

実務教育出版

はじめに

忙しい社長さんも、これだけは頭に入れておこう！

　会社のお金にかかわる実務について、給与計算の本、経理の本、節税の本、融資の本など、テーマごとに詳しく取り上げた本はたくさんあります。

　しかし、小さな会社では、日々の仕事が忙しく、営業面でも最前線に立つ社長がこうした本を何冊も読破して、お金まわりの知識を身に付けていくのは、とてもたいへんなことです。

　結果として、経理業務は従業員に任せきりとなり、経営はどんぶり勘定。資金繰り表の作成もままならないため、日々、通帳残高を気にしていなければならないような事態に陥りがちに。

　給与についても、社会保険料の事業主負担分が頭に入っていないため、採用や退社の引き留めに、採算の合わない給与を約束してしまうことも。

　また、通帳の残高を見て安心していたところ、決算期になって消費税の支払いがあることに気がつき、資金調達にあわてふためく……こうした光景はめずらしいものではありません。

　そこで本書では、時間に追われる**小さな会社の社長の立場に立って、最低限、会社の運営に必要なお金の実務を、テーマの垣根を越えて、短時間で一通り身に付く**ような内容としました。

　具体的には**「税金」「口座・カード・通帳」「給与・賞与・退職金」「社会保険事務」「経理」「決算書の読み方」「資金繰り・融資」「節税対策」**等について、図と文章で簡潔に説明。

　読み始めてみたものの、内容が細かすぎて、途中で挫折してしまうことがないように、あえて枝葉を切り落とし、幹を浮き彫りするように心がけました。

　なお、「株式会社」を前提に話をすすめていますが、個人事業主の方、一般社員の方が本書を手に取られても、困ることのない内容としています。

　本書によって、経営に必要なお金の"勘所"をつかんでいただけると幸いです。

CONTENTS

はじめに　1

第1章　社長が知らないと恥ずかしい「お金」と「税金」の超常識

1 お金のキホン❶
ビジネスで使われる"通貨"、「手形」と「小切手」の常識　14

2 お金のキホン❷
入金・出金を把握することが、利益を生み出す第一歩　16

3 お金のキホン❸
「現金商売」と「掛け商売」のメリット・デメリットとは？　18

4 お金のキホン❹
企業会計と税務会計の違いを知っておこう　20

5 お金の用語❶
「儲け」に関する基本用語　売(買)掛金／未収(払)金／売上高／仕入高ほか　22

6 お金の用語❷
「先払い」に関する基本用語　内金／手付金／前払(受)金／前払費用／未払費用　24

7 お金の用語❸
「小口現金」に関する基本用語　仮払金／販売費及び一般管理費　26

8 税金のキホン❶
会社が関係する税金は、大きく4つに分かれる　28

9 税金のキホン❷
事業・決算関連の税金①　法人税／法人住民税(道府県民税・市町村民税)　30

10 税金のキホン❸
事業・決算関連の税金②　法人事業税／外形標準課税　32

11 税金のキホン❹
事業・決算関連の税金③　消費税／地方消費税　34

12 税金のキホン❺
従業員関連の税金　源泉徴収制度(所得税)／住民税　36

13 税金のキホン❻
資産関連の税金　固定資産税／償却資産税／自動車税・軽自動車税　38

14 税金のキホン❼
「契約・登録」関連の税金　印紙税／登録免許税　40

第2章 毎日の仕事に直結する「口座」「カード」「通帳」の活用術

1 口座の開設❶
小さな会社の口座開設は年々むずかしくなってきている　44

2 口座の開設❷
各金融機関の特徴を知って、メインバンクを決めよう　46

3 口座の開設❸
ネットバンキングを利用して、時間とコストの節約を　48

4 口座の活用❶
ペイオフ時の"預金保護"を第一に考えた口座の選択とは　50

5 口座の活用❷
複数の口座を持つメリット、口座を1つに絞るメリット　52

6 口座の活用❸
公共料金等は口座振替にし、経理の負担を軽くしよう　54

7 カードの活用
法人用クレジットカードで現金のやりとりを少なくしよう　56

8 通帳の活用
通帳にメモを残しておけば、帳簿付けがスムーズにできる　58

9 定期預金の活用
定期預金はメリットとリスクの両面を考えよう　60

COLUMN　振込手数料は誰が支払う？　62

第3章 きちんと決めておきたい「給与」「賞与」「退職金」の制度

1. 人件費のキホン
   人を雇えば必ずかかり、コストダウンしづらい人件費 … 64

2. 従業員と役員の給与
   従業員と役員の給与は、会計上の扱いがまったく違う … 66

3. 役員の給与❶
   役員の給与額は自由だが、高めに設定したほうが無難 … 68

4. 役員の給与❷
   決算が赤字になるほどの役員給与は融資に響く … 70

5. 役員の給与❸
   家族を役員にして所得を分割したほうがお得な理由 … 72

6. 従業員の給与❶
   いい加減な給与制度は、いずれ大きなトラブルを招く … 74

7. 従業員の給与❷
   人件費全体を把握したうえで給与の額を決めよう … 76

8. 従業員の給与❸
   中途採用者の給与水準は無理をしない設定を … 78

9. 従業員の給与❹
   モチベーションをアップさせる給与制度を工夫しよう … 80

10. 退職金の支払い❶
    退職金を払うことは法律で義務付けられていない … 82

11. 退職金の支払い❷
    役員の退職金は勤続年数や功績をベースに額を決める … 84

12. 退職金の支払い❸
    「中小企業退職金共済制度」を従業員の退職金に利用しよう … 86

COLUMN　安易な解雇は大トラブルに発展!? … 88

第4章 人を雇ったら必要な「給与計算」「社会保険」のルーティンワーク

1 雇用と給与計算
少数の給与計算のために担当者を雇うのは無駄 …… 90

2 給与明細の作成
給与の支払いに欠かせない書類をどうつくるか …… 92

3 勤怠管理
給与支払いの基準となる労働時間をきちんと管理する …… 94

4 給与の支給
2つの種類の給与と支払い方の法的ルール …… 96

5 割増賃金のルール
残業や休日勤務をさせたら割増賃金を支払う義務がある …… 98

6 減給のルール
遅刻・欠勤による減給とペナルティ的減給の違い …… 100

7 非課税扱い
給与のなかには課税されないものがある …… 102

8 社会保険事務❶
給与から差し引かれる5種類の社会保険料 …… 104

9 社会保険事務❷
会社設立時、従業員雇用時にやるべき保険の加入手続き …… 106

10 社会保険事務❸
医療保険、年金保険関係の保険料控除のポイント …… 108

11 社会保険事務❹
労働保険関係の保険料控除のポイント …… 110

12 税金の控除❶
源泉徴収する所得税の額をどう計算し、納付するのか …… 112

13 税金の控除❷
個々の従業員の住民税の額をどう計算し、納付するのか …… 114

14 給与計算業務
毎月のルーティンワーク、給与計算は日にちを決めて　116

15 賞与計算業務
賞与から税金、社会保険料を控除する計算方法とは　118

16 年末調整業務❶
11月～12月に行う年末調整関係の作業の流れ①　120

17 年末調整業務❷
11月～12月に行う年末調整関係の作業の流れ②　122

18 退職金の税金処理
退職金を支払う際に必要な所得税、住民税関係の作業　124

19 計算ソフトの利用
給与計算ソフトを利用すれば作業時間を短縮できる　126

COLUMN　分割払いとリース契約の違いは何？　128

第5章 時間や手間をかけずに済ませたい「経理」のシンプル仕事術

1 仕事の心得
時間をかけずにできる経理のしくみを考えよう　130

2 税理士との連携
経理のどういう仕事を、どんな税理士に頼むか　132

3 社内ルール❶
「領収証」のもらい方、「出金伝票」の使い方を覚えよう　134

4 社内ルール❷
「請求書」の管理は、代金を回収するまで続く　136

5 社内ルール❸
「仮払金」の管理がずさんにならないよう、書類をそろえよう　138

6 社内ルール❹
現金で支払った経費の精算方法を決めよう　　　140

7 会計のキホン❶
会社の会計を記録する記帳は複式簿記で行う　　　142

8 会計のキホン❷
記帳にあたって不可欠な「仕訳」の知識　　　144

　　　「勘定科目」一覧表　　　146

9 会計のキホン❸
会社で使う帳簿は主要簿と補助簿に分けられる　　　148

10 会計のキホン❹
「発生主義」「費用収益対応」の考え方に慣れよう　　　150

11 記帳の実際❶
会計ソフトを利用するメリットと注意点　　　152

12 記帳の実際❷
会計ソフトを使った記帳のポイントをマスターしよう　　　154

13 記帳の実際❸
複合取引の記帳の仕方をマスターしよう　　　158

　　　実務でよく登場する「仕訳パターン」　　　160

14 決算調整❶
決算書を作成する前に必要な「決算調整」の作業　　　164

15 決算調整❷
実地棚卸を行い、在庫量を確定しよう　　　166

16 決算調整❸
棚卸資産を評価し、売上原価を確定しよう　　　168

17 決算調整❹
固定資産を評価し、減価償却費を計上しよう　　　172

第6章 会社の経営状態を客観的に判断する「決算書」の注目ポイント

1 決算書の読み方❶
   貸借対照表、損益計算書の役割と構造を理解しよう　176

2 決算書の読み方❷
   貸借対照表でチェックしたい、返済義務のある「負債」の数字　178

3 決算書の読み方❸
   損益計算書でポイントとなる「5つの利益」の意味　180

4 経営分析の指標❶
   資本を有効に活用しているかどうかを知るROA　182

5 経営分析の指標❷
   出資金を有効に活用しているかどうかを知るROE　184

6 経営分析の指標❸
   返済不要のお金がどれくらいあるかを知る自己資本比率　186

7 経営分析の指標❹
   資金ショートの危険がないかどうかを知る流動比率　188

8 経営分析の指標❺
   製造業で売上と利益の関係が一目でわかる直接原価計算　190

COLUMN　もし税務調査が入ったら!?　192

第7章 社長の真価が問われる「資金繰り」「融資」「リスケ」成功法

1 資金繰り❶
   資金ショートを起こしたら、小さな会社は致命傷に　194

2 資金繰り❷
   資金繰りが危なくなったら考えたい3つの方策　196

3	**資金繰り❸** お金の動きをつかむため「資金繰り表」を作成しよう	198
4	**資金調達❶** どこから融資を受けるか、各機関の特徴を知っておこう	200
5	**資金調達❷** 都市銀行からの融資には、高いハードルがある	202
6	**資金調達❸** 地元企業との結びつきが強い地方銀行、信用金庫の利用法	204
7	**資金調達❹** 借りやすいが金利が高いノンバンクからの融資	206
8	**資金調達❺** 安心して借りられる政府系機関や地方公共団体	208
9	**資金調達❻** リスクを分散した資金調達の組み合わせを考えよう	210
10	**資金調達❼** 融資を決める判断材料は、決算書と事業計画書	212
11	**資金調達❽** 定期預金を行っている金融機関からの融資は慎重に	214
12	**資金調達❾** 融資の担保となるのは不動産だけではない	216
13	**資金調達❿** 融資申し込みの際の面談では、質問に正直に答えよう	218
14	**借入金の返済** 金融機関への返済方法には、いろいろな選択肢がある	220
15	**リスケジュール❶** 返済や資金繰りに困ったら、リスケジュールを考えよう	222
16	**リスケジュール❷** リスケジュールの申し込みと課されるペナルティ	224
17	**リスケジュール❸** リスケジュールを成功させる経営改善計画書のつくり方	226

18 リスケジュール❹
取引先に対する支払延期や給与の遅配は最後の手段　228

19 手形の活用❶
手形を担保にお金を借りる「手形貸付」にはリスクが伴う　230

20 手形の活用❷
手形を期日前に現金化する「手形割引」の注意点　232

21 当座貸越
預金者が限度額まで借りられる当座貸越の利用　234

22 助成金・補助金
利用条件が合えば活用したい返済不要の助成金と補助金　236

COLUMN 「融通手形」「白紙手形」の利用は危険　238

第8章 小さな会社でも効果抜群の「節税」対策

1 法人税対策のキホン❶
節税対策をしなければ、利益の4割を税金にとられる　240

2 法人税対策のキホン❷
会社の活動にかかった費用はすべてもれなく計上する　242

3 決算賞与の扱い
税金対策のための決算賞与はできるだけ避ける　244

4 役員報酬の扱い
社長や役員の給与・賞与を適正に設定しよう　246

5 生命保険の扱い
会社を受取人にして社長に生命保険をかけるメリット　248

6 資産の扱い
自動車や不動産などは会社所有にしたほうがお得　250

7 儲けの扱い
設備の修繕や消耗品購入は儲かっている期内のうちに　　252

8 前倒し計上
短期前払費用や未払分を前倒しで計上しよう　　254

9 飲食代の扱い
取引先との飲食代は1人当たり5,000円以下に抑えよう　　256

10 株式投資
会社名義の株式投資なら、損が出てもフォローできる　　258

11 在庫処分
赤字が出ている資産は、黒字決算の期に処分しよう　　260

12 分社化
別会社を立ち上げれば、免税措置が受けられる　　262

COLUMN　旅費規定を作成すると節税にも役立つ!?　　264

索引　　265

第1章

社長が知らないと恥ずかしい
「お金」と「税金」の超常識

1 お金のキホン❶ ビジネスで使われる"通貨"、「手形」と「小切手」の常識

● 手形と小切手は経営者の必須知識

　会社と会社との商取引では、現金に加えて、**手形**（おもに**約束手形**）と**小切手**が"通貨"の役割を果たします（☞しくみは右ページの図）。

　最近はネットバンキング（☞48ページ）などで簡単に振込ができるため、新興の業界では徐々に使われなくなってきていますが、手形や小切手の知識は、会社の経営者なら知っていなければならない常識であることに変わりはありません。

　手形も小切手も、現金をその場に用意しなくてもよい便利な"通貨"です。両者の違いはといえば、**手形が「支払期日を約束して振り出す」**のに対して、**小切手は「振り出した日に支払いをしなければならない」**という点です。

　通常の買い物に置き換えると、手形は支払期日が先になるクレジットカード、小切手はその場で銀行口座から引き落とされるデビットカードと考えれば、わかりやすいでしょう。

　いずれも社会的に信用される有価証券であり、発行するには金融機関に**当座預金口座**を開設しなければなりません。その審査はかなり厳しくなっています（☞50ページ）。

● 便利だが、リスクも生じる「手形商売」

　とくに手形は、現金がなくても将来の支払いを約束することで商取引ができるため、企業にとって資金繰り（☞7章）の面で重要な役割を果たします。

　たとえば製造業の場合、現金払いだと、手元にお金がなければ材料の仕入もできませんが、手形なら支払いを後にしてとりあえず材料を仕入れ、製品をつくって販売して、その代金を材料費に充てることができます。

　商習慣上、こうした「**手形商売**」を行っている会社は少なくありません。
手形は「**裏書（手形の裏の裏書欄に署名）**」をすれば、第三者へ譲渡する

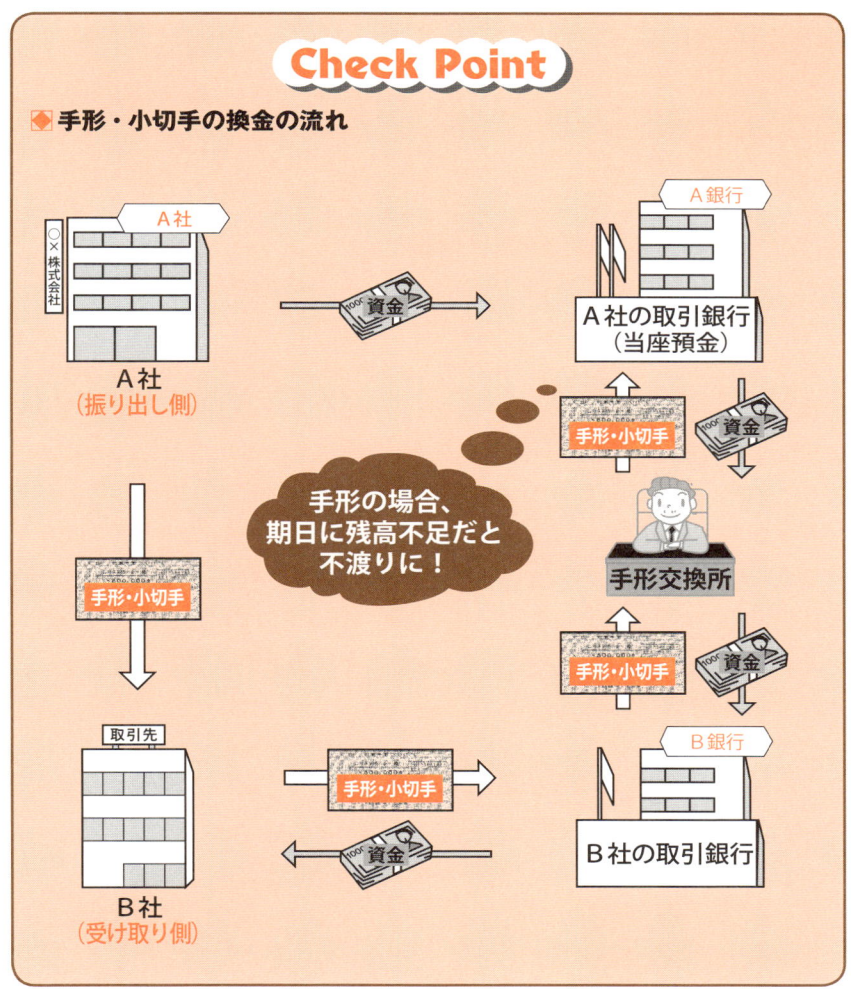

こともできます。A社が振り出した手形を受け取ったB社が、別のC社への支払代金の代わりに、この手形をC社に譲渡できるということです。

　ただし、手形を受け取った側は、支払期日になってみないと、本当に現金化できるかどうかわからないというリスクがあります。手形を振り出した会社が期日までに口座にお金を用意できなければ、支払いは行われません（☞230ページ）。

お金のキホン❷
2 入金・出金を把握することが、利益を生み出す第一歩

● 入るお金と出るお金の差額が「利益」

いつも社長が忙しく動き回っているのに、毎月締めてみると、なぜか赤字になっている会社は意外に多いものです。

こうした会社の多くは、目先の支払いのためにとにかく仕事を請けて入金を増やします。そして直近の支払いを乗り越えたかと思うと、今度は仕事を増やしたために膨らんだ外注費や材料費などの支払いに、また追われるということを繰り返しています。

ずっと売上を伸ばし続けられるのなら、こうした"自転車操業"でも会社を存続させていくことはできますが、いずれ行き詰まってしまうでしょう。健全な経営をめざすなら、**売上よりも「利益」を追求していく**ことが大切です。

そのためには、**「会社に入ってくるお金」と「会社から出ていくお金」に敏感でなければなりません**。言うまでもなく、この2つのお金の差額が「利益」です。

一般家庭でも、給与や貯金の額を把握しないまま、好きなだけ買い物をしていたら、家計はあっという間に火の車になってしまいます。

家計簿を付けるなどして、普段から細かくお金の出入りをチェックしていると、自然と生活を改善する必要性や将来設計を考えるようになり、結果として、貯蓄が増えていきます。

●「入ってくるお金」「出ていくお金」の種類とは

まずは、「会社に入ってくるお金」と「会社から出ていくお金」にはどんなものがあるのかを、正確に頭に入れておきましょう。

最初に、「入ってくるお金」です。大きく分けて3種類あります。

一つは、ビジネスで商品やサービスを提供して得た対価として入金されるもの、いわゆる「**売上**」です。

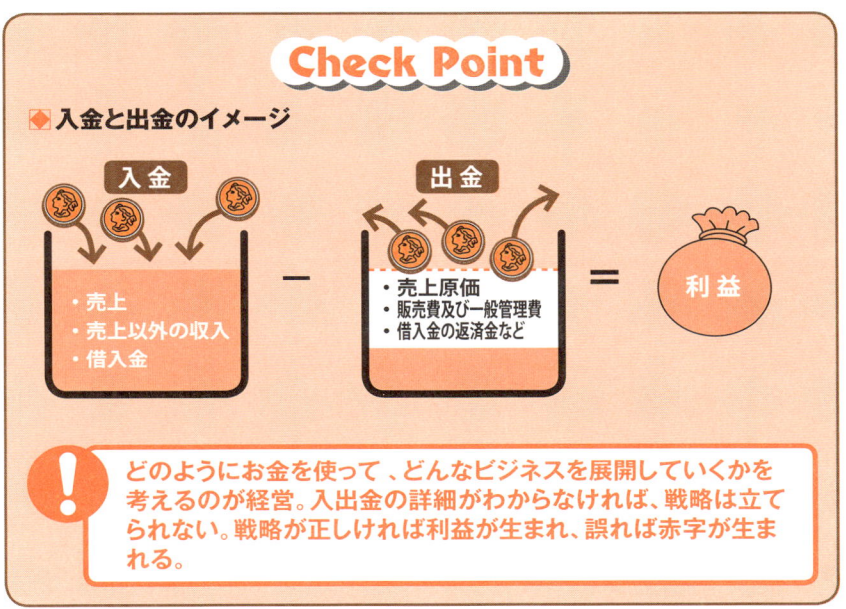

　もう一つは、「**売上以外の収入**」です。預金の利子、株や国債などの配当、土地建物等の不動産や機械設備・車両等の動産など、資産の売却によって得た利益がこれに相当します。

　最後に、「**借入金**(かりいれきん)」があります。売上や売上以外の収入と違って、いずれ返さなくてはならないお金ですが、「入ってくるお金」として扱います。

　これら入ってくるお金をどう使っていくかが、社長の腕の見せどころといえます。

　次に、「出ていくお金」です。これも大きく３つに分けられます。

　一つは、商品やサービスを生み出すために使った費用、一般に「**売上原価**(うりあげげんか)」と呼ばれるものです。原材料費や商品の仕入代金、販売目的の商品の加工を外注した場合などの費用もここに含まれます。

　二つ目は、「**販売費及び一般管理費**(はんばいひおよびいっぱんかんりひ)」。人件費や交通費、事務機器などのリース料、事務所の家賃など、会社を維持していくのに必要な費用です。

　三つ目は、「**借入金の返済金など**(へんさいきん)」です。役員や従業員にお金を貸す場合も、ここに入ります。

お金のキホン ❸
「現金商売」と「掛け商売」の メリット・デメリットとは？

● 現金商売は日々の経理、掛け商売は回収に注意

　ビジネスの形態は大きく、「現金商売」と「掛け商売」とに分かれますが、あなたの会社はどちらのタイプでしょうか？

　現金商売は、一般の小売店や飲食店のように商品やサービスを、その場で現金と引き換えに販売する商売のことです。

　掛け商売は、商品やサービスを販売する際に、代金を後で受け取る形態の商売のことで、いわば"ツケ商売"のことです。

　販売する側にとって、現金商売の最大のメリットは、**売上代金をその場で手にできるので、回収不能になる心配のない**ことです。資金繰りの面から見ても、**すぐにほかの用途に資金を使える**メリットがあります。

　デメリットとしては、脱税しやすいため、**税務調査が厳しい**点が挙げられます。領収証を発行せずに、売上金をそのまま自分のポケットに入れて会社の利益を減らし、税金を少なくするのが代表的な手口です。

　もちろん、こうした手口については、税務署側もよく承知しています。そのため、アポなしで突然職員が現況調査に訪れたり、張り込みで客数を調べたりするなどして、不自然な点を追及してきます。まず、言い逃れはできないと心得ておいたほうがいいでしょう。

　現金商売では**現金の出入りが頻繁なため、その管理がポイント**になります。できれば売上専用の通帳をつくり、日々、売上を入金しておくことをおすすめします。

　一方、掛け商売は、ツケの利く飲み屋と同じで、客からすれば、**手元にお金がなくても先に商品やサービスを手に入れられるため、注文しやすい**のがメリットといえるでしょう。

　逆にデメリットとしては、**売掛金（商品やサービスを売ったにも関わらず、未入金のお金のこと）が回収不能になる恐れのある**ことです。飲み屋が客に

Check Point

◆ 現金商売と掛け商売のメリット・デメリット

	メリット	デメリット
現金商売	・代金の回収が確実 ・資金繰りが簡単、有利	・税務調査が厳しい ・現金の管理が面倒
掛け商売	・注文を取りやすい ・大きな商売がしやすい	・代金の回収が不確実 ・資金繰りが面倒

タダ酒を飲まれてしまうのと、同じ心配があります。

また、売掛金をいつ回収できるか、しっかりスケジューリングしておかないと、現金が不足して資金繰りに行き詰まり、まさかの黒字倒産（☞194ページ）ということも考えられます。

● 支払う立場なら、現金払いと掛け払いのどちらが得か

では、販売側ではなく仕入側に立った場合、「現金」で仕入れるのと、「掛け」で仕入れるのと、どちらのメリットが大きいでしょうか。

一般的には、掛けで仕入れるほうが得策です。**手元に少しでも現金を残しておくことで、急な出費にも対応できる**からです。もちろん、対応したぶん、後々、資金調達が必要になるかもしれませんが、目の前の支払いに追い立てられるのと違って、落ち着いて対処することができます。

ただし、**掛けでの仕入れには、資金繰りが面倒になる**というデメリットがあります。支払いを先延ばししているぶん、実際に使えるお金がどのくらいあるのか、判断がつきにくいからです。

こうした計算に右往左往させられるくらいなら、現金払いのほうがメリットが大きいという考え方もあります。

お金のキホン❹
4 企業会計と税務会計の違いを知っておこう

●「企業会計」と「税務会計」という2つの会計

　会計とは一言でいえば、**金銭や物品の出入りを、すべてお金を単位に換算して、記録すること**です。何のために記録するのかというと、会社を取り巻くさまざまな関係者に、会社の情報を提供するためです。

　この対象とする関係者の違いによって、会社の会計には「企業会計」と「税務会計」の2つがあります。

　企業会計は、株主や関係する金融機関などに対して、企業の財務内容を明らかにし、企業の状況に関する判断を誤らせないようにすることを目的とするものです。

　一方の**税務会計**は、法人税法の規定に従って課税所得や法人税額を算出することを目的としています。

　こうした目的の違いから、両者には、会計処理の仕方や考え方に微妙な違いがあります。たとえば、「**収益**」と「**益金**」、「**費用**」と「**損金**」、「**利益**」と「**所得**」、いずれも似た言葉ですが、2つの会計との関係でみると、右ページの図のような違いがあります。

　企業会計では、同じ「費用」でも、電話代は通信費、タクシー代は旅費交通費、取締役の給与は役員報酬など、**勘定科目**（☞146ページ）ごとに分類して記録します。

　しかし、税務会計ではこれらはすべて「損金」としてひとくくりに扱います。その理由は、勘定科目に分けようが分けまいが、税額には影響しないからです。

　また、企業会計の費用と税務会計の損金は、イコールの関係ではありません。両者をくらべてみると、企業会計上は費用として処理するもののなかで、税務会計上は損金と認められない支出があります。

　わかりやすい例は、交際費です。企業会計では、交際費は売上を上げるた

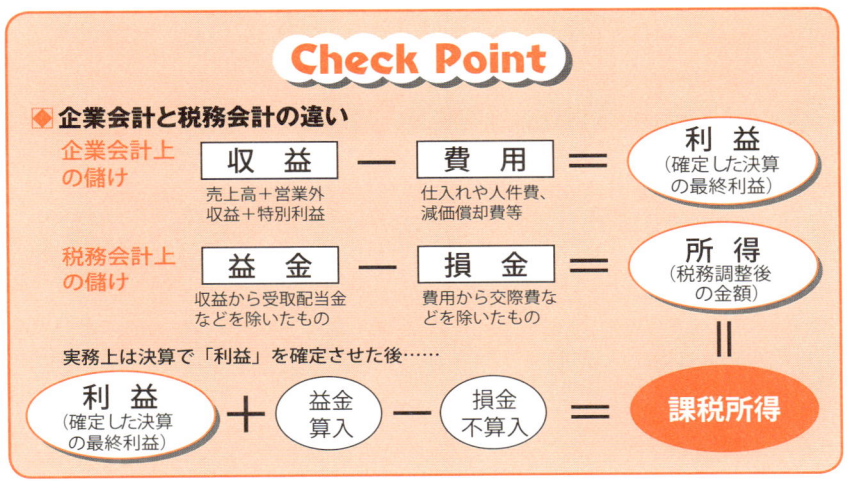

めに使うお金ですから、当然全額費用として処理します。ところが税務会計では、交際費は原則的に損金不算入の扱いです。

税務会計は税金を徴収する側に都合よくつくられていて、交際費を使ったからといって、売上は変わらないと捉えているからです。

ただし、資本金が1億円以下の企業は、原則として、支出した交際費のうち、年間600万円に達するまでの金額の90パーセントまで（最大540万円まで）を、損金にすることが認められています（☞256ページ）。それでも交際費のうち10％は、単なる遊興費としてしか認められないということです。

● 日々の経理は「企業会計」、決算・税務申告は「税務会計」

帳簿付けや経費精算など、日々の経理業務のほとんどは企業会計に基づくものです。

税務会計が必要とされるのは、年に1回決算書を作成して税務申告を行う段階において。通常、これらの作業は**会計事務所**（☞132ページ）に依頼するため、まずは企業会計について詳しくなることが大切ですが、節税対策などに本格的に取り組もうとするならば、税務会計の知識が不可欠となります。

いずれにしても、**企業会計⇒税務会計⇒税務申告**という流れを、しっかりと頭に置いておきましょう。

お金の用語❶

5 「儲け」に関する基本用語
売(買)掛金／未収(払)金／売上高／仕入高ほか

● 正しく理解したいお金に関する用語

　日常のビジネスでは、お金関連の用語がいろいろ使われますが、意味がわからなかったり、使い方を誤ったりすると、不都合が生じることがあります。

　取引先からは「数字に弱い社長」と思われて、支払いに不安を感じさせることになりかねません。また、社内に経理担当者がいるなら、その人とスムーズに意思疎通できない原因になります。

　社長であれば、お金関連の常識的な用語を正しく理解しておくのは当然のことです。従業員を雇っているなら、全員に共通理解させましょう。そうすれば、自然と会社全体のコスト意識も高まっていきます。

　日々の業務で使われるお金関連の用語の多くは、**税務会計で使う用語が基**になっています。以下、押さえておきたい用語について説明していきます。

● 入金前と入金後のお金に関する用語

　先に掛け商売について説明しました（☞18ページ）が、商品やサービスを販売して、まだ支払われていない代金のことを「**売掛金**」と呼びます。

　これに対して、たとえば株の売却代金など、本来の会社の営業活動以外の部分で、まだ支払われていない代金のことを「**未収金**」といいます。

　反対に、商品や原材料を購入して、まだ支払っていない代金のことを「**買掛金**」、株の購入代金など、本業以外の部分でまだ支払っていない単発的な代金のことを「**未払金**」（☞25ページ）といいます。

　売掛金は実際に入金されると、「**売上高**」と名称を変えます。売上高は商品やサービスの代金など、本業による収益を指すものです。

　本業以外の収益、たとえば、預金の利息や株式の配当などについては、売上高ではなく、「**営業外収益**」と呼びます。

　ここで「収益」という言葉が出てきましたが、収益＝利益と勘違いしてい

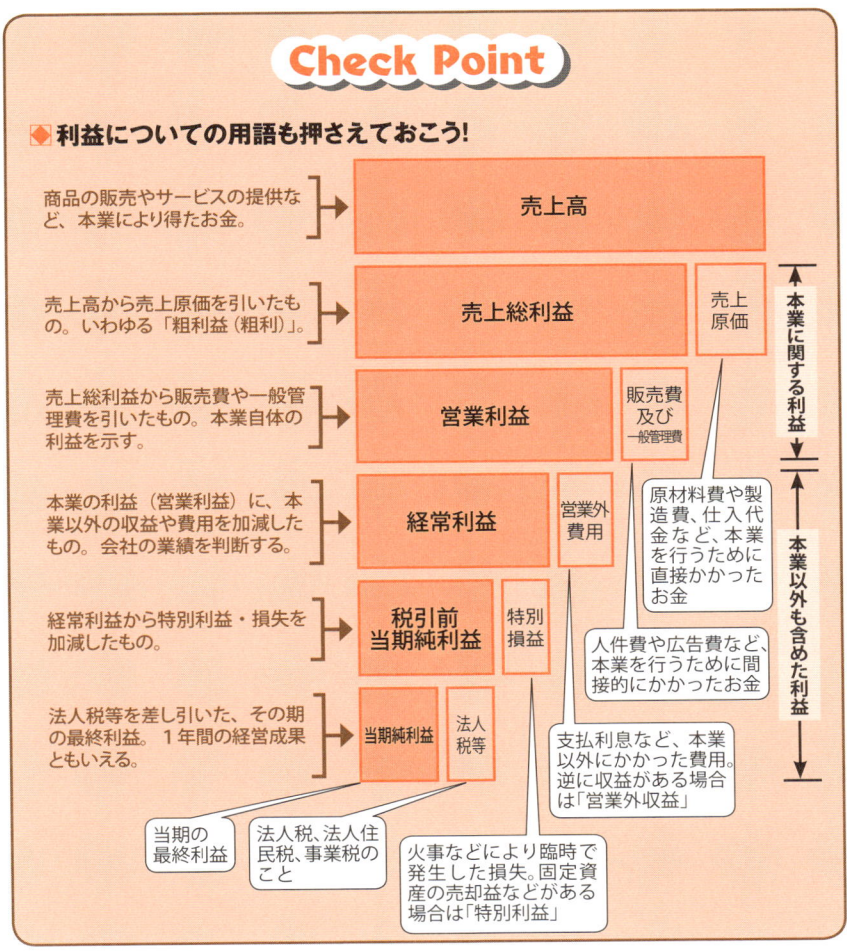

る人も多いようです。**収益**は、売上高と営業外収益、それに特別利益（固定資産の売却益など）を足したもののことです。会社に入ってきたお金の規模を表していると思えばいいでしょう。

　利益については、上図にまとめましたので参考にしてください。

　また、販売目的で仕入れた商品や製品の代金を「**仕入高**」といいます。仕入高には、商品や製品購入に付随する費用（運送費や関税、取引手数料など）も含まれます。

お金の用語❷
6 「先払い」に関する基本用語
内金／手付金／前払(受)金／前払費用／未払費用

● 契約を解除できない「内金」、解除できる「手付金」

　会計用語ではありませんが、ビジネスの取引ではよく、「**内金**」「**手付金**」という言葉が使われます。どちらも、**売買契約の成立後に、買い手が代金の一部を前払いしたもの**ですが、**契約解除に関する違い**があります。

　内金の場合は、売主と買主が解除に合意するか、売主が実物を渡さない、買主が代金を支払わないといったような法律上の解除原因がなければ、解除できません。契約が解除された場合は、買い手側に全額返金となります。

　一方の手付金は、売り手、買い手のどちらかが契約を解除したいと思えば、法的な理由がなくても解除できます。買い手が契約を解除する場合は、手付金は返金されません。売り手が解除する場合は、買い手に手付金を倍返ししなければなりません。

　現実の場面では、仮契約書（申込書）段階で「予約」の意味合いでやりとりするのが手付金、契約の「履行」のための準備金として、代金の一部を先払いするのが内金といった使われ方をしていることが多いようです。

　なお、会計用語では内金や手付金のことを、買い手側からは「**前払金**」（もしくは「**前渡金**」）、売り手側からは「**前受金**」といいます。

● 帳簿上でのみ使われる「前払費用」「未払費用」

　前払金と似た用語に、「**前払費用**」があります。ただしこれは、実際の取引の場面でも使われる前払金と違って、帳簿上でのみ使われる用語です。

　どういう費用かというと、一定の契約に従って継続してサービスの提供を受けるケースで、当期中に支払った翌期のサービス分の代金のことです。

　右ページの図に前払費用のイメージを示しますので、ご覧ください。

　たとえば、3月決算の会社が1月に年払いの火災保険に入り、費用を一括払いしたとします。決算月の3月を迎えた時点で、3カ月分のサービスは受

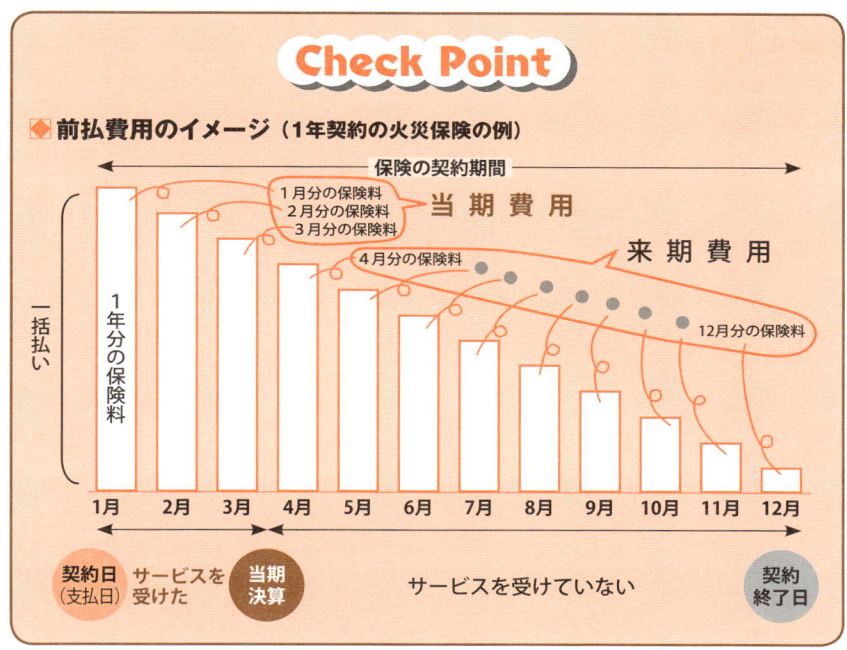

けましたが、残り9カ月分のサービスは受けていません。

　本来はその事業年度までの期間に対応する火災保険料のみが当期の費用であり、翌事業年度以降の期間に係る金額は前払費用として、支払った年度の費用から外すのです（現実には経理の簡素化のため、前払費用のうち、支払った日から1年以内にサービスの提供を受けるものについては、支払った年度にすべて経費処理することが認められています）。

　前項で未払金についてお話ししましたが、前払金に対して前払費用があるように、未払金に対しても「**未払費用**」があります。

　未払費用も帳簿上の用語で、家賃や給与、支払利息など継続して発生するサービスに対する費用のなかで、決算時に支払日に到達していないもののことをいいます。

　たとえば、3月決算の会社で、給料の計算期間が「20日締め当月25日払い」となっていれば、3月21日〜3月31日分の給料が未払費用となります（ただし、役員報酬は日割の考え方になじまないため未払費用にできません）。

7 お金の用語❸
「小口現金」に関する基本用語
仮払金／販売費及び一般管理費

● 経費精算に欠かせない「小口現金」と「仮払金」

　安全管理上の問題から、現金は社内で保管せずに銀行などに預けるのがふつうですが、交通費や会議のお茶代など、日々の少額な支払いに備えて、ある程度の現金を会社に残しておく必要があります。これが「**小口現金**」です。

　小口現金の動きを右ページの図に示しますが、会社の規模が大きくなると、経理担当者が一定期間分（１週間、１カ月など）の経費を小払係に前渡しし、少額の支払いは小払係が行い、小口現金出納帳などに記録して管理するケースが多いようです。

　小口現金をいくら社内にキープしておくかは、各社の判断によります。また、小口現金を社内に置かずに、支払いが必要になった都度、預金から引き出して処理しても、経理上は問題ありません。

　小口現金は使った経費の精算だけでなく、「**仮払金**」を支給する際にも使います。仮払金とは、「**これからお金を使うことは確かなのに、使う目的や金額が確定していないため、およその見積もりで渡すお金**」のことです。出張費の前払いなどがこれに当たります。

　通常、仮払金を渡す際には、後で金額がわからなくならないように、仮払金申請書を提出してもらいます。そして、後日（出張であれば、帰社後）金額が確定したら、仮払金精算書に詳細を記入し、領収証を付けてもらって精算します（☞138ページ）。

● 経費は会計上「販売費」と「一般管理費」に分けられる

　「○○は経費で落とす」という言い方をよく聞きますが、会計用語では「**販売費及び一般管理費**」が、この「経費」に当たります。

　このうち「**販売費**」は、営業担当者の給与や宣伝広告費など、営業活動に必要な経費のことです。営業担当者が外回りに出たときの交通費や出張旅費、

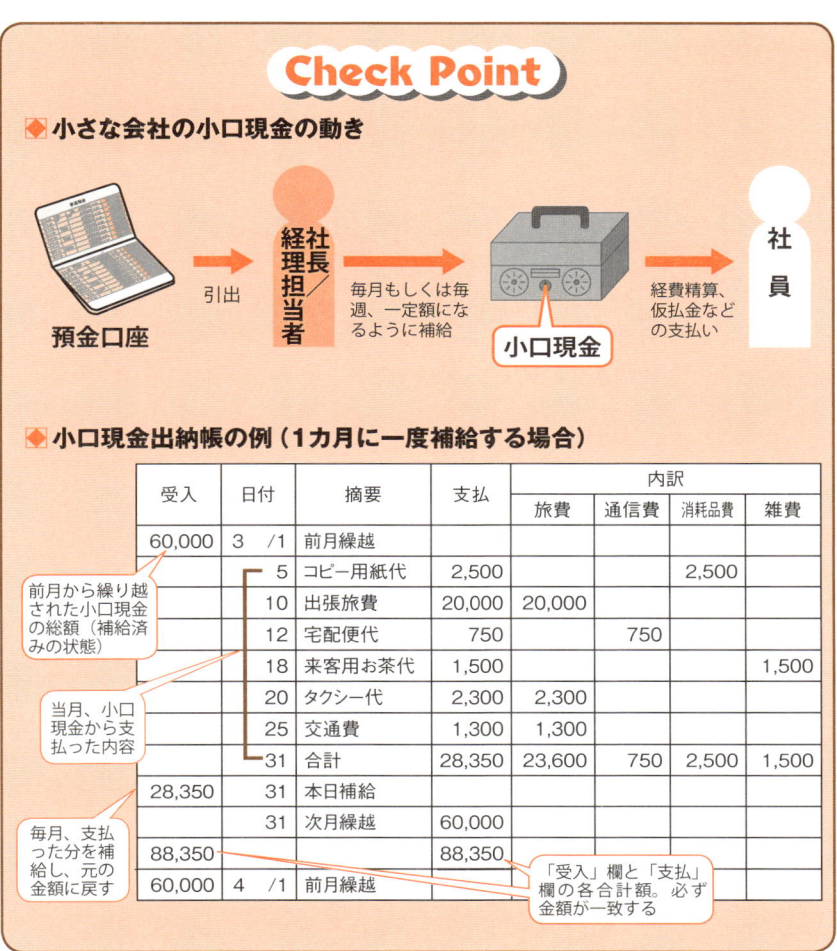

通信代などもこの販売費に含まれます。

　「**一般管理費**」は、モノやサービスの販売に直接かかわる費用ではないが、会社を維持するために必要な経費のこと。役員や管理部門の人件費、家賃や光熱費などの事務所維持費、消耗品費、保険料などが含まれます。

　なお、交通費や通信費など、販売費と一般管理費の両方に該当する費目があるため、併せて「販売費及び一般管理費」と呼ばれています。いずれも個人が立て替え払いした場合、先の小口現金で精算します。

8 税金のキホン❶
会社が関係する税金は、大きく4つに分かれる

● 税金の知識は経営者に不可欠

小さな会社であっても、税金に無関心ではいられません。なぜならば、会社から出て行くお金という意味において、税金はコストだからです。

税金の正しい知識がなければ、資金繰りにも影響してきますし、効果的な節税対策も行えません。お金が残る強い会社にするには、税金の知識は必要不可欠なのです。

● 数多くの税金を内容的に4つに分類

では、会社に関係する税金には、どんなものがあるのでしょうか。分類の仕方はいろいろですが、本書では税金の内容別に大きく次の4つに分けて見ていくことにします。

①事業・決算関連の税金

まず、会社の事業に対して税金がかかります。

具体的には、会社の所得に対する「**法人税**」「**法人住民税(道府県民税・市町村民税)**」「**法人事業税**」と、商品やサービスを売上げた相手から預かった「**消費税**」「**地方消費税**」があります。

納税額は、それぞれの会社の決算によって確定します。

②従業員関連の税金

本来、従業員や個人の外注先が納めるべき「**源泉所得税**」「**住民税**」を、会社が給与や報酬から天引きして預かり、納付を代行するものです。

会社自体の損益には影響せず、申告の必要もありません。

③資産関連の税金

会社が所有している資産にかかる税金で、「**固定資産税**」「**償却資産税**」「**自動車重量税**」「**自動車税**」などが該当します。

固定資産税は課税当局が毎年1月1日現在の固定資産評価額に税率を掛け

Check Point

◆ **会社が関係する4つの税金のタイプ**

税金のタイプ		納付先		申告
		国税	地方税	
事業・決算関連	会社の利益に対して納める税金を決める	法人税	法人住民税 法人事業税	要
	会社が預かっている税金と支払っている税金の差額で税額が決まる	消費税	地方消費税	要
従業員関連	従業員の給与や個人の外注費などにかかる税金。支払った金額によって税額が決まる	源泉所得税	住民税	不要
資産関連	不動産、動産、備品など、その所有に対して、資産の金額によって税金を決める	自動車重量税	固定資産税 償却資産税 自動車税	原則不要（償却資産税は要）
印紙・契約・登録関連	会社が行った契約や売買取引などについて、その金額によって納める金額が決まる	登録免許税 印紙税	不動産所得税	不要

て税額を決めるため、原則として申告は不要です。

④印紙・契約・登録関連の税金

領収証や契約書などを作成したときに課せられる「**印紙税**」や、本店移転などの商業登記をする際にかかる「**登録免許税**」、不動産の取得に伴う権利の移転に対してかかる「**不動産所得税**」などがあります。

税金のキホン❷

9 事業・決算関連の税金①
法人税／法人住民税（道府県民税・市町村民税）

● 会社の所得に課される法人税

　個人の所得に対して税金（所得税）が課せられるように、会社の所得に対して税金が課せられます。各事業年度に法人が得た所得に課税される税金のことを、**法人税**といいます。

　法人税は国に納める**国税**であり、税を負担する者と納税者が一致する**直接税**です。この税金は、会社が決算を行って課税所得を算出しないと、税額が決まりません。そして、所得つまり黒字に対して課税されるため、赤字であれば税額はゼロになります。

　確定申告書（☞165ページ）の提出期限は、決算日の翌日から2カ月以内と定められています。提出期限を過ぎて申告した場合は延滞税がかかり、また2期連続で期限後申告となった場合は、税制面で有利な青色申告（☞258ページ）がほぼ間違いなく取り消されます。

● 所在地の自治体に納付する道府県民税、市町村民税

　一般の会社は、国に法人税を納付するだけでなく、会社が所在する県や市町村に対して、地方税として**法人住民税**を納付します。

　法人住民税は、道府県に支払う**道府県民税**と、市町村に支払う**市町村民税**に分かれています（ただし、東京都の特別区内のみの法人は、**法人都民税**としてまとめて徴収されます）。

　さらに、道府県民税、市町村税それぞれに**均等割**と**法人税割**という2種類の課税があります（道府県民税については、このほか利子割額もある）。

　均等割は、会社の利益に関係なく課せられるもので、期末資本金等と従業員数によって税額が決まります。

　一方の法人税割は、会社の利益に応じて課せられるもので、実務的には、法人税額に一定率を掛けて算出します（赤字で法人税額がゼロであれば、法

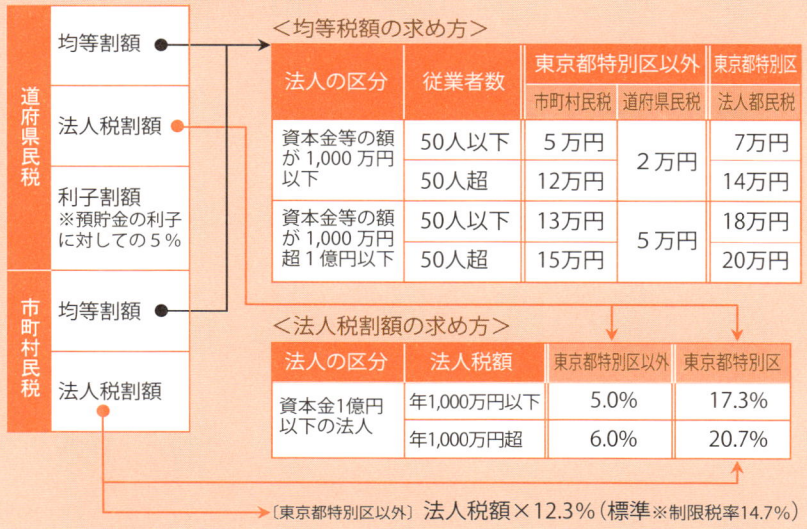

人税割もゼロになります)。

　なお、道府県内(市町村内)に事務所や事業所を置く場合は均等割と法人税割の両方がかかりますが、寮や宿泊所などしかない場合は均等割のみを納めることになります。

税金のキホン❸
10 事業・決算関連の税金❷
法人事業税／外形標準課税

● 法人事業税は"共益費"の性格を持つ税金

法人事業税は、会社の事業に対し、都道府県が課す地方税です。

会社が事業活動を行うに当たっては、道路を利用したり、警察に相談をするなど、さまざまな行政サービスを利用することになります。そこで、その経費を地域内の会社が分担して負担しようというのが、この税金の主旨です。

右ページの表に示すように、納税義務者は業種や資本金額によって決まってきますが、小さな会社のほとんどは①のAに分類されます。

法人事業税額は原則として、法人税と同じく、**所得に税率を掛けて算出**します。ただし、法人税と大きく異なる点があります。それは、税金にも関わらず**必要経費として認められ、損金**（☞20ページ）**にできる**点です。

なぜ、損金として認められるのかといえば、前述のとおり、法人事業税が「経費を分担して負担する」という性格を持つためです。つまり、本質的には税金ではなく、言わば"共益費"のようなものと考えられているのです。

申告期限は事業年度終了の日から2カ月以内。都道府県に申告書を提出して納税を行います。

もし、税務調査（☞192ページ）が入って、法人税の修正申告などが行われた場合には、課税対象の所得額が変わります。そのため、法人事業税についても修正申告が必要となり、追加で税金を納めなくてはならないこともあります。

●「経費分担」の実効性を高めるために設けられた外形標準課税

右ページの表に「**外形標準課税**」という言葉があります。小さな会社には、直接関係はありませんが、簡単に触れておきましょう。

外形標準課税は平成16年4月より施行された制度です。資本金1億円超の普通法人については、所得だけでなく、資本金や報酬給与額など、事業の

Check Point

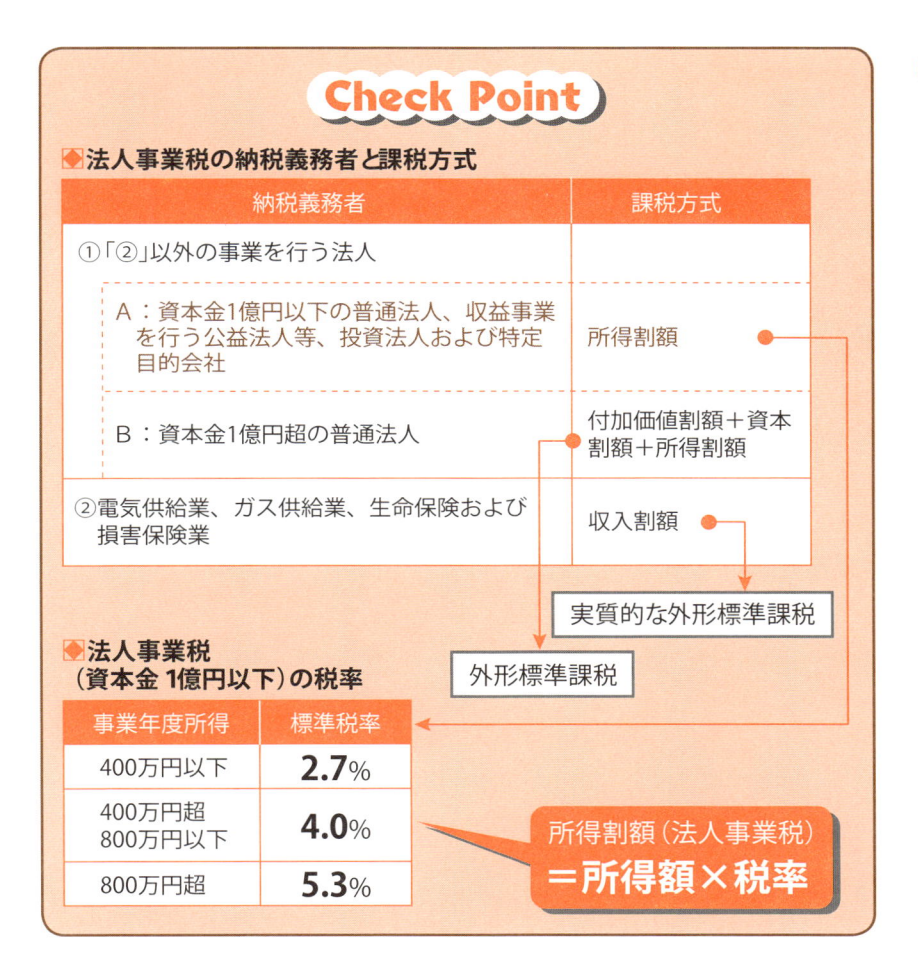

◆**法人事業税の納税義務者と課税方式**

納税義務者	課税方式
①「②」以外の事業を行う法人	
A：資本金1億円以下の普通法人、収益事業を行う公益法人等、投資法人および特定目的会社	所得割額
B：資本金1億円超の普通法人	付加価値割額＋資本割額＋所得割額
②電気供給業、ガス供給業、生命保険および損害保険業	収入割額

→ 実質的な外形標準課税
→ 外形標準課税

◆**法人事業税（資本金1億円以下）の税率**

事業年度所得	標準税率
400万円以下	**2.7**%
400万円超 800万円以下	**4.0**%
800万円超	**5.3**%

所得割額（法人事業税）
＝**所得額×税率**

活動規模についても課税対象とするものです。

　なぜ、このような制度が導入されたかといえば、税収の安定のためという側面もありますが、たとえば、小さな青果店が利益を出しているという理由で法人事業税を負担する一方、手広くチェーン展開をしている大手スーパーが赤字を理由に負担しないのは、「経費分担」の精神にそぐわないからです。

　ただし、資本金１億円超の普通法人のうち、電気供給業・ガス供給業・生命保険業・損害保険業の４業種については、収入金額を課税対象とする制度がとられています（これも広義の外形標準課税といえます）。

税金のキホン ❹

11 事業・決算関連の税金 ③
消費税／地方消費税

● 最終消費者の代わりに会社が納付する消費税

　消費税は、あなたの会社が負担するものではなく、最終消費者から預かった税金を代わりに納める間接税です（☞右ページの図）。本書の刊行時点での消費税率は5％ですが、そのうち**4％が国税、残り1％が地方消費税**です。

　地方消費税は国税と共にいったん国に納付され、納付があった月の翌々月の末日までに、小売年間販売額などの消費に関連した基準によって相応の額が各都道府県に分配されます。さらに、その2分の1相当額を人口・従業者数で案分して、区や市町村に交付するしくみになっています。

● 課税売上高によって、課税の仕方が変わる

　消費税の扱いは、以下の3点を正しく理解することが必要です。

①課税売上高が1,000万円以下なら免税

　法人は前々期（基準期間）と前期の前半6カ月間（特定期間※平成24年4月1日以後開始課税期間から適用）の課税売上高（売上高から受取利息など、消費税のかからない取引を抜いたもの）が1,000万円以下の場合、当期の消費税の納付義務を免除されます。

②資本金1,000万円未満の会社の1期目は免税

　上記のように、特定期間が前期のため、資本金1,000万円未満の会社は設立1期目は消費税を納付する義務はありません。ただしこの間も、顧客や取引先に消費税を請求することはできます。

③基準期間の課税売上高が5,000万円以下なら「簡易課税」の選択可能

　消費税の納税額は、基本的には「預った消費税」から「支払った消費税」を引いて計算します。これを「**原則課税**」といいます。

　一見、簡単な計算に思えるかもしれませんが、取引には課税取引、不課税取引、非課税取引、免税取引の4タイプがあり、これらをきちんと区別しな

Check Point

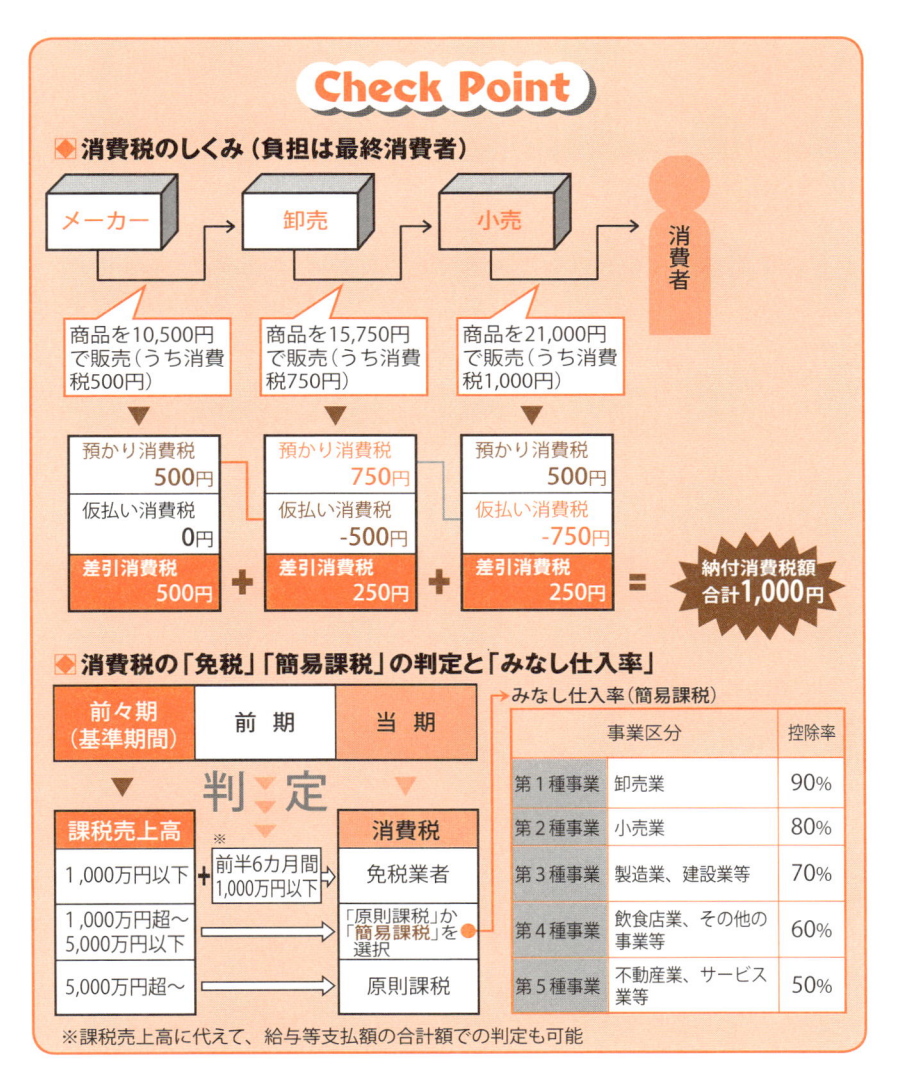

◆ 消費税のしくみ（負担は最終消費者）

```
メーカー → 卸売 → 小売 → 消費者
```

| 商品を10,500円で販売（うち消費税500円） | 商品を15,750円で販売（うち消費税750円） | 商品を21,000円で販売（うち消費税1,000円） |

預かり消費税 500円	預かり消費税 750円	預かり消費税 500円
仮払い消費税 0円	仮払い消費税 -500円	仮払い消費税 -750円
差引消費税 500円	差引消費税 250円	差引消費税 250円

＋　＋　＝　納付消費税額合計 **1,000円**

◆ 消費税の「免税」「簡易課税」の判定と「みなし仕入率」

| 前々期（基準期間） | 前期 | 当期 |

判　定

課税売上高		消費税
1,000万円以下	＋前半6カ月間1,000万円以下	免税業者
1,000万円超～5,000万円以下	→	「原則課税」か「簡易課税」を選択
5,000万円超～	→	原則課税

※課税売上高に代えて、給与等支払額の合計額での判定も可能

みなし仕入率（簡易課税）

事業区分		控除率
第1種事業	卸売業	90%
第2種事業	小売業	80%
第3種事業	製造業、建設業等	70%
第4種事業	飲食店業、その他の事業等	60%
第5種事業	不動産業、サービス業等	50%

いと納税額を計算できないため、非常に面倒です。

　そのため、課税売上高5,000万円以下の会社については、経理負担の軽減のため、「**簡易課税**」による計算が認められています。

　簡易課税は単に「預った消費税」にみなし仕入率（☞上図）を掛けた額を納税額とし、支払ったほうの消費税については計算すら不要です。

12 税金のキホン❺
従業員関連の税金
源泉徴収制度（所得税）／住民税

● 納期の特例制度を利用して負担を減らそう

　雇い主の会社が、従業員の給与や退職金などから事前にお金を徴収し、個々人の代わりに所得税を国に納めるしくみを「**源泉徴収制度**」といいます。

　この制度では、源泉徴収義務者である会社が源泉徴収した所得税は、徴収した日の属する月の翌月10日までに国に納付することになっています。

　しかし、小さな会社が毎月納付の手続きをするのは、けっこうな負担です。そこで、知っておくと便利なのが、**納期の特例制度**です。

　この特例制度は、給与の支払いを受ける従業員が常時10人未満の小さな会社の場合、所轄の税務署の承認を受けていれば、納付の時期をまとめられるというもの。1月～6月に徴収した所得税は7月10日までに、7月～12月に徴収した所得税は翌年1月20日までの、年2回の納付で済ますことができます。

　納付手続きにかかる手間を考えたら、小さな会社にとってこの制度は利用価値が大きいので、ぜひ税務署に承認を受けておきましょう。

● 住民税は会社が天引きする特別徴収が原則

　住民税は、**都道府県民税と市区町村税の均等割と所得割額を合計したものが納税額**になります（☞右ページの表）。

　会社は、社会保険料（☞104ページ）と共に、従業員の住民税についても給与から天引きして、本人に代わって税金を納めることが原則となっています。これを**特別徴収**といいます（ただし、特別徴収を行えない場合は直接本人が納める普通徴収も認められています）。

　特別徴収の流れは右ページの図に示すとおりです。給与支払者（会社）は1月31日までに、従業員が1月1日現在居住している市区町村に、「給与支払報告書」を提出する必要があります。

Check Point

◆住民税額の計算方法

	住民税	
	都道府県民税	市区町村民税
均等割	1,000円	3,000円
所得割額	（所得金額）－（所得控除額）＝課税所得金額 （課税所得金額×税率）－（税額控除）＝所得割額	
税率	一律4％	一律6％

※都道府県民税と市区町村民税の均等割と所得割額の合計額が「住民税」になる。

◆住民税特別徴収の流れ

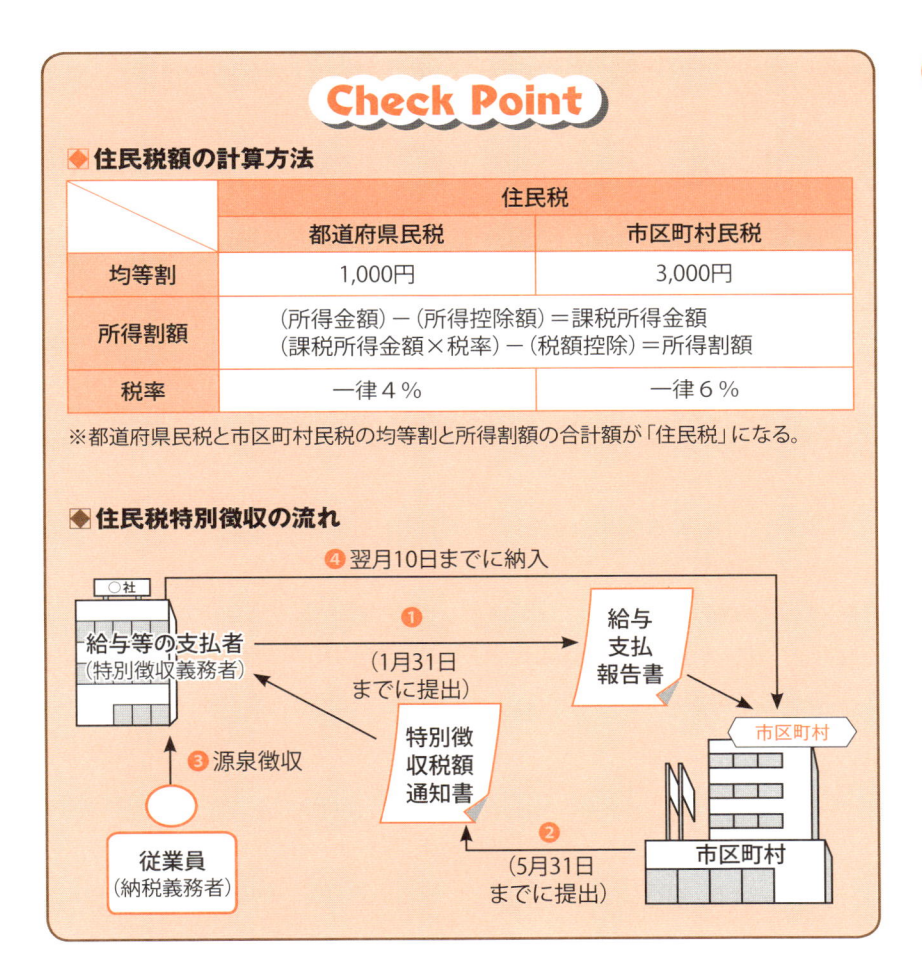

❶ 給与等の支払者（特別徴収義務者）→ 給与支払報告書（1月31日までに提出）→ 市区町村
❷ 市区町村 →特別徴収税額通知書（5月31日までに提出）→ 給与等の支払者
❸ 従業員（納税義務者）← 源泉徴収 ← 給与等の支払者
❹ 翌月10日までに納入：給与等の支払者 → 市区町村

　給与支払報告書を受け取った市区町村は、毎年5月31日までに会社を通じて、納税者に前年中の給与所得にかかる住民税額が「特別徴収税額通知書」で通知されます。

　会社はここに記載された額を毎月の給与から差し引いて、翌月の10日までに市役所等に納入します。

　なお、特別徴収は口座振替（銀行等からの引き落とし）を行っていません。毎月、振込通知書を持って窓口に出向く必要があります（金融機関によっては、手数料がかかりますが、振込作業を代行してくれるところもあります）。

13 税金のキホン❻ 資産関連の税金
固定資産税／償却資産税／自動車税・軽自動車税

● 土地・建物などの固定資産にかかる税金

会社が所有する固定資産には、次の2つの税金がかかります。

①固定資産税

会社で土地や建物を所有していると、固定資産税がかかります。これは地方税の一つで、納税先は土地や建物がある市区町村です。1月1日現在に所有している土地・建物が課税対象となります。

徴収方法は普通徴収で、市区町村は納税者に対し、課税標準額となる土地・建物の価額を記載して納税通知書を交付します。税率は1.4％です。

②償却資産税

土地や建物のほかに**減価償却資産**も固定資産の扱いになります。減価償却資産とは、使用または時の経過によって、その価値や効用が徐々に減少してゆく資産のこと。車両や機械、工具などの**有形固定資産**、特許権や商標権、ソフトウェアなどの**無形固定資産**、牛や馬、果樹などの**生物**が該当します。

価値または効用が徐々に減少していくため、減価償却資産の取得に要した金額は、帳簿上、取得した時に全額経費に計上するのではなく、その資産の使用可能期間の全期間にわたって、徐々に費用化していくべきものです。

使用可能期間については、**法定耐用年数**として財務省によって定められています（☞174ページ）。 逆の見方をすると、法定耐用年数が経過するまでの間、経費として計上できない部分が残ることになります。

こうした各事業年度における減価償却資産の現在評価額について、右ページに示した方法で1.4％の償却資産税が課せられます。なお、自動車税の対象となる車両等や無形固定資産などは、償却資産税の対象から除かれます。

● 排気量によって税額が変わる自動車税・軽自動車税

会社が自動車を所有していれば、地方税の一つである**自動車税・軽自動車**

Check Point

◆償却資産税の計算法

STEP1 評価額(課税標準額)を求める

★前年に取得した資産の場合

取得価額 ×(1−減価率／2)= 評価額(課税標準額)

取得価額：購入代価に、それ以外の付随費用(荷役費、購入手数料など)を含めたもの

★前年より前に取得した資産の場合

前年度の評価額×(1−減価率)= 評価額(課税標準額)

減価率：耐用年数によって異なる

150万円に満たない場合には、課税されないが、申告は必要

STEP2 税額を求める

課税標準額 × 1.4% = 税額

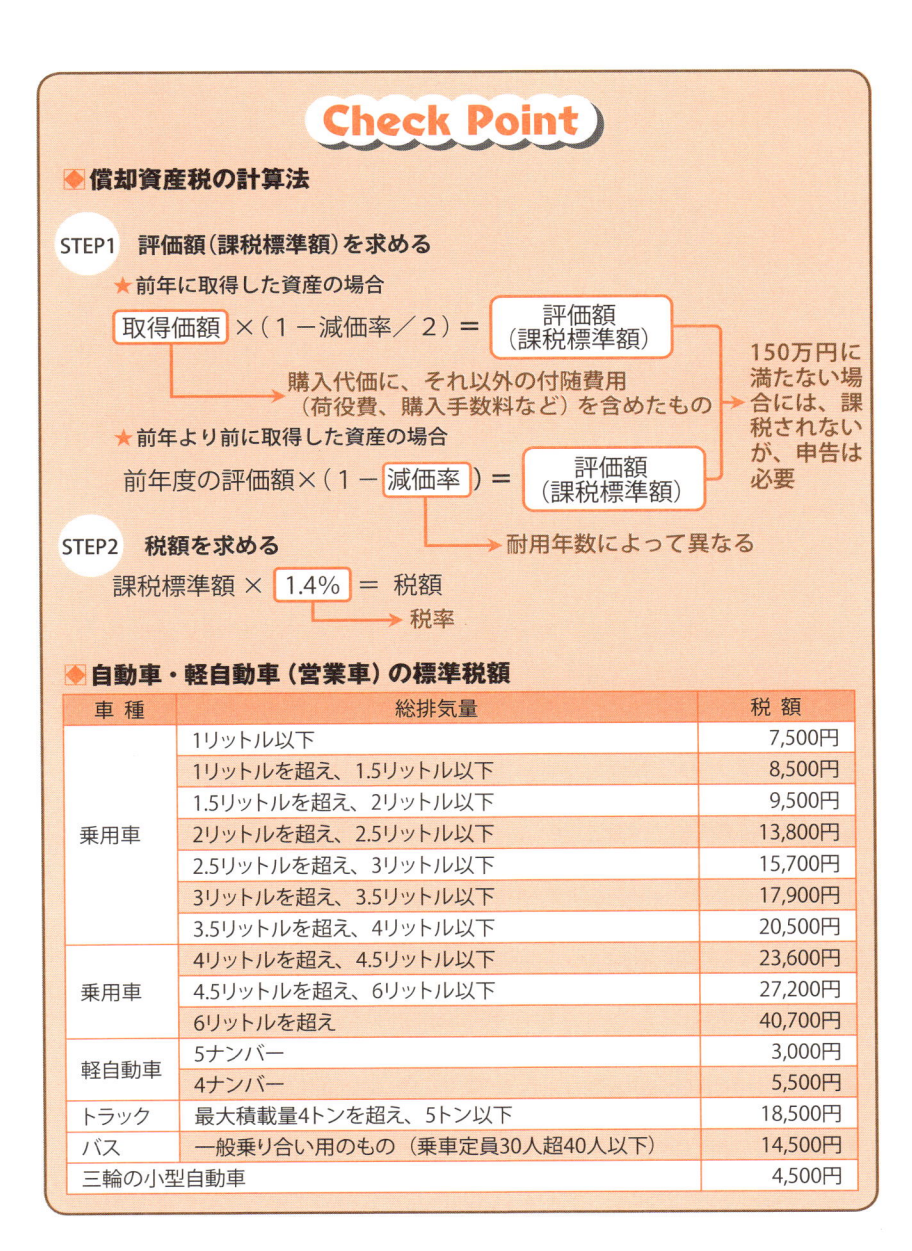

1.4%：税率

◆自動車・軽自動車(営業車)の標準税額

車 種	総排気量	税 額
乗用車	1リットル以下	7,500円
	1リットルを超え、1.5リットル以下	8,500円
	1.5リットルを超え、2リットル以下	9,500円
	2リットルを超え、2.5リットル以下	13,800円
	2.5リットルを超え、3リットル以下	15,700円
	3リットルを超え、3.5リットル以下	17,900円
	3.5リットルを超え、4リットル以下	20,500円
乗用車	4リットルを超え、4.5リットル以下	23,600円
	4.5リットルを超え、6リットル以下	27,200円
	6リットルを超え	40,700円
軽自動車	5ナンバー	3,000円
	4ナンバー	5,500円
トラック	最大積載量4トンを超え、5トン以下	18,500円
バス	一般乗り合い用のもの(乗車定員30人超40人以下)	14,500円
三輪の小型自動車		4,500円

税がかかります。税額は車種と排気量によって決まります。

　会社所有の営業車の場合、自家用車より税額が抑えられています。

税金のキホン❼
14 「契約・登録」関連の税金
印紙税／登録免許税

● 経済取引に伴って作成される文書への課税

　印紙税は国税の一つで、各種の契約書や有価証券、領収証（受取書）など印紙税法で定められた課税文書の作成に対して課せられる税金です。

　たとえば、右ページの表のとおり、3万円以上の領収証を発行したり（表の20）、1万円以上の請負契約書を作成した（表の5）ようなときには、**収入印紙**を貼る必要がありますが、原則として、印紙を貼り、消印をすることで納税が完了します。

　印紙税の課税標準は、原則として文書に記載されている金額ですが、文書の種類によって税額は変わってきます。

　また、文書の種類によって異なりますが、一定の金額以下（領収証の発行では3万円未満など）の場合は、非課税扱いになります。

　本来貼るべき収入印紙を貼っていなかったり、金額が不足していることが発覚した場合、本来の印紙税額に加えて、過怠税として印紙税額の2倍を余計に納めなければなりません。ただし、契約書などに収入印紙が貼っていなくても、契約内容そのものが無効になるわけではありません。

● 権利の取得・移転に伴う登録免許税

　不動産登記や会社の商業登記、事業などの登録や免許など、42ページの表に挙げた登記、登録、特許、免許、許可、認可、指定および技能証明について課せられる税金を**登録免許税**といいます。これも国税の一つです。

　納税義務者は登記を受ける者。一つの事案について2人以上が登記を受ける場合は、連帯して登録免許税を納付することになります。

　課税標準と税額は、不動産の所有権の移転登記はその価格によって、航空機の登録はその重量に一定の税率を乗じて、会社の商業登記の役員変更登記は1件当たりの定額など、区分によって変わります。

◆印紙添付が必要な課税文書

	文書の種類	例	おもな非課税文書
1	不動産、鉱業権、特許権等の無体財産権、船舶、航空機または営業の譲渡等に関する契約書	不動産売買契約書	記載された契約金額が1万円未満のもの
2	地上権または土地の賃借権の設定または譲渡に関する契約書	土地賃貸借契約書	記載された契約金額が1万円未満のもの
3	消費貸借に関する契約書	金銭借用証書	記載された契約金額が1万円未満のもの
4	運送に関する契約書	運送契約書	記載された契約金額が1万円未満のもの
5	請負に関する契約書	工事請負契約書	記載された契約金額が1万円未満のもの
6	約束手形または為替手形	—	記載された手形金額が10万円未満、または記載のないもの
7	株券、出資証券もしくは社債券または証券投資信託もしくは貸付信託の受託証券	—	譲渡が禁止されている特定の受益証券
8	合併契約書又は吸収分割契約書もしくは新設分割計画書	—	—
9	定款	—	株式会社等の定款のうち公証人の保存するもの以外のもの
10	継続的取引の基本となる契約書 ※契約期間が3カ月以内で、更新の定めのないものは除く。	業務委託契約書	—
11	預金証書、貯金証書	—	信用金庫が作成するもので記載された預入額が1万円未満のもの
12	貨物引換証、倉庫証券または船荷証券	—	船荷証券の謄本
13	保険証券	—	—
14	信用状	—	—
15	信託行為に関する契約書	—	—
16	債務の保証に関する契約書	—	身元保証ニ関する法律に定める身元保証に関する契約書
17	金銭または有価証券の寄託に関する契約書	—	—
18	債権譲渡または債務引受けに関する契約書	—	記載された契約金額が1万円未満のもの
19	配当金領収証または配当金振込通知書	—	記載された配当金額が3千円未満のもの
20	売上代金にかかわる金銭または有価証券の受取書	商品販売代金の受取書	記載された受取金額が3万円未満のもの
21	売上代金以外の金銭または有価証券の受取書	保険金の受取書	記載された受取金額が3万円未満のもの
22	預貯金通帳、信託行為に関する通帳、銀行もしくは無尽会社の作成する掛金通帳、生命保険会社の作成する保険料通帳または生命共済の掛金帳	—	信用金庫等の作成する預貯金通帳
23	不動産の売買等、請負、金銭または有価証券の受取りの時効を記入したうえで、それを証明する目的で作成される通帳	—	—
24	判取帳	—	—

1 「お金」と「税金」の超常識

◆会社の商業登記

	登記等の内容		課税標準	税　額
❶	株式会社の設立登記（合併または組織変更もしくは分割による設立の登記に該当するものを除く）		資本金の額 （最低税額）	7/1,000 （150,000円）
❷	合名会社または合資会社の設立登記		申請件数	60,000円／1件
❸	合同会社の設立登記 （注）一部除外の規定あり		資本金の額 （最低税額）	7/1,000 （60,000円）
❹	相互会社の設立（新設合併または組織変更による設立を含む）		申請件数	300,000円／1件
❺	株式会社または合同会社の資本金の増加登記 （注）一部除外の規定あり		増加した資本金の額 （最低税額）	7/1,000 （30,000円）
❻	合併または組織変更もしくは種類の変更による株式会社、合同会社の設立		資本金の額 （最低税額）	1.5／1,000 （30,000円）
❼	合併による株式会社、合同会社の資本金の増加の登記		増加した資本金の額 （最低税額）	1.5／1,000 （30,000円）
❽	分割による株式会社、合同会社の設立		資本金の額 （最低税額）	7／1,000 （30,000円）
❾	分割による株式会社、合同会社の資本金の増加の登記		増加した資本金の額 （最低税額）	7／1,000 （30,000円）
❿	本店または支店の移転の登記		本店または支店の数	1か所につき30,000円
⓫	役員の変更の登記	1 資本金1億円超の会社	申請件数	1件につき30,000円
		2 そのほかの会社	申請件数	1件につき10,000円
⓬	解散または継続の登記		申請件数	1件につき30,000円
⓭	清算結了の登記		申請件数	1件につき2,000円
⓮	変更の登記		申請件数	1件につき30,000円
⓯	更生の登記		申請件数	1件につき20,000円
⓰	支店所在地においてする登記		申請件数	1件につき9,000円

第2章

毎日の仕事に直結する
「口座」「カード」「通帳」の活用術

口座の開設 ❶
1 小さな会社の口座開設は年々むずかしくなってきている

● 犯罪転用防止のため厳格化する審査

　最近は、新会社を設立するときはもちろん、既存の会社が新たに口座を開設するケースでも、審査が厳しくなっています。

　ある大手銀行の話ですが、その銀行で住宅ローンを組んでいる顧客が法人名義の口座を開設する場合、かつては、融資の際に一度審査しているのでほぼ無審査でした。しかし、現在は切り離して、新たに審査が行われています。

　このように、金融機関が口座開設に慎重になっているのは、口座が売買され、マネーロンダリングや振り込め詐欺などに利用されることが問題になっているためです。非公式ながら金融庁からも、審査の厳格化が要請されているといわれています。

　起業関連本のなかには、「地域密着型の信用金庫なら口座を開きやすい」と書かれているものもありますが、必ずしもそうとはかぎりません。その信用金庫にすでに口座を持っている第三者の紹介が必要だったり、定期積金（☞60ページ）を行うことが実質的な条件となっている場合も少なくありません。

● 健全な事業内容を証明することが審査通過のポイント

　とくにこれから会社を設立しようとする人は、こうした実情をよく知っておいてください。せっかく会社を立ち上げても、口座がなかなか開設できず、営業をスタートできないような事態は避けたいものです。

　口座開設のための必要書類や、手続きの流れは右ページに示すとおりです。

　審査を通過するためにもっとも大切なことは何でしょうか。それは、あなたの**会社の事業内容を明らかにする**ことです。

　前述のように、口座開設の審査が厳しくなっているのは、犯罪防止のためです。ですから、健全な事業を営んでいる（営もうとしている）ことがわか

Check Point

◆ **法人口座の開設に必要なもの** ※金融機関によって異なるため、要確認。

手続きに必要
- ☐ 会社の登記簿謄本（履歴事項全部証明書）
- ☐ 会社の印鑑証明書
- ☐ 会社代表者印
- ☐ 銀行印に使用する印鑑
- ☐ 身分証明書（運転免許証など）

事業内容の証明に必要
- ☐ 会社の定款
- ☐ 事務所やお店の賃貸契約書
- ☐ 仕入先・販売先などとの契約書
- ☐ 取引先とのメールなど
- ☐ 名刺、パンフレットなど
- ☐ 代表者の経歴書など

◆ **法人口座開設の一般的な流れ**

窓口・電話などで必要書類（上記）の確認・用意 → 必要書類の提出・面談（所要時間30分程度。実際に事業が営まれているかの確認） → 審査結果の連絡（数日） → 窓口で口座開設依頼書に記入・提出（通帳の即日発行） → クレジットカードの到着（約2週間）

　ってもらえれば、基本的に断られることはありません。

　そのための最良ツールは、**仕入先や販売先との契約書**です。まだ契約書を交わしていない段階なら、相手とのメールのやりとりをプリントアウトして申請書類に添付するといいでしょう。また、ペーパーカンパニーでない証拠として、**事務所やお店の賃貸契約書**のコピーを添付するのも効果的です。

　審査前には面談が行われますが、どのようなやりとりが行われるかはケース・バイ・ケースです。本人や事業内容の確認だけでなく、その金融機関を選んだ理由や、過去に不渡りがないかなどを聞かれることがあるかもしれません。こうした質問にもスムーズに答えられるよう準備しておきましょう。

　なお、審査の判断は支店レベルに委ねている金融機関がほとんどです。ある支店で断られても、あきらめず別の支店にアプローチしてみましょう。

口座の開設 ❷

2 各金融機関の特徴を知って、メインバンクを決めよう

● ほとんどの会社は複数の金融機関と取引

　2006年の東京商工リサーチ「金融機関との取引環境に関する実態調査」によると、従業員が20人以下の小さな会社の場合、金融機関とのお付き合いは、1行のみが7.6％、2行が24.3％、3行が26.6％、それ以上が41.5％となっています。

　このように、ほとんどの会社は複数の金融機関と取引していますが、通常、融資額がもっとも多い金融機関のことを「**メインバンク**」といいます。どのタイプの金融機関をメインバンクにするかは、以下説明するそれぞれの特徴を参考にして決めるとよいでしょう。

● タイプによって異なる金融機関の特徴

① 都市銀行

　大都市圏を中心に全国に支店を持っています。大企業との取引が中心ですが、それは融資の話で、法人口座を開くことは、小さな会社でもむずかしくありません。ネットバンキングのサービス（☞48ページ）も提供しています。

② 地方銀行・第二地方銀行

　地方銀行は昔から株式会社の形態をとってきた銀行ですが、**第二地方銀行**は、古くは無尽会社（地域の企業などが掛金を出し合い、入札で融資を決定するもの）を前身とする相互銀行で、法律によって平成元年以降株式会社に転換して普通銀行になったものです。

　いずれも地方都市を中心に支店を展開しており、おもな取引相手は地場産業の中堅・中小企業。地元ならではの情報に強いのが特徴です。ネットバンキングのサービスもほとんど導入済みです。

③ 信用金庫

　従業員300人以下または資本金9億円以下の企業を相手にした金融機関で、

Check Point

◆ **タイプ別金融機関のメリット・デメリット**

タイプ	メリット	デメリット
都市銀行	・知名度があるため、振込口座名に都市銀行の名前があると、取引先や顧客の信用を得やすい。 ・申し込みから融資決定までが早く、一般的に低利。	・融資を申し込む場合、数千万円規模でなければ相手にされにくい。
地方銀行／第二地方銀行	・地方では、都市銀行より支店やATMが多いところもあり、利便性が高い。 ・地域に根ざした営業をしているため、強引な取立てなどが少ない。	・都市銀行より金利が高い。
信用金庫	・数百万円規模の融資の相談にも快く応じてもらえる。 ・専属の営業担当者が付いてくれ、月1回程度訪問してくれる。担当者には、融資だけでなく、取引先や異分野のパートナーの紹介などの相談に乗ってもらえる。	・地方銀行などより金利が高めで、破綻の危険性のあるところも。
ネット専業銀行	・原則、無店舗・無通帳のぶん、店舗を持つ銀行のネットバンキングにくらべて、口座維持手数料や振込手数料が安い。	・公共料金の自動引き落とし（口座振替）に対応していない。 ・入出金は、コンビニや他行のATM利用が中心のため、手数料負担が大きい。
ゆうちょ銀行	・口座開設の際の審査が緩め。 ・ゆうちょ銀行同士の振込手数料やネットバンキングの月額利用料が無料。	・預金上限額が1,000万円。

営業地域も狭い範囲に限定されます。

　口座の開設にあたっては、定款上定められた営業地域に居住し、かつ居住地からもっとも近い支店で行うことが条件になります。また、信用金庫は「会員の出資による協同組織」と定められているため、融資を受ける際は最低1万円の出資が必要になります（脱会する場合は返金されます）。

④ネット専業銀行、ゆうちょ銀行

　通常の金融機関と異なり店舗がなく、**ネットのみで営業する銀行**。2012年3月現在、6社が営業しています。預金通帳はなく、取引明細はネット上で管理するか、送付（有料）してもらいます。

　このほか、全国に支店網がある**ゆうちょ銀行**でも法人口座を開設できます。

口座の開設 ❸
ネットバンキングを利用して、時間とコストの節約を

◉ さまざまな手間が省けるメリット

　ビジネスでは、出金、入金、振込といったお金の取り扱い業務が欠かせません。しかし、お金を振り込む場合でも、いちいち銀行まで足を運んで、1件1件処理をしていたら、時間的にも無駄ですし、人件費もばかになりません。ATMの前で並んで待っている間にもコストは発生しているのです。

　もし、あなたの会社がまだインターネットを使って振込などを行える環境を整えていないなら、**ネット専業銀行に新たに口座を開設する**か、すでに口座を開いている銀行が提供している**「ネットバンキング」サービスに申し込む**ことをおすすめします。

　ネットバンキングを利用すれば、残高照会や振込など、金融機関の**窓口やATMで行う手続きを、インターネット上で行える**ようになります。外出する必要もなければ、列に並ぶなどの無駄な時間を取られることもありません。

　利用時間は金融機関によって異なりますが、朝は8時くらいから夜は22〜24時近くまでのところがほとんどです（ただし、振込の当日反映は14〜15時くらいまで）。なかには、24時間対応のところもあります。

　また、**振込先や振込日、振込金額の事前予約**もできるため、手の空いたスキマ時間を使って作業を完了できるのも大きなメリットです。

　このほか、**取引明細をデータとしてダウンロードできる**点（プリントアウトも可）も魅力です。というのも、ダウンロードしたデータを市販のソフトで変換すると、会計ソフトや販売管理ソフトに自動で取り込むことができるからです。つまり、帳簿への記帳の手間を減らせるのです。

　ネットバンキングの費用については、右ページの表を参考にしてください。

◉ ネットバンキングを利用する際の注意点

　このようにメリットの多いネットバンキングですが、一つ注意すべき点が

◆都市銀行のおもな法人向けネットバンキングの料金
※平成24年5月末現在

銀行名／サービス名	月額利用料	振込手数料			初期契約料
		同支店	同行他店	他行	
三井住友銀行／パソコンバンクWeb21	デビュー：2,100円 スタンダード：5,250円 エキスパート：21,000円	3万未満：105円 3万以上：210円	3万未満：210円 3万以上：420円	3万未満：525円 3万以上：735円	デビュー：無料 スタンダード：52,500円 エキスパート：52,500円
三菱東京UFJ銀行／BizSTATION	2,100円 （総合／給与振込サービスを利用すると、＋3,150円）	無料	3万未満：105円（給与振込105円） 3万以上：315円（給与振込105円）	3万未満：525円（給与振込315円） 3万以上：735円（給与振込315円）	無料 （総合／給与振込サービスを利用すると、26,250円）
みずほ銀行／みずほビジネスWEB	2,100円 （メール通知サービスを利用すると、＋1,050円）	無料	3万未満：210円 3万以上：420円	3万未満：525円 3万以上：735円	無料
みずほコーポレート銀行／みずほe-ビジネスサイト	ベーシック：5,250円 スタンダード：21,000円	無料 （総合振込は105円～315円）	3万未満：210円 3万以上：420円	3万未満：525円 3万以上：735円	ベーシック：26,250円 スタンダード：52,500円
りそな銀行／りそなビジネスダイレクト	Mini：2,100円 一般：5,250円	無料	300円	600円	無料
※参考 ネット専業銀行の例 ジャパンネット銀行／BUSINESS ACCOUNT	無料	52円		3万未満：168円 3万以上：262円	無料

あります。それは、金融機関にもよりますが、**ネット上で取引明細をさかのぼれるのは、3カ月前くらいまで**となっていることです。

　そのため、明細を定期的にプリントアウト（もしくはダウンロード）しておくか、合計記帳になる前に店舗で通帳に記帳しておかないと、不明な明細が出てきます。

　申請すれば、明細のわかる証明書を発行してもらえますが、発行に通常1週間程度かかるため、決算時などは困ることになります。

4 口座の活用❶ ペイオフ時の"預金保護"を第一に考えた口座の選択とは

● 全額保護される普通預金がある

　金融機関の口座には、私たちになじみのある**普通預金**のほかに、個人や法人が手形や小切手の支払いを決済するための**当座預金**があります。

　当座預金の口座開設にあたっては、その性質上、支払能力があるかどうかの信頼性が厳しく審査されます。現在、個人による口座開設は、よほどのことがないかぎりむずかしく、法人でも、ある程度の取引実績がないと断られるケースが多くなっています。

　この当座預金は、**ペイオフ**のときに全額保護（払い戻しが保証）されます。ペイオフとは、金融機関が破綻した場合に、金融機関が加入している預金保険機構が、預金者保護のために一定額の保険金を支払うしくみのことです。

　普通預金の場合、保護の対象となるのは、「元本1,000万円までとその利息などの合計額まで」と思っている人が多いと思いますが、普通預金でも全額保護される方法があります。

　右ページの表に示すように、普通預金には２つの種類があります。一つは**利息型**で、一般に普通預金といえば、こちらのことを指します。

　もう一つは**無利息型**で、「決済用普通預金」とか「普通預金（決済専用型）」などと呼ばれます。

　無利息型はその名のとおり、利息型と違って利息が付きません。しかしその代わりに、**ペイオフのときに全額保護**の対象になります。

　前述のように、当座預金の口座開設がむずかしい現状では、**預金の全額保護を第一に考えるなら、無利息型の普通預金口座を開くのが現実的**です。使い勝手などは、利息型と変わりません。

　社内の経理業務を考えると、むしろ利息が付かない（＝税金も発生しない）ぶん、記帳の手間が省けるという副次的なメリットもあります。

　こうしたことから、預金額がそれほど多くない小さな会社で、普段からあ

Check Point

◆ 普通預金（利息型・無利息型）と当座預金の比較

	普通預金 （利息型）	普通預金 （無利息型）	当座預金
利用者	個人・法人など	個人・法人など	法人など
利息	あり	なし	なし
税金	あり	無利息のため かからない	無利息のため かからない
決済サービス	利用可能	利用可能	利用可能
預入	随時	随時	随時
払戻し	随時	随時	小切手・手形で行う
預金保護対象	元本1,000万円までと その利息などの 合計額まで	全額保護	全額保護

> ❗ 普通預金の利息型から無利息型に切り替えても、通帳やキャッシュカードはもちろん、給与振込、各種口座振替、ネットバンキングなどのサービスもそのまま利用できる。

まり利息の額を気にしないのであれば、無利息型を選択するほうが、受ける恩恵は間違いなく大きいでしょう。

● 利息型から無利息型への切り替えは簡単

　普通預金口座を開設するときに、利息型にするか無利息型にするかを選ぶわけですが、一部の金融機関を除いて、後から切り替えることも可能です。

　切り替えに伴う口座番号の変更はなく、それまでのものをそのまま使うことができます。そのため、新しい口座番号を取引先などに伝えるといった面倒もありません。

　また、通帳やキャッシュカードについても、無利息型専用のものを用意しているところもありますが、デザイン的な違いだけであって、希望すれば、使用中の利息型のものを継続して使えるところがほとんどです。

5 口座の活用❷ 複数の口座を持つメリット、口座を1つに絞るメリット

● 多くの会社が複数の口座を持つ理由

　前述したように、小さな会社でも複数の金融機関と取引しているところは少なくありません（☞46ページ）。当然、口座も複数持つことになります。

　また、取引先の金融機関が1つでも、希望すれば同じ支店で複数の口座を持つことも可能です。

　口座の数が増えれば、何かと手間がかかります。それを承知のうえで、なぜ多くの会社は複数の口座を持つのでしょうか。その理由は、おもに次の4つです。

①資金調達の窓口を広げるため

　今すぐ融資を受ける場合はもちろん、将来融資を受ける場合にも備えて、金融機関との関係を広げようという理由です。複数の金融機関に口座を開いて、入出金や定期預金などの実績を積んでいけば、融資を受けられる選択肢は広がります。

②融資の返済が滞った場合に備えるため

　融資を受けている金融機関に資金のすべてを預けていると、融資の返済が滞った場合に、すべての資金を差し押さえられてしまう可能性があります。いくつかの金融機関に分散しておけば、差し押さえの手続きが完了する前に資金を引き出して避難させることが可能になります。

③振込手数料を軽減して受注しやすくするため

　ネット通販を行っている場合などは、振込手数料の額によって、注文数が左右されることも少なくありません。主要な金融機関に口座を持ち、顧客の手数料負担を軽減することで、注文につなげようという理由です。

④自社の振込手数料負担を軽減するため

　店舗型の金融機関とネット専業銀行では、振込手数料に大きな差があります（☞49ページの表）。従業員の給与なども含めて毎月の振込先が50件、振

Check Point

◆ **複数口座を使って経理業務を簡単にする**

複数口座の活用法は本文で紹介した以外にもあります。たとえば、お金の出入りが多い会社では、以下のように目的別に口座を4つに分けると、帳簿付けが簡単になるとともに、資金管理も楽になります。

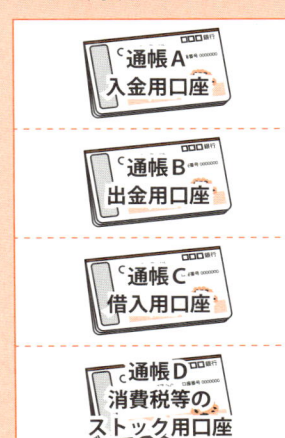

通帳A 入金用口座	1つの通帳で入出金を管理していると、入金と出金の明細が入り組み、帳簿付けを行う際など面倒ですが、入金用と出金用で通帳を分けると、迷いがなく付けられるため、作業効率がUPします。
通帳B 出金用口座	
通帳C 借入用口座	借入金や年に1、2回まとめて納める消費税などを1つの通帳に一緒くたにしてしまうと、本当の意味で使っていい資金がどのくらいあるのか把握しにくくなってしまいます。専用の通帳を設ければ、問題は解決します。
通帳D 消費税等の ストック用口座	

込手数料の差が300円あると、1カ月当たり1万5千円、1年で18万円、10年で180万円もの違いが出てきます。

● 口座が1つなら残高がすぐ把握できる

以上述べてきたような"ねらい"がなければ、口座は1つのほうがシンプルで効率的であることは言うまでもありません。記帳も、1つの口座なら1カ所に足を運ぶだけで済みますが、複数の金融機関に口座を持っていると、そのすべてを回らなければならなくなります。

そして、**口座を1つに絞る最大のメリットは、残高、つまり残り資金がいくらあるかをすぐに把握できる**ことです。複数の口座を利用していると、個々の通帳を見ただけでは、残高や取引状況が断片的にしかつかめません。

また、ある口座で残高が不足したような場合は、資金を移動させる手間も出てきます。

6 口座の活用❸ 公共料金等は口座振替にし、経理の負担を軽くしよう

● 経理部門のコストをいかに抑えるか

　小さな会社であればあるほど、非生産部門に人を充てるのは最小限に抑えたいものです。非生産部門の代表格といえば経理部門です。きちんと経理の仕事をしたところで、税務署にほめられることはあっても、会社に利益をもたらすことはありません。

　仮に経理担当者を月20万円の給与で雇えば、社会保険料の事業主負担分などを含めて年額約300万円、5年で1,500万円ものコストが発生します。これは、経理担当者を雇わなければ、まるまる利益として残るお金です。

　このように、営業マンを1人増やすより、**非生産部門の従業員を1人減らしたほうが、効果的かつ確実に利益が残る**ことになります。

　そのため小さな会社では、経理担当者がほかの業務を兼任していたり、社長自らが経理担当者となっているところも少なくありません。

● 口座振替を利用して経理の仕事を減らす

　いずれにしても、少ない労力で仕事をこなしていくには、**経理の仕事そのものをできるだけ減らす**ことが大切です。

　経理にとってもっとも手間のかかる仕事の一つが**帳簿付け**です。

　具体的な仕事の内容は後述しますが（☞5章）、お金が動くたびに帳簿を付けるのが原則です。そのため、たとえば電話料金を現金で支払う場合、まず「銀行から現金を引き出した」→「コンビニなどで電話料金を支払った」→「釣銭を銀行に戻した」と3回の取引を帳簿に付けなければなりません。

　ところが、口座からの引き落とし（口座振替）であれば、「お金を支払った」と1回の取引を帳簿に付ければ済みます。これは会計ソフト（☞152ページ）で帳簿付けを行う場合も変わりません。

　つまり、**口座から引き落とせるものはすべて引き落としにしたほうが、帳**

Check Point

◆ **口座振替にできるおもなもの**

対　象	ポイント	対　象	ポイント
電気・水道・ガス料金	それぞれの会社から個別に口座振替の申請書類を取り寄せることもできるが、まとめて手続きできる書類が金融機関に用意されている。	宅配便代金	法人契約を結ぶことで、単価を安くできることも。
インターネットプロバイダー	系列会社でまとめて契約すると、割安になるサービスもある。支払いもまとめてしまえば楽。	文房具・事務用品代	最初の数回は振込が必要になるケースもあるが、何度か利用すれば月単位で口座振替にすることができる。
電話料金		家賃	振込指定の場合は金融機関の自動振込サービスを利用すると便利。
携帯電話料金		事務機器リース代	―
新聞代	年契約で割引サービスのある場合も。	法人クレジットカード代	現金精算を減らすことが可能（☞56ページ）
社会保険料	毎月、経営者を含め、従業員全員分の保険料を支払わなければならないので、かなりの手間を省くことができる。	NHK受信料	6カ月・1年単位でまとめると、割引サービスあり。

簿付けの負担は**断然軽くなる**のです。

　もちろん、実際にお金を下ろしに行ったり、支払ったりする手間もなくなることは言うまでもありません。引き落としにしておけば、**通帳の残高さえ気をつけておくだけで、出金が管理できる**のです。

　では、どんな料金が口座振替にできるのでしょうか。おもなものを上の表にまとめておきます。

カードの活用
7 法人用クレジットカードで現金のやりとりを少なくしよう

● 法人用クレジットカードの利便性

　前項で述べたように、経理担当者（会社によっては社長自身）の負担を軽減するには、できるだけ現金の動きを少なくすることが欠かせません。そのため、可能なものはすべて口座振替にしたとしても、まだ現金が動く場面はいろいろあります。

　たとえば、出張費の仮払い。現金の入出金や帳簿付けの手間はもちろんのこと、仮払いの記録を残すために、申請書や精算書の作成も必要になります。

　こうした手間を省くのに役立つのが、**法人用クレジットカードの利用**です。法人用クレジットカードとは、一言でいえば、引き落とし口座に会社の口座を指定できるカードのこと。

　このカードが便利なのは、次の2つの特徴を持っているためです。

①**利用履歴が明細書として届けられる**
　⇒経理の管理が行いやすい。
②**社長だけでなく、従業員へのカードの発行も可能（一部カードを除く）**
　⇒現金による買い物が減るため、経費精算の手間が減少。

● カードの発行にあたっては厳しい審査がある

　右ページの表のように、カードによっては、利用分に対してポイントが付いてマイルへの移行や商品に交換できたり、宿泊施設などが割引料金で利用できたり、ETC機能を無料で付帯できるなどのメリットもあります。

　ただ、年会費が比較的高額なので、カードの利用頻度がどのくらいになるかを確認したうえで判断するとよいでしょう。

　法人用クレジットカードは、申し込めばすぐに発行されるものではなく、厳しい審査があります。**会社設立から3年以上経過し、かつ黒字であること**が条件になっているところが多いようです。

◆おもな法人用クレジットカード

※平成24年5月末現在

カード名	年会費	追加カードの年会費	特徴
アメリカン・エキスプレス・ビジネスゴールドカード	27,300円（年間200万円以上の利用で翌年の年会費無料）	1人につき12,600円	3カ月ごとの利用明細を会員別・業種別に集計した「四半期管理リポート」を希望者に送付。利用金額100円につき1ポイント。マイルへの移行や商品と交換できる。
ダイナースクラブ・コーポレートカード	12,600円	—	「ダイナースクラブカード」（個人用）への申し込みが必須（年会費15,750円）。希望によりETCカードを付帯（発行手数料525円、以降年会費525円）。
三井住友VISAカードビジネスゴールド	10,500円（VISAまたはMastercardのいずれか1枚申し込みの場合）	1人につき2,100円	利用枠は法人単位で、原則100万円。年会費無料でETC機能を追加。カードの利用明細データを経理ソフト「勘定奉行」で読み込めるサービスも提供している。
UFJ Cardビジネスゴールドカード	10,500円（VISAまたはMastercardのいずれか1枚申し込みの場合）	1人につき2,100円	年会費無料でETC機能を追加。タクシーチケットの発行サービスも。1カ月のショッピング利用金額1,000円につき1ポイント。マイルへの移行や商品と交換できる。
JCBゴールド法人カード	10,500円	1人につき3,150円	利用枠は50万円〜250万円。無料でETC機能を追加。1カ月のショッピング利用金額1,000円につき1ポイント。200ポイントから商品などに交換できる。
楽天ビジネスカード	2,100円	—	「プレミアムカード」（個人用）への申し込みが必須（年会費10,500円）。ETCカードは1枚目まで年会費無料。楽天市場での購入は常時ポイント2倍。

　まずはメインバンクに相談してみましょう。むずかしい場合、アメリカン・エキスプレス・ビジネスゴールドカードであれば、審査が比較的緩やかで、設立1年目の会社に対してもカードが発行されています。

8 通帳の活用
通帳にメモを残しておけば、帳簿付けがスムーズにできる

● 通帳に出入金の記録をメモしよう

　人員にゆとりがなく、経理専門の担当者もいない小さな会社では、帳簿付けの作業は数カ月に一度、あるいは決算前にまとめてやるところもめずらしくないでしょう。

　こんなときに頼りになるのが預金（貯金）通帳です。**通帳ほど確かな経理資料はありません。**

　まずは通帳の記録をベースに、各明細に該当する請求書などと照合しながら帳簿付けを行い、通帳では把握できない現金のやりとりは領収証などで確認しながら追加していくのが一般的なフローでしょう。

　こうした一連の作業は、通帳に一工夫加えるだけで、より効率的に行うことができます。それは記帳した際、**後で何のお金かわからなくなりそうな明細については、通帳に直接メモしてしまう**のです。

　振込や振替については、基本的に相手先の名前が通帳に記録されているのでメモは不要ですが、可能であれば、該当する請求書や領収証などと合番を振っておくと、後で帳簿を付ける際に書類を探す手間が省けます。

　一方、**現金の入出金については、必ずメモを付けておく**ようにしましょう。

　なぜなら、時間が経てば経つほど、「この５万円は、何のために下ろしたのかな？」とか、「何でこの日に、３万円を入金しているのだろう？」といったことが起こりがちだからです。

　ですから、記憶が鮮明なうちに、通帳にお金の使途などをメモしておき、後で帳簿を付ける際に無駄な労力や時間がかからないようにしておくのです。

● 通帳にメモ書きするときの注意点

　通帳に直接メモを書き込んでしまうと、店頭で注意されたり、ATMで読み込みエラーになってしまわないかと心配される方もいるかもしれません。

Check Point

◆ 通帳へのメモ書き例

日付	摘要（お客様メモ）	お支払金額	お預り金額	差引残高	記号・店番号
23-11-29				★○○○,○○○★	341
23-11-30	電話	★5,425	カ)ビックカメラ	★○○○○○★	RT341
23-12-1	振込 Ｂ Ｚ １ Aさん 九州出張費	5,400	バンドウ		RT
23-12-1	為替手数料 仮払い	★105	フリコミ テスウリョウ	請求書No.21	RT
23-12-1	カード	★130,000			QT157
23-12-2	職１		カ)カワ	★2,310,000	LT
23-12-2	振込 Ｂ Ｚ １	★6,755	カ)アベ		RT

→ 余白にお金の使途をメモする

→ 請求書などと合番を振っておくと、後で照合しやすい

！こんなときはメモしよう！
❶ 現金の入出金
❷ 取引先の会社名や通称とは違う名称で振り込まれている
❸ 金額だけで振込先名などが記載されていない

しかし、次の２つのルールを守るだけで問題はありません。

- ルール１：通帳の未記入部分には記入しない。
- ルール２：バーコードになっている部分へは記入しない。

　すでに印字されている部分については、明細が読めなくなるような状態にならなければ、いくらメモしても大丈夫です。

　税務署の立場から考えても、目を光らせているのは、社長個人へのお金の流用や使途不明金がないかであり、その意味で、通帳にメモを残しておくほうが証拠となって信用を得やすくなります。

9 定期預金の活用
定期預金はメリットとリスクの両面を考えよう

● 小さな会社に定期預金は必要か？

　サラリーマンのように、ある程度毎月の収入額が決まっていて、無駄使いをしないために半ば強制的に定期預金をするというのは意味があることですが、**経営基盤が脆弱な小さな会社の定期預金や積立定期預金、定期積金はリスクが伴います。**

　2005年の国税庁の調査によれば、大企業も含めた日本の全法人のうち、設立後3年以内に廃業した企業は35％、5年で85％。設立から5年後に生き残っている企業は100社のうち15社だけです。

　いくら安定経営を心がけても、想定外の天変地異や戦争による原材料費の値上がりといったことが起きないともかぎりません。ある年に1億円の利益を上げた会社が、翌年同額の赤字を生んだといった話はよくあることです。

　だから、現在業績が好調で資金に余裕があるからといって、うかつに定期預金をするのは考えものです。普通預金より利率が高いとはいえ、微々たる違い。自由に資金を引き出せなくなるリスクに見合うものとは思えません。

　次のようなケースも考えられます。あまり想像したくないことですが、あなたの会社の経営が傾いて取引先への支払いが滞り、業を煮やした取引先が差し押さえの申請を行っているという情報をつかんだとしても、定期預金はすぐに資金を移動できないため、簡単に差し押さえられてしまいます。

　もし差し押さえられなければ、その資金を元手に起死回生の一手が打てたかもしれません。定期預金はこうしたリスクも抱えているのです。

　しかし現実には、金融機関との関係づくり、端的にいえば、融資を受けるために定期預金を行っている会社は少なくありません。けれども、後でお話しするように、その関係は小さな会社にとって、あまり歓迎すべきものではないのです（☞214ページ）。

　よくたとえられるように、会社にとってお金は血液です。自分の血液を

Check Point

●「定期預金」「積立定期預金」「定期積金」の違い

名　称／ 取扱機関	概　要	積金 方法	中途 解約	備　考
定期預金 銀行、信用金庫、信用組合、労働金庫など	原則として、満期日まで引き出さないことを条件に、普通預金よりも金利が高く設定してある元本保証の商品（中途解約した場合の金利は普通預金並み）。	振替	原則不可だが、解約は可能	満期日に解約などの手続きをしないと自動継続扱いになることが多い。
積立定期預金 （積立預金） 銀行、信用金庫、信用組合、労働金庫など	毎月一定額の元金を普通預金から振り替えることで積み立てていく元本保証の商品。一口一口が個別の定期預金契約となっていて、金利は各積み立て時点での店頭表示利率が適用される。	振替	一口単位で可能	積み立て期間終了後、一定の据え置き期間（3カ月ほど）がある。
定期積金（定積／スーパー積金） 信用金庫／信用組合／JAなど	積立期間を決めて定期的に掛金を払込み、満期日にまとめて給付金を受け取る商品。受け取り額を先に決めて、一定金額を積み立てていく目標式と、毎月の積立金を先に決める定額式がある。	集金／窓口での入金／振替	可能	積み立て期間終了後の据え置き期間はない。

> ❗ **積立定期預金と定期積金は、かつて後者の利息（給付補填金）に税金がかからなかったため、区別された。現在の相違は2点。**
> ・積立定期預金は満期日まで利息総額を把握できないが、定期積金は把握できる。
> ・積立定期預金は満期日を指定しなくても契約できるが、定期積金は指定しないと契約できない。

滞らせて（＝定期預金を積んで）、輸血してもらう（＝融資を受ける）のは、ゆがんだ状態であることは間違いありません。

● 定期預金を積むなら目的を明確に

　ただし、信用金庫などで定期積金などを行うと、会社までお金を取りに来てくれる集金サービスを行ってくれるところもあります。

　そうした機会を生かして、業界や地域の動向などの情報収集に努めたり、信用金庫が主催となり、地元産業の振興のためビジネスパートナーを紹介する「ビジネスマッチング」などのイベントへの積極的な参加、活用を考えているならば、定期預金や定期積金も意味のあるものになるでしょう。

COLUMN 振込手数料は誰が支払う？

　金融機関を経てお金のやり取りをするときには、「振込手数料」がかかります。一件の金額はたいしたことがなくても、振込の件数が多くなるとちりも積もれば山となるで、結構な金額になってしまいます。

　この手数料、お金を受け取る側か、支払う側か、どちらが負担すべきものなのでしょうか。

　答えは、その振込の目的によって異なります。

　まず、従業員への給与を振り込む場合。振込手数料は、全額会社が負担しなければなりません。

　労働基準法では、「賃金は、通貨で、直接労働者に、その全額を支払わなければならない」と定められているので、給与から手数料を差し引いて支払うことは、「全額払いの原則」に反していることになります。

　売買代金のやり取りなどの振込手数料については、考え方が分かれています。民法では、お金を請求する側（債権者）が相手のところまで行って受け取るのが「債権者負担主義」、お金を払う側（債務者）が相手のところまで行って支払うのが「債務者負担主義」とあり、お互いの契約でどちらを採用するかを決めることになっています。

　一方、商法では「慣習法があればそれに従う」とあり、実質的には債権者負担主義が主流です。「昔ならツケでの売買は売った側が代金回収にまわっていた。その手間や交通費を簡略化するために振り込んでもらうのだから、手数料ぐらいは負担しなさいよ」といったところでしょうか。

　取引先とのトラブルを防ぎたいのであれば、民法にのっとって、売買契約を交わす際にどちらが振込手数料を負担するかを明確にしておけば安心でしょう。

第3章

きちんと決めておきたい
「給与」「賞与」「退職金」の制度

1 人件費のキホン
人を雇えば必ずかかり、コストダウンしづらい人件費

● 人件費は従業員への給与だけではない

　あなたの会社で人を雇おうとすれば、その人に給与を支払わなければなりません。「人件費」というと、単にこの給与だけを思い浮かべる人が多いのですが、**給与は人件費の一部**です。

　ほかに、どのようなものが人件費としてかかるか、右ページをご覧ください。人件費以外にも、従業員が使うパソコンや事務用品費、さらには、机を置くスペースにもコストがかかってきます。

　このように、人を雇うとさまざまな経費が発生してくることを、まず理解し、人を雇うためのコストをシビアに考えていく必要があります。

● 給与は簡単には下げられず、最低賃金を守らなければならない

　極端な話、家賃やそのほかの経費は、いくらでも節約することが可能ですが、**人件費だけは簡単にコストダウンを図れません。**

　すでに働いている従業員に支払っている給与が割高だと思っても、社長が一方的にカットするわけにはいきません。**労働条件を変更するためには、従業員側の同意を得なければならない**からです。

　同意さえ得られれば給与のカットも可能ですが、そうなると従業員のモチベーションが下がって、会社を辞める人が出てくるかもしれません。往々にして、優秀な人から辞めていくので、取り返しのつかないことにもなりかねません。

　では、新しく雇う従業員の給与をとことん低く抑えようと考えても、制約があります。最低賃金法という法律によって、地域別、産業別に最低賃金が決められているのです（☞右ページ）。

　正社員だけでなく、アルバイトであれ、パートタイマーであれ、この最低賃金以上の時給や日給を支払わなくてはなりません。たとえ、応募してきた

Check Point

◆ 人件費の内訳（例）

- 基本給
- 各種手当
- 通勤費、交通費
- 賞与
- 健康保険料
- 厚生年金料
- 雇用保険料
- 労災保険料

◆ 賃金の支払い条件と最低賃金

時給者	時給額
日給者	日給額÷1日の所定労働時間
月給者	月給額÷1カ月平均所定労働時間

≧ 最低賃金額（時間額）

◆ 2つの最低賃金法

地域別最低賃金	産業や職種にかかわりなく、各都道府県内の事業場で働くすべての労働者とその使用者に対して適用される最低賃金。各都道府県で、それぞれに最低賃金が定められている。
特定（産業別）最低賃金	特定の産業について設定されている最低賃金。関係労使が基幹的労働者を対象として、「地域別最低賃金」よりも金額水準の高い最低賃金を定めることが必要と認める産業について、全国で約250件前後の最低賃金が定められている。

人のほうから、「給与はいくらでもいいから働かせてほしい」と言われたとしても、最低賃金は適用されます。

従業員と役員の給与

2 従業員と役員の給与は、会計上の扱いがまったく違う

● 利益操作の防止を目的とした「役員給与」の制限

　同じ給与でも、従業員と役員とでは別物として扱う必要があります。

　従業員は基本的に、会社の利益とは関係なく、提供した労務の対価として給与を受け取りますが、役員は会社を経営する側ですから、**会社の利益と役員自身の収入が密接に結びついています。**

　そのため、会社が儲けたときに、その儲けを個人の財布に移してしまい、会社の利益を少なく見せかけて税金の負担を逃れようとする利益操作も起きがちです。

　こうした課税逃れを防ぐために、**法人税法では役員給与の損金**（☞20ページ）**算入に制限を設けています。**

　まず初めに役員給与の範囲についてお話ししておきましょう。**役員給与は以前は、役員報酬と役員賞与の2つに分けて扱われていました。**毎月一定額の役員報酬については損金に計上することが認められていましたが、利益操作が簡単に行える役員賞与については損金不算入でした。

　ところが、2006年の税制改正でこれらが1本化されて役員給与と呼ばれるようになりました。役員給与を損金に算入できるか否かは、右ページに示した3つの条件のいずれかに該当するかどうかで判断されます。

● 原則として、「役員給与」は損金に算入できない

　①の**定期同額給与**は、従来の役員報酬に当たるものです。定期的に毎月支払われていることがポイントで、会社が儲かったから、あるいは利益が伸びないからといった理由で、役員給与を上げたり下げたりしていると、損金として認めてもらうことはむずかしくなります。

　②の**事前確定届出給与**という制度は、従来、損金として認めてもらえなかった役員賞与でも、税務署に「○月○日に○○円を役員賞与として払う」と

> ## Check Point
>
> ◆ **役員給与の注意点**
>
> ● **損金算入に制限が設けられている**
> 会社に利益が出そうだから、または伸び悩んでいるからといった理由で、役員給与を上げ下げすることはできない。
>
> ● **役員給与の改定は年1回**
> 役員給与は一定期間に一定額を支払うものでなければ損金算入できない。
>
> ● **適正な役員給与の設定はむずかしい**
> どれだけの利益が出るのかわからないからといって、役員給与を最小限に設定して、予想以上の利益が上がって多大な法人税を支払うことになったり、逆に高めに設定して利益を圧迫して会社が赤字になったりすることも。
>
> ◆ **損金算入できる役員給与の条件**
>
> | | |
> |---|---|
> | ①**定期同額給与** | 1カ月以下(1カ月ごと、半月ごと、1週間ごとなど)の一定期間に、毎回同額が支払われること。いわゆる役員報酬。 |
> | ②**事前確定届出給与** | 税務署に事前に届け出をして、所定の時期にあらかじめ届け出をした通り決まった金額を支給する賞与など。 |
> | ③**利益連動給与** | 業務執行役員などに対する利益連動型の給与。有価証券報告書に記載されるなど、一定の要件を満たしていること。 |

いった届け出をすれば認められるというものです。

しかしこの制度を使うと、たとえ利益が出ていない場合でも、決まった額を支払わなければなりません。また、金額変更の届け出なども提出期間が決められているので、あまり使い勝手のいい制度ではありません。

③の**利益連動給与**も、役員賞与とほぼ同義です。業績や利益に連動して支給される一時的な給与のことですが、こちらは同族会社(3人以下の株主により、実質的にその会社の株式の50%超を所有している会社)でないことが条件となっているため、小さな会社で利用できるところはまれでしょう。

いずれにしても、**損金にできない役員への給与は、法人税の対象になるだけでなく、受け取る際に源泉所得税もかかってきます**。税負担が重いことを覚えておきましょう。

役員の給与❶
3 役員の給与額は自由だが、高めに設定したほうが無難

●「社長の資産は会社の資産」という考え方

　会社の役員は、従業員と違って法定労働時間の規定も最低賃金の規定も関係ありません。社長のあなたが1日12時間働いて無給であっても、法律上罰せられることはありません。

　しかし、小さな会社の場合はとくにそうですが、金融機関から資金を借入れる際に、経営者=役員の資産を担保にするといった個人保証を求められる場合がほとんどです。

　担保の対象となる資産は、不動産、預貯金、有価証券など。そしてその元手となるのが役員に支払われる「給与」です。ある程度の給与をもらっていなければ、これらの資産を持つことができません。

　つまり、**役員の給与には、「会社の資産を一時的に預かる」という意味合いがある**のです。

　もし、役員が無給だったり、最低限の給与しかもらっていなかったら、金融機関に担保となる資産を提示することができません。また、役員に個人資産がなければ、会社に資産を貸し付けることもできません。

　したがって、役員の給与はある程度高めに設定しておかなければなりません。従業員の給与を低く抑えているからといって、役員の給与もそのレベルに合わせる必要はありません。

● 高すぎる役員給与は損金算入できない

　ただし、あまりにも高すぎる役員給与は、法人税法上損金算入ができなくなるので注意が必要です。

　高すぎるかどうかを判断する基準には、右ページに掲げた**実質基準**と**形式基準**の2つがあります。

　実質基準については、「○○円以上」などと決められているわけではない

Check Point

◆ 役員給与の損金算入基準

実質基準	以下の基準に照らして、役員給与として相当と考えられる金額であること。 ・役員の職務内容 ・会社の収益 ・従業員に対する給与の支給状況 ・事業規模が類似する同業他社の役員報酬の支給基準
形式基準	株主総会などの決議、もしくは定款の規定によって定めている限度額以内になっていること。

◆ 役員の平均年収（資本金別）

資本金	1,000万円未満	1,000万円以上 5,000万円未満	5,000万円以上 1億円未満
役員給与 （報酬部分）	363万円	509万円	767万円
役員賞与	1万円	11万円	37万円
合　計	364万円	520万円	804万円

※財務省「法人企業年報（平成22年）」より作成

のでわかりにくいのですが、国税庁の「民間給与実態統計調査」では会社の業種別に、財務省の「法人企業統計」では会社の規模別に、役員給与や賞与の平均額が掲載されているので（ホームページで閲覧可能）、参考にするといいでしょう。

　もちろん、損金算入できないのを承知のうえで高額の給与を設定するのは自由ですが、給与の額に合わせて社会保険料なども高くなるので注意が必要です。

役員の給与❷
4 決算が赤字になるほどの役員給与は融資に響く

● 金融機関は何より債務超過を嫌う

　役員給与を決めるにあたっては、その金額が会社の決算にどのように影響するか、それが金融機関からどのように見られるかをしっかり意識しなければなりません。

　金融機関から融資を受けるときに、役員の個人資産を担保として求められるケースが多く、だからこそ、役員はある程度の資産を保有しておかなければならないことは前項で述べたとおりです。

　そのため、会社に利益が出ている場合、役員給与を高めに設定するのは損金算入の部分さえクリアできれば問題はありません。

　しかし、決算が赤字になってしまうほどの高額な役員給与を設定するのは考えものです。

　というのも、**金融機関が融資をするときにいちばん気にするのは、「その会社が債務超過になっていないか」という点**だからです。

　純資産（☞177ページ）がマイナス（赤字）の会社に対しては、ほとんどの金融機関は融資を断ってきます。これは、金融機関としては当然の判断といえるでしょう。

● 会社への融資、役員個人への融資にマイナスの影響

　しかし、会社としては**運転資金**（日々のビジネスを運営していくのに必要な資金）が必要なので、金融機関から融資を受けられなければ、小さな会社の場合はほとんど、社長から会社に資金を貸し付ける（会社から見れば社長から資金を借入れる）かたちをとります。

　そのうえで、改めて金融機関に融資を申し込むケースもよくあります。

　そうした"身内"からの出資を資本金の増強と考えて融資をOKしてくれる金融機関もあるかもしれませんが、融資先としてあまり好ましい状態でない

Check Point

◆ **高額の役員給与により決算が赤字になるデメリット**

- 決算が債務超過になる。
- 融資を受けたいときに金融機関から断られる可能性大。
- 役員から会社が借入をして緊急避難しなければならないが、債務超過の状況に変化はない。
- 役員本人の個人的な融資も受けづらくなる。

⬇

> ❗ 役員の給与は、「会社の資産を一時的に預かる」ものと考えよう。役員の給与がある程度高めでないと金融機関に担保となる資産を提示したり、会社に資産を貸し付けることもできない。ただし、役員の給与は損金算入できる条件をクリアしたうえに、民間企業の実態に合わせて設定しておく必要がある。

ことには変わりがないため、首を縦にふってくれない金融機関も多いでしょう。

 また、役員が個人的に住宅ローンなどの融資審査を受ける場合、**どんなに個人資産があっても経営する会社が赤字だと審査が厳しくなります**。

 先述のように、会社の赤字を埋めるために役員が個人資産を貸し付ける可能性が高く、そうなると、金融機関への返済のための原資が減ってしまい、返済が滞るケースが多くあるからです。

 とくにその役員の収入が経営する会社からの役員給与だけの場合、その傾向は強くなります。

役員の給与 ❸
5 家族を役員にして所得を分割したほうがお得な理由

● 役員給与を分割すれば、節税効果は大きい

　会社をつくるときに、「家族を役員や従業員にするといい」と、よく言われます。それはなぜかというと、**所得を分散させることで所得税や住民税を節税できる**からです。

　たとえば社長のAさんが1人で1,200万円の役員給与を受け取る場合と、Aさんが自分の妻を役員にして所得を分散させる場合をくらべてみましょう。

　右ページのシミュレーション例をご覧ください。Aさん1人が役員給与を受け取るパターン①の税負担にくらべて、Aさんと妻の2人で分割して受け取るパターン②、パターン③の税負担はぐっと少ないことがおわかりいただけるでしょう。

　所得税は、所得が高ければ高いほど税率も上がります（超過累進税率）。**所得を分けて一人当たりの所得を減らせば、それぞれが低い税率で計算されます。**

　また妻も給与所得を受け取ることで、**2人分の給与所得控除**（☞120ページ）**を受けることもできる**のです。

　家族を従業員にした場合も、同様に所得を分散させる効果はあります。ただし、後で述べる「特殊関係使用人に対する給与等の損金不算入」に注意して所得配分を考える必要があるでしょう。

● 就労実績を残しておくこと

　家族を役員や従業員にすることの節税効果について説明してきましたが、これはあくまでも、**きちんとした就労実績があることが条件**です。

　後々税務調査が入ったときなどに、勤務記録を示せないと架空経費とされてしまうこともあるので、業務日誌を付ける、タイムカードを保管するなど、勤務時間や勤務内容をきちんと記録しておきましょう。

🔶 所得分割による税金負担の違い

※平成24年4月、東京都の場合

	パターン①	パターン②		パターン③	
	Aさん	Aさん	妻	Aさん	妻
役員報酬	12,000,000	7,000,000	5,000,000	6,000,000	6,000,000
給与所得控除額	2,300,000	1,900,000	1,540,000	1,740,000	1,740,000
健康保険料	586,236	352,932	245,256	299,100	299,100
厚生年金保険料	610,524	580,980	403,723	492,360	492,360
基礎控除額	380,000	380,000	380,000	380,000	380,000
課税総所得金額	8,123,000	3,786,000	2,431,000	3,088,000	3,088,000
所得税額	1,232,200	329,700	145,600	211,300	211,300
住民税額	812,300	378,600	243,100	308,800	308,800
税負担合計	2,044,500	708,300	388,700	520,100	520,100

> ❗ 税金負担額はパターン③がいちばん低い!
> 所得を分散させることで節税効果がある

　また、役員の親族は、「**特殊関係使用人に対する給与等の損金不算入**」という取り扱いがあり、厳しくチェックされます。

　これは役員の損金不算入に対して従業員の給与は全額が損金算入できることを逆手にとり、あえて家族を役員ではなく従業員にして高額の給与を支払い、税の軽減を図ろうとする会社が多かったために定められた規定です。

　会社がその役員と特殊関係にある使用人（親族や事実上の婚姻関係にあるものなど）に対して支給する給与のうち、不相当に高額な部分について損金に算入できないことになりました。

　妥当な給与額であるかどうかは、職務の内容、その会社の収益、他の使用人に対する給与の支給の状況、その会社と同種同規模会社の従業員に対する給与の支給状況などに照らして、相当であると認められる金額が基準とされています。

従業員の給与 ❶
6 いい加減な給与制度は、いずれ大きなトラブルを招く

● 残業代の扱いをあいまいにしていないか

「うちの会社は小さいし、従業員も少ないから、まあ何とかなるでしょう」と侮っていると、後でたいへんなことになりかねないのが**給与制度**です。

たとえば、給与を年俸制にして、「みなし残業代を含めてあるから」と残業代を一切支給しない会社がよくあります。

みなし残業代とは、「○時間分の残業代がすでに含まれている」というものです。もし年俸制の給与にみなし残業代を含めているのであれば、その内容を契約書に明記しておかなければなりません。

そして、「○時間分」と規定した残業時間を超えて従業員が残業を行った場合、会社は超過した時間分の残業代を支払わなければなりません。何時間残業をしても残業代を支給しないのは問題です。

日本の企業で慣例化している「サービス残業」もそうですが、とくに小さな会社では、社長と従業員双方の"暗黙の了解"で、いい加減な給与制度が放置されているケースが少なくありません。

● ルールを明文化すればトラブルを防げる

残業代に限らず、遅刻や欠勤の扱いや、給与の引き下げや昇給のルール、賞与の決定基準、各種手当などについて、あいまいなまま放っておくのではなく、**就業規則や給与規定をつくって、きちんと明文化しておく**必要があります。

とくに、いい加減な給与制度を放置しておくと、金銭が絡むトラブルに発展するリスクを抱えることになります。実際、会社が従業員から高額の未払残業代を請求されるケースも増えています。

また、給与制度や人事制度がいい加減だと、社内の雰囲気を悪化させる原因になります。従業員に不満がくすぶり、モチベーションは低下し、離職者

Check Point

🔶 給与のトラブルを防ぐ要件

❶ 給与体系を明文化する

給与体系や支給規則などをルール化し、就業規則や雇用契約書に明記する。とくに残業代や賞与、退職金などについては、支払条件を明記する必要がある。

❷ 昇給のルールを周知する

昇給があるかどうかは、従業員にとって大きな問題。業績をどれだけ伸ばしたか、より高度な業務内容への対応が可能になったか、技能のレベルが上がったかなど、何をどれだけできるようになったらという、昇給の目安を従業員に周知させることで、不公平感をなくすことができる。

🔶 給与体系を定めるメリット

❶ 従業員のモチベーション向上

従業員の目標を設定し、その評価制度を取り入れた成果主義給与制度などにより、従業員のモチベーションのアップが図れる。透明性の高い評価制度が明示されれば、やる気を引き出すことができる。

❷ 昇給の際に悩まずに済む

給与体系のもとに昇給額を決定できるので、悩まずに済み経営に専念できる。

❸ 自社にとっての最適な給与水準の判断ができる

同業他社などと比較することで、自社の給与水準が高いのか低いのかがわかる。

❹ 求人活動がスムーズになる

採用時に給与条件を提示することにより、求職者も安心できる。

が相次ぐことにもつながりかねません。

「ウチは家庭的な会社だから大丈夫」とか、「従業員も少ないので、そんな堅苦しく考えなくても……」といった甘い考えは捨てましょう。

しっかりした制度をつくれば、明確な基準ができて従業員も納得して働くことができるのです。

従業員の給与 ❷
7 人件費全体を把握したうえで給与の額を決めよう

◉ 給与額が高いほど、社会保険料の負担も増える

　前述したように、人を雇うと発生する人件費は、従業員が受け取る給与だけではありません（☞64ページ）。細かく挙げたらきりがないほどで、さまざまな費用を積み上げていくと、結構な金額になります。

　まず、正社員であってもアルバイトであっても、**人を雇えば、会社は社会保険料を一部負担しなければなりません**（社会保険料のうち、労災保険料は会社が全額負担。雇用保険料、健康保険料、厚生年金保険料については、会社と従業員の双方で、定められた割合で負担しなければならない）。

　この保険料は給与の金額に応じて決まるので、給与が高くなればなるほど、会社側の負担も増え、人件費全体を膨らませていきます。

　経営者にとってはそれが悩みの種で、年金未納問題ではさまざまな小細工が表面化しました。もちろん本来は、社会保険料分を加味したうえで、きちんと給与の額を考えなくてはなりません。

　さらに、**従業員が通勤する際の交通費や各種手当、賞与**なども人件費の一部です。

◉ 交通費や各種手当も含めた人件費の"総額"を計算する

　あなたの会社では、従業員を雇うとき、給与の金額をどのように決めているでしょうか。

　小さな会社では、「世間の相場から考えて、最低これぐらいはあげないと……」とか、「前の会社でもらっていた金額を考慮して……」ということが多いのではないでしょうか。

　給与は一度決めたら、雇用者側の勝手な都合で引き下げることはできません。そうやって**固定費（事業を行ううえで一定に発生する費用）化してしまい、次第に会社の経営を圧迫する**ケースが少なくありません。

◆給与額に対する会社負担額の例

内訳 ＼ ケーススタディ	基本給20万円＋交通費1万円を支給する場合	会社の支給総額を20万円以内に収める場合
基本給……①	200,000	164,950
交通費……②	10,000	10,000
給与としての総支給額（①+②）	210,000	174,950
健康保険料……③（被保険者の負担と同額）	10,967	8,474
厚生年金保険料……④（被保険者の負担と同額）	18,053	13,950
雇用保険料……⑤（支給額の8.5/1000）	1,785	1,487
労災保険料……⑥（会社が全額負担）	630	524
会社の社会保険料負担額（③+④+⑤+⑥）	31,435	24,435
会社負担額計	241,435	199,385

※データは平成24年4月現在。健康保険料は協会けんぽ東京の場合。介護保険料なし。労災保険料は「その他の各種事業」の保険料率で計算。

> ❗ 交通費込みで21万円の給与を支払うのに、実質負担は約24万円。総人件費で20万円以内に収めるには、給与を約16.5万円に設定しなければならない。給与設定は社会保険料を含めて考えないと、経営を圧迫する!

　従業員の給与を決めるときには、その業務にいくらの人件費をかけるかを考慮したうえで、必ず社会保険料の負担分や交通費なども含めた、"総額"の人件費を計算して決めることが必要です。

8 従業員の給与❸ 中途採用者の給与水準は無理をしない設定を

● 大企業と小さな会社の給与水準格差

　小さな会社で従業員を雇う場合、新卒の学生を採用するケースはそう多くありません。ほとんどは、即戦力の中途採用でしょう。

　企業の採用と転職者の状況を見ると、大企業の多くが新卒中心の採用を行い、大企業に入社した人が、何年かして中小企業に転職するケースが多いのが現実です。

　一方で、20歳代、30歳代の転職者を対象にしたある調査によると、前職を辞めた理由として「収入が少ない」「会社の将来が不安」「労働条件が悪い」の3つで約30％を占めています。

　そこで問題となるのが、**「中途採用者の給与をいくらに設定するか」**です。

● 前職の給与水準に縛られないしくみをつくる

　中途採用者の給与は、前の職場でいくらもらっていたかを基準にして金額を決めているケースが多いようです。

　もちろん、業務内容と能力にふさわしい金額であると判断し、その給与を負担できるのであれば、何ら問題はありませんが、大企業並みの給与を支払うのがむずかしい会社も多いでしょう。

　無理をして中途採用者に高い給与を払い続けていたら、会社の負担が膨らむばかりか、ほかの従業員が不公平感を抱いて、社内に不満が蔓延してしまうことにもなりかねません。

　最初は会社の規模に応じた給与に設定しておいて、業務の熟練度や内容に合わせて後から昇給するというしくみのほうが現実的ではないでしょうか。

　69ページで紹介した「民間給与実態統計調査」や「法人企業統計」には役員だけでなく、従業員の給与や賞与についても平均額が掲載されています。まずは同規模、同業種の会社の給与相場などをチェックしてみましょう。

◆従業員の平均年収（資本金別）

資本金	1,000万円未満	1,000万円以上 5,000万円未満	5,000万円以上 1億円未満
給　与	202万円	283万円	317万円
賞　与	11万円	30万円	46万円
合　計	213万円	313万円	363万円

※財務省「法人企業年報（平成22年）」より作成

◆転職者の賃金変動状況（5人以上の常用労働者のいる事業所への転職）

年　齢	増　加	変わらない	減　少	不明
19歳以下	42.1%	42.4%	12.1%	3.3%
20〜24歳	39.5%	34.8%	23.6%	2.2%
25〜29歳	34.6%	34.4%	30.1%	8.0%
30〜34歳	34.8%	39.8%	23.3%	2.1%
35〜39歳	27.9%	37.9%	32.8%	1.3%
40〜44歳	31.6%	38.8%	28.4%	1.1%
45〜49歳	25.7%	37.8%	34.2%	2.3%

※厚生労働省「雇用動向調査（平成22年）」より作成

> ！ 上記、転職入職者のデータが示すとおり、前職より給与を上げて採用するか、下げて採用するかはさまざま。既存の社員も含めて納得感の得られることがいちばん。

従業員の給与 ❹
モチベーションをアップさせる給与制度を工夫しよう

● 「長く働いてもらいたい」という思いを実現するために

　従業員の数が増えるにしたがって、社長は「無駄な人件費を払いたくない」という思いが強くなってくるものです。

　しかし、従業員を安い給与でこき使っていたら、仕事に対するモチベーションは落ちる一方で、不満を抱えて大切な人材が会社を辞めてしまうかもしれません。

　新たに人を採用するにも手間とコストがかかるので、こうした事態に至らず、「できれば、仕事に慣れた人に長く働いてもらいたい」というのも社長の本音でしょう。

　そこで従業員が増えたら、**無駄な人件費を使わずに、なおかつ従業員のモチベーションを高めるような給与制度**を考えることが必要です。

● レベルアップすれば昇給できる明確な制度を

　たとえば、業務レベルを数段階に分け、資格制にするという方法があります。

　入社時は、とりあえず最低ランクに位置付けられます。そこから業務を覚え、仕事の幅を広げるにしたがって、社内資格を取ってランクが上がり、それに連動して給与がアップする、というしくみです。

　重要なポイントは、**ランク分けと昇給のルールをきちんと明文化しておく**ことです。

　何をどのようにクリアすればランクが上がるかを明確にすることで、「レベルアップすれば確実に昇給できる」ことが誰にでもわかります。

　そうすれば、社内の不公平感をなくすことができ、モチベーションのアップにもつながります。従業員自らがスキルを高め、よい意味で競争意識を持てば、社内の空気も活性化するでしょう。

◆ **賃金表サンプル**（総務・経理職の場合）

社員区分	最低月給	必要とする業務レベル
補助社員（3カ月契約）	16万円	社会保険・雇用保険の入退社の手続きができる
		給与計算業務ができる
		労働保険年度更新・算定基礎届・月額変更届ができる
		労災申請の手続きができる
		労働基準法、雇用保険法、厚生年金保険法などの基礎知識がある
		的確に報告・連絡・相談ができる
		基本的な電話応対ができる
一般社員	20万円	すべての顧客の窓口になることができる
		パート従業員・補助社員に指導ができる
		優先順位を付けて事務処理ができる
		助成金申請の手続きができる
		事務所設置・廃止の手続きができる
ベテラン社員	25万円	事務所全体の業務の管理ができる
		すべての相談業務に対応ができる
		新規顧客に対しての対応ができる
		就業規則の作成相談に対応ができる
		講演の講師ができる

　会社にとっても、従業員のスキルを洗い出すことで、適正な給与の金額を設定することができます。もちろんそれだけでなく、従業員がレベルアップすれば会社の業績にとってもプラスになります。

退職金の支払い ❶

10 退職金を払うことは法律で義務付けられていない

● 退職金制度は会社ごとのルール

　小さな会社では、従業員が一人辞めるだけでも業務が滞って大きな痛手になるのに、さらに、退職金を支払わなければならないとなると、社長にとっては本当に頭の痛い話です。

　普段から、計画的に退職金を積み立てている会社もありますが、資金繰りが苦しくなると、積立金をつい運転資金（☞70ページ）に回してしまうこともあるでしょう。また、定年退職なら前もって準備もできますが、突然辞めてしまう場合には積立金が不足することも起こり得ます。

　「会社を辞める人には退職金を支払わなければならない」と思い込んでいる社長もいますが、法律で支払いが定められているわけではありません。あくまでも、**退職金は会社と従業員との契約によって支払われる**ものなのです。

　退職金を支払うかどうか、支払うならいくらにするかといったことは、会社ごとのルールに委ねられています。

● 退職金制度が必要かどうかよく考える

　終身雇用が一般的だった時代には、退職金の存在によって退職後の生活が保障されるといった意味合いから、従業員が長く働いてくれることにつながるメリットがありました。

　しかし、転職が当たり前になった現在では、長く働いてくれたことへの感謝といった意味合いも薄れてきています。

　退職金制度があったほうが求人のときに有利という考え方もありますが、将来もらえるかどうか不確定な退職金より、月々の給与が高いほうがよいと考える人も増えています。

　最近は、退職金制度のない会社も多くなっています。これから会社をつくる場合、また現在、退職金の規定がない会社では、制度を設けたほうがよい

Check Point

◆ **退職金制度見直しフロー**

```
          退職金制度の再考
     継続 ↙         ↘ 廃止
  制度内容の見直し   従業員の同意
    ↙     ↘
現行制度継続  内容変更
              ↓
          労働基準監督署に
              届け出
```

「従業員の同意を得ること！」（内容変更の場合）

（廃止の場合）従業員に対する不利益変更となるため既得権の保障など、慎重な対応が必要。退職金に準備しておいた積立金を分配しただけでは退職金制度の廃止にはならない。
⇒プロの力を借りる必要もある！

◆ **従業員の同意を受けるためのポイント**

❶ **新制度導入前の期間については旧制度で計算**
新制度の導入前の期間は、導入前の計算で算出するほうが、従業員の理解を得られやすい。

❷ **従業員へきちんとした説明を**
退職金制度にかぎらず、日頃から従業員との相談をきちんと行うこと。

❸ **同意書の受領**
新制度に合意する旨をまとめた合意書を作成する。できれば説明会を設けて、最後にまとめるのが効率的。

❹ **就業規則の変更**
就業規則あるいは退職金制度の変更を行った際は、労働基準監督署へ届け出ること。

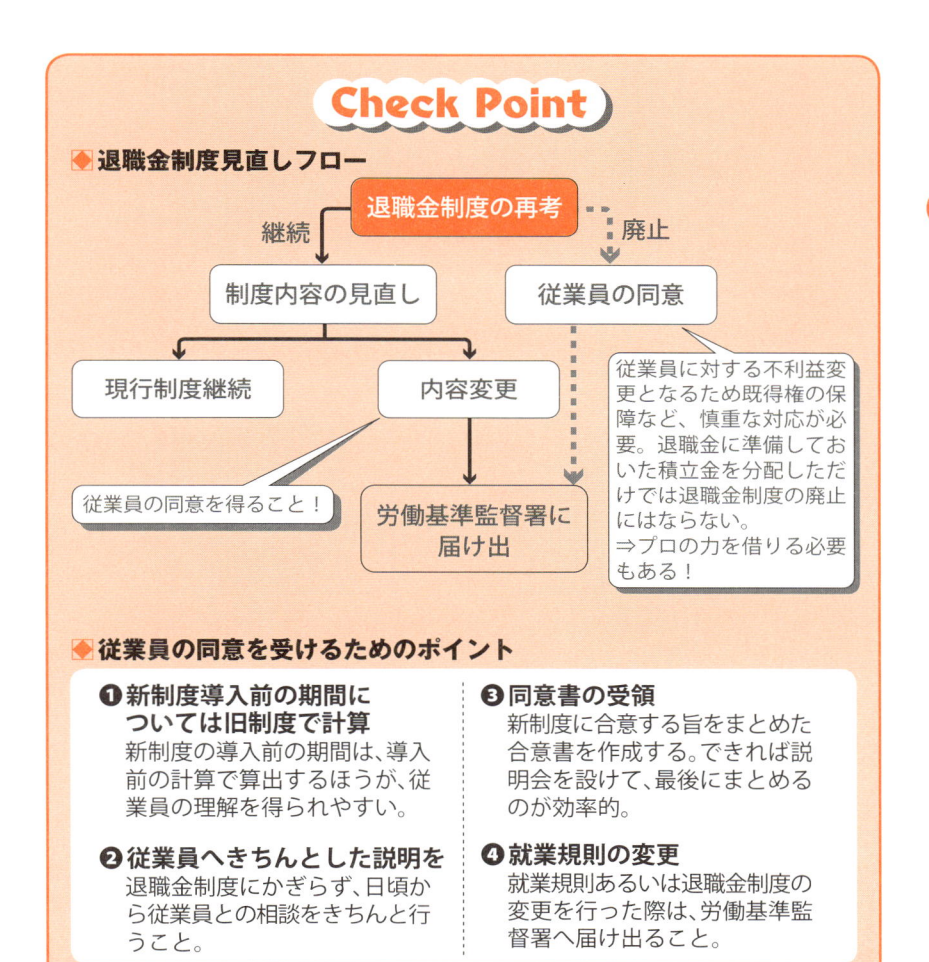

かどうか、よく考えましょう。

　すでに退職金制度がある会社は、労働条件として退職金の支給を約束しているわけですから、社長が勝手に制度を廃止することはできません。

　制度の内容を変える場合は、就業規則や退職金規定の変更を労働基準監督署に届け出るだけでなく、従業員とも合意を得られるよう、よく話し合う必要があります。

　退職金を見直す場合の流れについては、上の図をご覧ください。

11 退職金の支払い❷ 役員の退職金は勤続年数や功績をベースに額を決める

● 役員退職金を損金にするには

　退職金は税制上「退職所得」に区分され、所得税法上は優遇されています。優遇策の一つが「**退職所得控除**」というもの。役員、従業員にかかわらず、勤続年数によって、退職金から一定額が控除されます（☞右ページの数式）。

　たとえば勤続30年の場合、1,500万円が控除されます。もし退職金がそれ以下なら、所得税はかかりません。

　役員の給与に関して、損金算入に制限があることは前述しました。では、退職金についてはどう扱われるのでしょうか。

　基本的に役員の退職金は、株主総会で支給金額、支給時期、支給方法などについて決定します。支払金額については、「役員退職金規定」といったものを事前に作成しておかないと、後で税務署から認めてもらえない場合があります。

　ただし、いくらこうした規定を設けてあっても、その額が同規模・同業種の会社にくらべて、あまりに高い場合は損金に算入できなくなる可能性もあります。

● 役員退職金の算出式例

　役員の退職金は、どれくらいの額が妥当なのでしょうか。それを算出するもっとも一般的な式は次のようなものです。

> **役員退職金＝役員の最終報酬月額×勤続年数×功績倍率**

　これは法律で定められている算出基準ではありませんが、一般的によく使われているものなので、この式を使って算出するのが妥当な線でしょう。

　もちろん、「功績倍率」をどれだけにするかで、金額は大きく違ってきま

Check Point

◆ **退職所得控除**
① **勤続年数20年以下**

40万円×勤続年数（1年未満の場合は切上）

② **勤続年数20年超**

800万円＋{70万円×（勤続年数－20年）}

◆ **役員退職金の計算例**

＜条件＞

| 最終報酬月額：月額120万円 |
| 勤続年数：25年 |
| 功績倍率：2.5倍 |

最終報酬月額　　勤続年数　　功績倍率　　　　　退職金支給額

120万円 × **25**年 × **2.5**倍 ＝ **7,500**万円

❗ 役員への退職金を支払うときの注意点

❶ **社長が一線を退いて会長などになったときに、退職金を支給するケース**
実質的に会社の経営から退いていないと認められる場合、損金算入は認められない。

❷ **「退職所得の受給に関する申告書」の提出**
申告書を会社に提出しないと、退職所得控除を受けることができない。提出を忘れると20％の所得税が源泉徴収されるので注意。

す。通例では、社長の功績倍率は2～3倍程度と言われています。参考にしてください。

退職金の支払い❸
12 「中小企業退職金共済制度」を従業員の退職金に利用しよう

●「中小企業退職金共済制度」とは

　退職金の支払いに苦労する中小・零細企業をサポートするために国が設けたのが「**中小企業退職金共済制度（中退共制度）**」です。昭和34年に制定された中小企業退職金共済法に基づいて設けられ、現在300万人以上が加入しています。

　この制度に加入するメリットは右ページに示したとおりですが、２の**掛金の非課税扱い**と３の**退職金管理の簡易化**が大きいでしょう。掛金が非課税扱いになれば節税対策にもなりますし、大金になる退職金の投資運用や積立管理などの手間は、人手の少ない小さな会社にとって負担のため助かります。

　また、独立行政法人が運営しているため、破たんの心配がありません。確定拠出型なので、掛金が個人ごとに明確に区分され、掛金とその運用収益との合計額をもとに年金給付額が決定されます。そのため、加入段階で将来もらえる金額が決まっていないという点はデメリットともいえますが、積み立て不足による掛金追加拠出の必要はありません。

　さらに、一定の条件を満たせば、同居する親族も加入できるのも大きなメリットです。小さな会社では、家族を従業員として雇うケースが多いものです。そういった親族も、きちんと就労の事実があり、賃金が支払われていることが証明できれば加入が可能です。

● 制度に加入できる会社の条件

　この制度に加入できるのは、一般企業であれば、**従業員300人以下、資本金・出資金は3億円以下**が条件となっています。

　基本的に従業員は全員加入ですが、有期間従業員、試用期間中の従業員、休職期間中の従業員、定年などで短期間内に退職が決まっている従業員は加入しなくてもよいことになっています。

Check Point

◆ **中退共制度へ加入するメリット**

- **1** 国による掛金助成
- **2** 掛金の非課税扱い
- **3** 退職金管理の簡易化
- **4** 掛金月額の選択肢が多い

※その他、短時間労働者の特例掛金、掛金の一括納付などもあります。

◆ **中退共制度の加入手続き**

① 事業主が金融機関などを通じて中退共と共済契約を結ぶ。
② 中退共より、従業員ごとの共済手帳が送付される。
③ 毎月の掛金を金融機関に納付する。

■加入申込先
金融機関： 銀行・信用金庫・信用組合・労働金庫・商工中金
委託事業主団体： 労働保険事務組合・中小企業団体中央会・商工会議所・商工会など

【図：加入手続きの流れ】
- 委託事業主団体・金融機関 → 事業主：①加入の申し込み
- 金融機関 → 事業主：②共済手帳の送付
- 事業主 → 中退共：①被共済者退職届の送付
- 事業主 → 中退共：②退職金の支払請求
- 委託事業主団体・金融機関 → 中退共：③掛金の納付（口座振替）
- 中退共 → 退職者：③退職金の振込

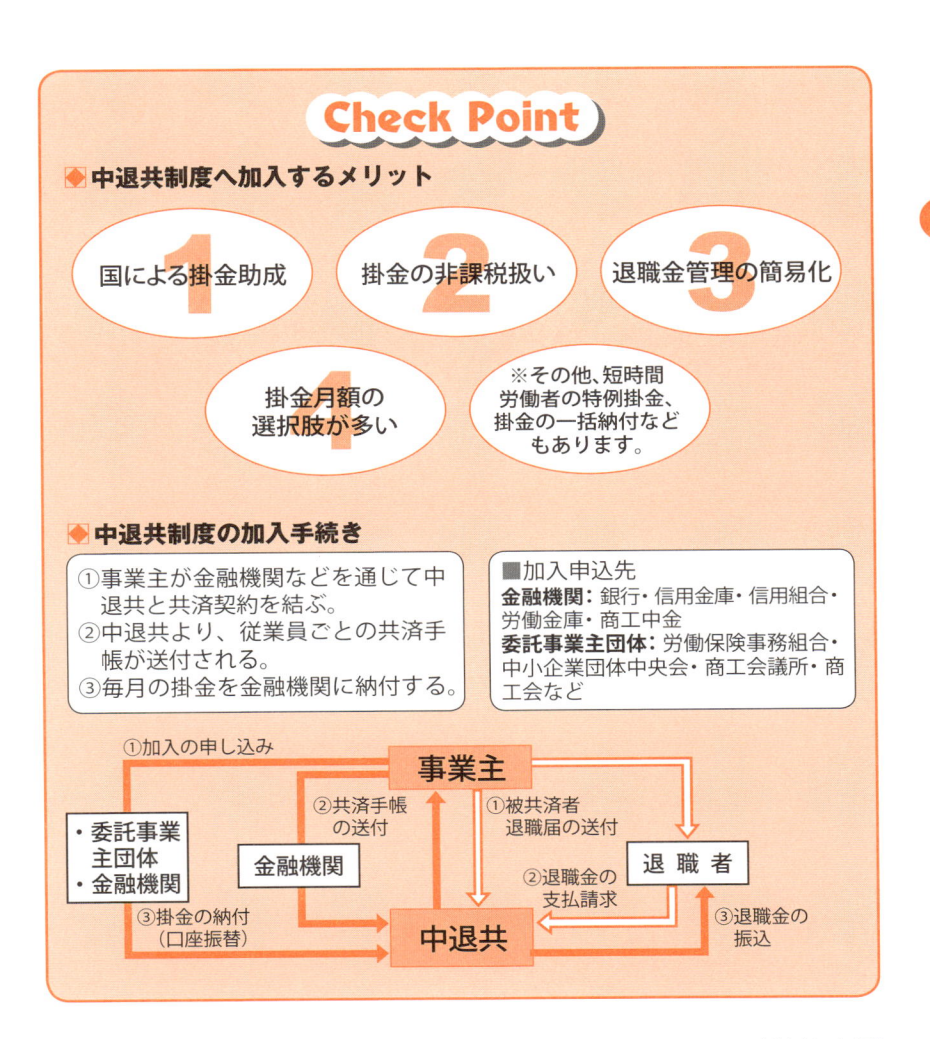

　掛金は全額事業者が負担し、金額は月5,000〜30,000円の16種類から選択できるのもメリットです。途中からの減額・増額も可能です。

　ただし、**事業主および小規模企業共済制度に加入している従業員は加入できません**。

　小規模企業共済制度は、個人事業主や会社の役員などが、廃業したり、役員を退任したりしたときの生活資金などを積み立てておくための共済制度で、独立行政法人中小企業基盤整備機構が運営しています。

COLUMN 安易な解雇は大トラブルに発展!?

　解雇した従業員から裁判を起こされ、解雇が無効と判断されると、解雇時点から解雇無効と判断されるまでの間の賃金の支払い義務が会社側に生じます。そのため、解雇は慎重に行う必要があります。

　解雇が認められるポイントは大きく次の4つです。

①法律で解雇が禁止されている事項に該当しないこと

　「業務上のケガや病気によって休業する期間及びその後の30日間中の解雇」「産前産後休養（産前6週間＋産後8週間の休業）をする期間及びその後30日間中の解雇」「育児休業や介護休業、また女性従業員の婚姻や妊娠・出産などを理由にした解雇」などはできません。

②解雇に正当な理由があること

　就業規則に定めた解雇事由に該当しない場合、解雇はできません。そのため、就業規則には「年間の遅刻20回で解雇」など、想定されるケースをできるだけ具体的に列挙しておくことが大切です。従業員数（アルバイトやパートも含む）10人未満の会社には、就業規則の作成・届け出が義務付けられていませんが、以上の理由から作成しておくべきです。

③解雇手順が守られていること

　企業秘密の漏洩や横領、セクハラなどの懲戒解雇は別として、解雇するには30日以上前に解雇予告をするか、30日分以上の平均賃金を解雇予告手当として支払わなければなりません。もちろん、予告すれば解雇できるというものではなく、正当な理由のあることが前提です。また、いきなり解雇するのではなく、口頭で注意したり、減給したりするなど、解雇理由およびその可能性を事前にアナウンスするようにしましょう。

④証拠書類があること

　前項の過程で、始末書を提出させたり、改善が見られない場合、解雇もあり得る旨を記した懲戒処分通知書を渡したりするなどして、証拠書類を残すようにしましょう。証拠がない場合、裁判では認められません。

第4章

人を雇ったら必要な
「給与計算」「社会保険」
のルーティンワーク

雇用と給与計算

1 少数の給与計算のために担当者を雇うのは無駄

● 給与計算の仕事は面倒だが……

　1人でも従業員を雇うとなると、給与計算の業務が発生します。具体的な業務内容は右ページに示したとおりですが、こうした細々した仕事を担当してくれる人がいれば社長は楽ができます。

　しかし、手続きがたいへんだからとか、自分にはよくわからないし面倒だからという理由だけで新たに担当者を雇うのは考えものです。

　また、大事なお金を扱うわけですから、誰でもいいというわけにもいかないでしょう。それなりに責任を持って仕事をしてもらえる人材を探さなければなりません。

　小さな会社は大企業と違って、ぎりぎりの人数で事業を回さなければやっていけない場合が多く、余剰人員を抱えておく余裕などありません。

　ずばり言って、社長を含めて**従業員が10人以下の会社であれば、人を新たに雇わず、社長自身がこうした業務をやるべき**です。

● 事務の担当者を雇えばそれだけ経費がかかる

　第3章でも触れましたが、人を雇うと給与以外にもさまざまな経費がかかってきます。しかも、一度雇ってしまったら、簡単に解雇するわけにはいきません。ずっと雇用し続けるとなると、積み重なる人件費はかなり高額になります。

　人件費を含めた管理費が増えれば、そのぶん会社の利益は少なくなります。開業当初は、削れる管理費はできるだけ削って、そのぶん本業に資金を回すのが賢い経営のやり方です。

　とある飲食業では、数百人のスタッフの給与計算を、社長が一人で行っているという例もあります。もちろん、これはかなり特殊なケースで、勤怠管理のシステム化など事前に一定の投資が必要になります。会社によって雇用

Check Point

◆ **給与支給手続きのおもな流れ**

```
○社 ──納付──▶ 市区町村
会社              国・地方公共団体
 │
 │所得税
 │住民税
 │社会保険料
 ▼
[10000]
 │
 │給与
 ▼
従業員
```

❗ 給与計算とは、給与から所得税や住民税といった税金、厚生年金や健康保険などの社会保険料を控除して、各従業員への支給額を計算する作業のこと。

❗ 給与からの税金や社会保険料の徴収は、国や地方公共団体の代理で行うもの。したがって、給与計算事務には、それぞれの機関への納付手続きも含まれる。

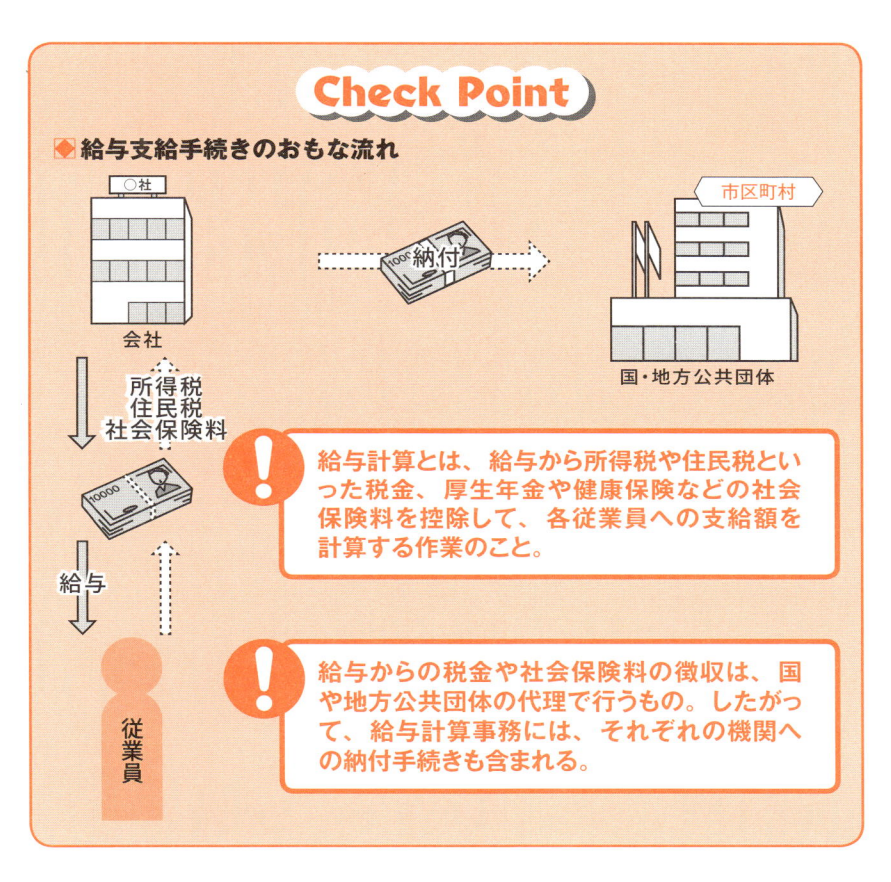

形態や条件に違いがありますから、マネをして数百人の給与を手計算で出すのは不可能です。ただ、ほんの数人の従業員の給与計算のために人を雇う前に、今何にお金をかける必要があるかをよく考えてみましょう。

　そのうえで、**いかに省力化するかを考えます**。たとえば給与・計算ソフトなどを有効活用（☞126ページ）すれば、新たに人を雇わずに給与計算を簡単に行うことができますし、思い切って管理部門をアウトソーシングするという考え方もあります。

　そして、事業が順調に発展し、従業員を10人以上抱えるような規模になったときには、社長は本業に注力し、給与計算などの人事・経理業務を行う担当者、あるいは管理部門を置けばいいでしょう。

2 給与明細の作成
給与の支払いに欠かせない書類をどうつくるか

◉ 給与明細とは

給与には、年齢や勤務成績などを勘案して決まる**基本給（本給）**のほかに、諸費用として、**通勤手当（交通費）や時間外（勤務）手当、住宅手当など各種手当**（☞96ページ）を支給している会社も少なくありません。また、給与の額面すべてが従業員の手にわたるわけではなく、社会保険料（☞77ページ）や所得税などを差し引いた額が支給されます。

これらの明細を記したものが**給与明細**です。法律で発行が義務付けられているわけではありませんが、トラブルを防ぐために、**毎月給料日にきちんと発行する**ようにしましょう。

◉ 給与明細に欠かせない4つの項目

給与明細に欠かせないのは、次の4つの項目です。

①勤怠に関する項目

一般に出勤・欠勤日数や消化した有給休暇日数、遅刻回数、超勤時間（残業時間）など、おもに労働時間などについて記載します。

従業員が働いた時間分は、会社はきちんと給料を支払わなければなりません。その計算の大元となる時間のデータです。

②支給に関する項目

基本給のほかに時間外（勤務）手当など、種類別に支給額を記載します。基本給の金額は、会社と従業員が就業契約などで取り決めた金額になり、諸手当の内容や金額については会社ごとに異なります。給与の一部とみなされる交通費なども、この項目に含まれます。

③控除に関する項目

厚生年金保険料や国民健康保険料、雇用保険料などの社会保険料や、所得税や住民税といった税金など、給与から差し引いたものの金額を記載します。

Check Point

◆ **給与明細サンプル**

労働基準法で時間外労働や深夜残業などの割増が定められている

手当の種類は会社によって規定が異なる

給与明細

氏名　○○○○様

2012年4月分

	出勤日数	欠勤日数	有給休暇日数	遅刻回数	超勤時間
❶ 勤怠	20	0	1		

	基本給	時間外手当	通勤手当	住宅手当	家族手当
❷ 支給額	200,000	0	10,000	0	
	総支給額				210,000

	健康保険	介護保険	厚生年金	雇用保険	
❸ 控除額	10,967	0	18,053	1,785	
	所得税	住民税			
	3,620	8,190			
	控除計				42,615

| ❹ | 差引支給額 | | | | 167,385 |

控除は国や地方公共団体に代わって会社が代行しているもの

これがいわゆる「手取り」!

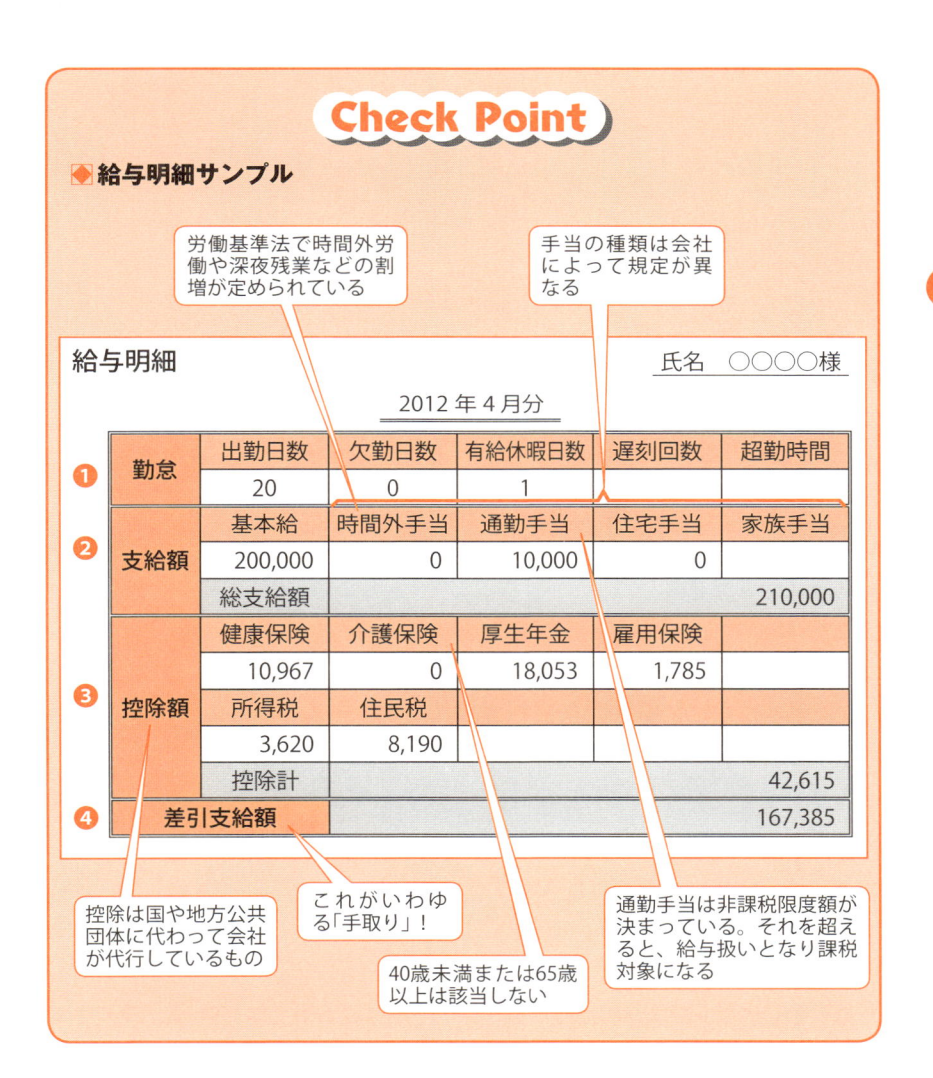

40歳未満または65歳以上は該当しない

通勤手当は非課税限度額が決まっている。それを超えると、給与扱いとなり課税対象になる

❹差引支給額

❷の「支給に関する項目」に記載した基本給や時間外(勤務)手当などの合計である総支給額から、❸の「控除に関する項目」の合計額を差し引いたものが「差引支給額」です。

現在、給与の支払いは、ほとんどの会社で口座からの振込で行われていますが、実際に振込むのはこの差引支給額。いわゆる「手取り」です。

3 勤怠管理
給与支払いの基準となる労働時間をきちんと管理する

●「ノーワーク・ノーペイの原則」と勤怠管理

「働かざる者、食うべからず」という言葉がありますが、これは「ノーワーク・ノーペイの原則」を言い表したものです。会社が従業員に給与を支払う原則はまさにこれで、**「働いていない時間は支払わず、働いたぶんはきちんと支払う」**ということです。

そのために欠かせないのが、従業員の勤怠管理です。給与計算でいう「勤怠」とは出勤と欠勤のこと。**勤怠管理によって給与の支払い基準となる労働時間を確定させます。**

● 休日と有給休暇の法的ルール

勤怠管理を行ううえで、まず頭に入れておかなくてはならないのは、休日の法的ルールです

労働基準法では、**「使用者は、労働者に対して毎週少なくとも1回の休日を与えなければならない」**と定められています。

業種によっては「月末は忙しいから休まれては困る」といったケースもあるでしょう。その場合は、「4週を通して4日休みを与えればよい」(**変形休日制**☞右ページ)とされています。

この、「1週に1日(または4週で4日)」の休みを「**法定休日**」といいます。よく日曜日や祝日のことを法定休日と誤解している人がいますが、そうではありません。

週休二日制の場合、法定休日にもう1日、「**所定休日(＝法定外休日、法律では定められていない休日)**」が足されることになります。

法定休日と所定休日では、その日に「休日労働」したとき、賃金の割増率が異なるので注意が必要です(☞98ページ)。

また、労働者の権利として法律で定められている「**年次有給休暇**」につい

Check Point

◆ 変形休日制とは
変形休日制は、就業規則などで4日以上の休日を与える4週間の起算日を明らかにし、4週4休を満たす必要がある。

第1週	第2週	第3週	第4週	第5週	第6週	第7週	第8週
なし	1日	2日	1日	なし	なし	2日	2日
4週4休以上				4週4休以上			

◆ 出勤率とは

出勤率 ＝ 就労した日数 ÷ 全労働日

◎次のような場合は労働日から控除する
- 使用者の責めに帰すべき事由による休業日
- 正当なストライキなどにより労働をしなかった日
- 休日出勤した日（もともと休日のため全労働日には含まれない）

◎実際は休んでいても、次のような場合は出勤（就労）扱いとする
- 業務上負傷、または疾病による療養のための休業期間
- 女性労働者で産前産後の休業期間（原則として産前6週間、産後8週間）
- 育児休業期間
- 介護休業期間
- 年次有給休暇を取得しての休業期間

てもよく理解しておく必要があります。

　従業員が有給休暇を取得できる条件は、**6カ月間継続して勤務し、その間の出勤率が8割以上あること**。勤続年数によって6カ月で10日、6年6カ月で20日といったように、付与日数は増えていきます。

　この勤続年数は雇用関係が継続しているかどうかで判断されます。したがって病気療養などで欠勤した期間があったり、パートタイマーやアルバイトから正社員になったような場合も、雇用関係が継続していれば、そのまま継続勤務とみなされ、続けて勤務年数にカウントされます。

4 給与の支給
2つの種類の給与と支払い方の法的ルール

● 給与は所定内賃金と所定外賃金に分けられる

一言で「給与」といっても、その中身は「**所定内賃金**」と「**所定外賃金**」に分けられます。

所定内賃金とは、毎月の給与のうち、**所定労働時間（会社で定めた労働時間）の労働の対価**として支払われるもの。その筆頭は**基本給**で、その名のとおり給与の基本となるものです。

所定内賃金には基本給のほかに**諸手当**が加わります。

手当については、会社によって規定が異なり、支給項目や金額もさまざまですが、家族手当、住宅手当、食事手当などの**生活給的手当**と、資格手当、技能手当、特殊作業手当といった**仕事給手当**があります。

多くの会社が基本給をベースにして、「基本給の○カ月分」というかたちで賞与や退職金の額を決めています。

そのため、基本給を低く設定し、諸手当を厚くすることで人件費を節減しようとする会社があります。

たとえば、「基本給20万円＋手当5万円」と「基本給15万円＋手当10万円」とでは、毎月支払う給与金額は変わりませんが、「基本給の○カ月分」という賞与の額は、後者のほうが大きく抑えることができます。

もう一つの所定外賃金とは、所定の労働時間を超える労働に対して支給される賃金や、休日労働、深夜労働に対して支給される賃金のこと。**早朝出勤手当**、**時間外勤務手当**、**深夜勤務手当**、**休日勤務手当**などがこれに当たります。

● 守らなければいけない給与支払いの5つのルール

給与の支払い方については、次のように労働基準法で5つのルールが定められています。

Check Point

◆ **2つの給与について**

所定内賃金	毎月の給与のうち所定労働時間の労働の対価として支払われる賃金。基本給のほかに、家族手当、住宅手当、食事手当などの生活給的手当と、資格手当、技能手当、特殊作業手当といった仕事給手当が加わる。
所定外賃金	所定の労働時間を超える労働に対して支給される賃金や、休日労働、深夜労働に対して支給される賃金のこと。いわゆる残業代や早朝出勤手当、時間外勤務手当、深夜勤務手当、休日勤務手当などがある。

①通貨（現金）で支払わなければならない

原則、給与は現金支払いです。現在は金融機関への振込が主流ですが、就業契約書などでその旨を告知し、本人の了承を得る必要があります。

②直接本人に支払わなければならない

相手が金融業者などの第三者はもちろん、弁護士などの従業員の法定代理人や親権者であっても、従業員本人以外に給与を支払うことはできません。従業員本人が書いた委任状を持参しても、支払いを拒否できます。例外として、本人が病気などで受取りができないときは、家族などに支払うことは可能とされています。

③全額を支払わなければならない

会社が従業員の給与から控除できるのは、所得税や社会保険料など、法令で定められているもののみ。それ以外は、原則として全額支払わなければなりません。例外として、労使協定に定められていれば、社宅費用や組合費などの控除も可能です。

④毎月1回以上支払わなければならない

半年分を一括で支払うといった方法は法律違反になります。最低でも月に一度というルールなので、月に2回、週払い、日払いといった支給方法も可能です。ただし、賞与や退職金は適用外になります。

⑤一定期日に支払わなければならない

「毎月○日」といったように、支払日を指定しなければなりません。「第2金曜日」といった指定は、支払日が特定できないためできません。

5 割増賃金のルール
残業や休日勤務をさせたら割増賃金を支払う義務がある

● サービス残業の放置が経営の命取りに!

小さな会社のなかには、従業員のサービス残業が常態化している会社も少なくありません。

「管理職には残業代を支払わなくてよい」「年俸制に残業代はつかない」「歩合給なので残業代は不要」などと考えている社長もいますが、これらはすべて法律的には認められません。

サービス残業の未払い賃金は、最大で２年前まで遡って支払い義務が生じるのに加え、それと同額の付加金を命じられることもあります。

今後、訴訟ラッシュが到来するのではないかと言われていますが、従業員数名が訴訟を起こしたら、一気に倒産の危機にさらされる会社もあるのではないでしょうか。

● 時間外、深夜、休日労働が割増賃金の対象

労働基準法では、時間外労働、深夜労働、休日労働について通常の賃金に加えて一定の割増率（☞右ページ）に基づいた割増賃金を支払わなければならないと定めています。

● **時間外労働**：労働基準法で定められた労働時間である法定労働時間の１日８時間、１週40（または44）時間を超えて働いた分の労働時間のこと。早出や残業がこれに当たります。ただし、会社で定めた労働時間である所定労働時間が１日７時間の場合、７時間を超え８時間以下の労働時間については割増賃金の対象とはなりません。

● **深夜労働**：午後10時～翌朝5時までの労働のこと。

● **休日労働**：すべての休日が該当するのではなく、割増となるのは、労働基準法で定めた１週間に１回か、４週に４回の法定休日（☞94ページ）に働いた場合に限られます。たとえば、週休２日制の会社の場合、休日１日出勤し

Check Point

◆ **賃金の割増率**

時間帯		賃金の割増率
基本パターン	時間外労働（原則）	2割5分以上5割以下
	時間外労働（月60時間を超えた部分）	5割以上
	深夜労働（午後10時〜翌朝5時）	2割5分以上
	休日労働	3割5分以上5割以下
重複パターン	時間外労働（原則）が深夜に及んだ場合	5割以上
	時間外労働（月60時間を超えた部分）が深夜に及んだ場合	7割5分以上
	休日労働が深夜に及んだ場合	6割以上

※以下については、割増賃金の基礎となる賃金から除外して計算する。
「家族手当」「通勤手当」「別居手当」「子女教育手当」「住宅手当」「臨時に支払われた賃金」「1カ月を超える期間ごとに支払われる賃金」

◆ **1カ月の平均所定労働時間の算出方法**
①年間の所定労働日数が決まっている場合

年間所定労働日数×1日の労働時間÷12カ月

②年間の所定労働日数が決まっていない場合

（365日－所定休日日数）×1日の所定労働時間÷12カ月

＜例＞土日の週休2日（年間104日）、祝日・国民の休日（年間15日）、夏季休日（5日）、冬期休日（5日）、1日の所定労働時間8時間の場合
{365－（104＋15＋5＋5）}×8÷12＝157.333…

1カ月の平均所定労働時間：157時間

ただけでは、休日労働として扱われずに時間外労働となり、残りのもう1日の休日にも出勤した場合に休日労働となります。

割増賃金の計算の仕方は、パートタイマーやアルバイトなど時給制の場合、時給所定の割増率を掛けて計算するので簡単です。

月給制の場合は、月ごとに労働時間が変わるため、1カ月の平均所定労働時間を算出し、その値で月給を割って出した金額を割増賃金の基礎とします。

平均所定労働時間の算出方法は、上の図に示すように、年間の所定労働日数が決まっている場合と決まっていない場合の2通りがあります。

6 減給のルール
遅刻・欠勤による減給とペナルティ的減給の違い

● 遅刻や欠勤による控除は就業規則で定める

　やむを得ない場合は別として、日常的に遅刻や欠勤をする人がいると、仕事のしわ寄せが周囲に行き、職場全体のモチベーションを落とすことにつながります。

　しかし、**遅刻や早退、欠勤に関しては、法律上の決まりがありません**。そのため、就業規則などでしっかりと対応を決めておくことが必要です。

　前もって遅刻や欠勤することがわかっていれば、事前の届け出を徹底させましょう。急病になったり、通勤中に電車が遅れるなどのトラブルでやむを得ない場合は、遅れや欠勤がわかった段階で必ず連絡を入れさせ、出社後に届け出させることです。

　遅刻や早退、欠勤などで所定労働時間のうち、労働に従事しなかった時間帯（有給休暇などを除く）は、ノーワーク・ノーペイの原則（☞94ページ）から考えても、**会社はその時間分の給与を払う必要はありません**。

　いくら控除するかは会社の判断ですが、欠勤1日につき1年間の月平均の所定労働日数分の1、もしくは該当月の所定労働日数分の1を控除するのが一般的です。

　公共交通機関の遅れによる遅刻は、遅延証明書の提出によって遅刻とみなさない会社もありますが、なかには「遅刻は遅刻」として控除する会社もあります。ただしそのような会社も、「不可抗力によるもの」として、賞与などの査定において考慮する場合が多いようです。

● ペナルティの意味合いを持つ減給には制限がある

　社内規定に反したり、不祥事を起こしたりした場合、**給与を「減らす」ことで、反省を促す**ことがあります。

　これは、遅刻や欠勤による控除とは意味合いが異なり、罰則やペナルティ

Check Point

◆ 減給の制限

〈制限1〉 1回の減給額が平均賃金の1日分の半額を超えないこと	1カ月1回の事案に対して、減給の総額が平均賃金の1日分の半額以内であること。したがって、1回の事案について平均賃金の1日分の半額ずつを何日にもわたって減給してよいという意味ではない。  1日1万円　−　5,000円までの減給
〈制限2〉 総額が一賃金支払い期の賃金総額の10分の1を超えないこと	たとえば月給20万円の従業員の場合、一賃金支払い期に発生した数事案に対する減給額は2万円までででなければならない。  月給20万円　−　2万円までの減給

⬇

上の制限1、2を満たすには、図の例で1回の事案の場合、減給額は5,000円までとなる

> **注意！**
> もし就業規則中に30分単位で制裁の規定を設け、30分以内の遅刻や早退をつねに切り上げている場合、減給の制裁として判断され、労働基準法の規制の対象になる。

としての減給です。こうした減給は労働者の権利を抑制するものなので、労働基準法で、上の図のような一定の制限が定められています。

7 非課税扱い 給与のなかには課税されないものがある

● 通勤費や旅費交通費は非課税扱いになる

給与は、基本的にその金額に合わせて所得税がかかります。しかし、**なかには非課税扱いになるもの**もあります。

その代表的なものは**通勤費（通勤手当）**。通勤費は給与というよりも、会社に行くための実費相当分として一定金額までは非課税扱いです。通勤費としては毎月実費の金額を基本給と併せて振込む会社もあれば、3～6カ月ごとに定期券で支給する会社もあります。このような場合は、月数で割った1カ月当たりの金額を算出し、非課税分と課税分に振り分けます。

旅費交通費も非課税扱いです。職務上の旅行に必要な交通費や宿泊費、日当、そのほか転勤、就職、退職などに必要とされる交通費や宿泊費、運賃などがこれに当たります。

● 社員割引や慰安旅行も要件を満たせばOK

これ以外にも、給与とみなされるものの所得税の非課税扱いになるものがあります。

たとえば、残業や宿直時の夜食代、宿直代を手当として支払っている場合、また食事の現物支給（価格の50％以上を給与所得者から徴収している場合）なども、一定の条件を満たせば非課税になります。

また意外かもしれませんが、新年会や忘年会、従業員の運動会や慰安会などのレクリエーション費用、慰安旅行などの費用も、要件を満たせば非課税扱いです。社員割引などで取扱商品を従業員に割安で販売した割引分も、本来は給与として扱われますが、非課税扱いになります（有価証券などを除く）。

ただし、非課税扱いにするには、一定の要件を満たすことが条件になっている場合があるので、注意が必要です。要件を満たさないと課税扱いになり、所得税が加算されてしまう可能性があります。

◆非課税扱いになるもの

	内容	備考
❶ 通勤費 （通勤手当）	①公共交通機関利用……………………………1カ月当たり100,000円まで ②自転車、自動車等の交通用具の使用 　片道2km未満……………………………… 全額課税 　片道2km以上10km未満…………………1カ月当たり4,100円まで 　片道10km以上15km未満…………………1カ月当たり6,500円まで 　片道15km以上25km未満…………………1カ月当たり11,300円まで 　片道25km以上35km未満…………………1カ月当たり16,100円まで 　片道35km以上45km未満…………………1カ月当たり20,900円まで 　片道45km以上 ……………………………1カ月当たり24,500円まで	
❷ 残業・宿直等の食事代	夜食の現物給与ではなく、給与に加算して金銭を支給する場合には1回当たり300円以下	
❸ 宿・日直料	1回当たり4,000円以下	給与にスライドして計算する場合、代休を与えている場合、本来の職務となっている場合は課税。
❹ 創業記念品等の費用	①社会通念上記念品としてふさわしいもの ②処分見込価格が1万円以下 ③一定期間ごとに到来する記念については、おおむね5年以上の期間ごとに支給するもの	
❺ 食事の現物給与	食事の価格の50％以上の対価を給与所得者から徴収している場合	50％を超える場合または、月額3,500円を超える場合はその全額を給与とみなす。
❻ 旅費交通費等	職務上必要な交通費・宿泊費・日当、転勤・就職・退職に伴って必要な交通費・宿泊費・運賃等	
❼ レクリエーション等の費用	従業員の運動会、慰安会等のレクリエーションの費用	自己都合による不参加者に費用相当額を支給する場合には参加者・不参加者共給与とみなす。職務によって不参加になる者のみ費用相当額を支給する場合には、不参加者のみ課税。
❽ 慰安旅行の費用	①旅行に要する期間が4泊5日以内であること（海外旅行の場合には目的地の滞在日数で判定） ②旅行の参加者が全従業員等の50％以上であること	
❾ 永年勤続者表彰費用	記念品、旅行招待費で受彰者の地位に照らして社会通念上相当と認められ、かつ、おおむね10年以上の在職者に5年以上の間隔をおいて行われるもの	海外招待旅行について、勤続20年でおおむね10万円、30年でおおむね20万円は非課税。
❿ 商品等の値引販売	①販売価格が仕入価格以上で、かつ、他への販売価格の70％未満でないこと ②役員、使用人の全部について値引率が一律、または全体として合理的なバランスが保たれていること ③販売数量が一般消費者として自己の家事への通常消費量であること	

社会保険事務 ❶
8 給与から差し引かれる5種類の社会保険料

● 労働者が加入する医療、年金、労働関係の保険

　従業員を雇うと給与を支払うことになりますが、それに伴い社会保険料や税金を控除する業務が発生することは先に説明したとおりです。

　まず社会保険料ですが、次の5つの種類を給与から控除します。

- 医療保険……健康保険、介護保険の保険料
- 年金保険……厚生年金保険の保険料
- 労働保険……雇用保険、労働者災害補償保険の保険料

　以下、それぞれの概略を説明します。また、費用負担者や加入者については右ページの表をご覧ください。

● 給与計算で関係してくる5つの保険

① 健康保険

　労働者やその家族がケガや病気になったとき、医療給付や手当金などを支給して安定した生活を送れるようにという主旨の保険です。

　健康保険には全国健康保険協会が保険者となる「協会管掌健康保険（協会けんぽ）」と、健康保険組合が保険者となる「組合保険」の2つがあり、協会けんぽの保険料率（保険金額に対する保険料の割合）は都道府県ごとに異なっています。また、組合健保の保険料率は、各組合が30～120/1000の範囲内で決めることになっています。

② 介護保険

　40歳以上65歳未満で、医療保険に加入している人が該当する保険です。超高齢化の時代を迎えて、要介護者を社会全体で支えるために2000年に介護保険制度が導入され、保険料の負担が始まりました。年齢によって保険料を控除したり控除しなかったりするため、給与計算では注意が必要です（☞108ページ）。

Check Point

◆社会保険の種類一覧

	社会保険名	費用負担	加入者
医療保険	健康保険	従業員・雇用者	非適用者以外全員
	介護保険	従業員・雇用者	40歳以上65歳未満
年金保険	厚生年金保険	従業員・雇用者	非適用者以外全員
労働保険	雇用保険	従業員・雇用者	条件該当者全員
	労働者災害補償保険	雇用者	全員

> 広義の社会保険は、医療保険・年金保険・雇用保険・労災補償保険の総称を指す。また狭義の社会保険は、健康保険と厚生年金および介護保険の総称。ちなみに、雇用保険・労働者災害補償保険（労災保険）をまとめて労働保険と呼ぶ。

③厚生年金保険

将来、年金支給を受けるために控除されるのが、厚生年金の保険料です。たとえ社長1人の会社であっても、この保険には必ず加入しなければなりません。

④雇用保険

労働者が失業などで収入が絶たれたときにお金を給付して、再就職するまで、あるいは就職に必要な能力を身に付ける職業訓練を受講している期間、労働者の生活を支えることを目的とした保険です。

次の条件に当てはまる人は、すべて保険加入の対象となります。

- 1週間の所定労働時間が20時間以上であること
- 31日以上の雇用見込みがあること

⑤労働者災害補償保険（労災保険）

労働者の勤務中や通勤途中のケガや病気、障害、死亡などについて保護するための保険です。1人でも従業員を雇用したら、必ず加入しなければなりません。

①～④の4つの保険と異なり、従業員は保険料を負担する必要はなく、会社が全額負担します。

社会保険事務❷
9 会社設立時、従業員雇用時にやるべき保険の加入手続き

● 年金と医療関係の保険加入手続き

　会社を設立したら社長1人の会社でも、**年金事務所で会社自体の新規加入の届け出**をしなければなりません。必要書類は年金事務所によって異なるので、管轄の事務所に問い合わせてみてください。

　従業員を雇った場合ももちろん、**厚生年金と健康保険に加入**しなければなりません。年金事務所で被保険者資格取得の届け出を行い、全国健康保険協会などを通じて健康保険証が交付されます。

　これらの手続きは、従業員を採用してから5日以内に行う必要があります。

　もちろん遅れたからといって加入を断られることはありませんが、あまり長期にわたって手続きを取らないでいると、なぜ遅れたのかを記した理由書を提出しなければならなくなるので、なるべく迅速に手続きを行いましょう。

　新入社員が入社する4月などは届け出が殺到し、事務処理に時間がかかる場合もあります。

　もし健康保険証が交付される前に新入社員が病気やケガなどで医療機関にかかる場合は、「健康保険被保険者資格証明書」という書類が必要になります。これは資格取得の届け出時に作成し、年金事務所がその場で捺印してくれます。この証明書が健康保険証の代わりになります。

● 労働保険関係の加入手続き

　労働保険は労働者災害補償保険（労災保険）と雇用保険の総称です。

　一般的な事業の場合、「一元適用事業」と呼ばれ、労災保険と雇用保険の申告・納付を一元的に処理することができます。ただし、加入手続きはそれぞれに行います。

　まず、**管轄の労働基準監督署で労災保険の加入手続き**を行い、その年度の保険料（保険関係が成立した日からその年度の末日までに労働者に支払う賃

Check Point

◆年金事務所への必要書類（例）

提出書類	新規適用届
	被保険者資格取得届（加入する人の分）
	被扶養者（異動）届（加入者で扶養する家族のいる人）
	会社登記簿謄本（3カ月以内に取得したもの）
	賃貸借契約書の写し
確認書類 ※添付または 持参する書類	出勤簿もしくはタイムカード
	労働者名簿
	賃金台帳

◆労働基準監督署への必要書類（例）

提出書類	労働保険保険関係成立届
	労働保険概算・確定保険料申告書
確認書類	会社登記簿謄本（3カ月以内に取得したもの）
	賃貸借契約書（登記上の所在と事業を行っている所在が異なる場合）

◆公共職業安定所への必要書類（例）

提出書類	雇用保険適用事業所設置届
	雇用保険被保険者資格取得届（加入する人の分）
確認書類	労働保険関係成立届の控え（労働基準監督署で申請済みのもの）
	会社登記簿謄本（3カ月以内に取得したもの）
	労働者名簿
	出勤簿またはタイムカード
	賃金台帳

金総額の見込額に保険料率を乗じた額）を概算保険料として申告・納付します。その後、**公共職業安定所で雇用保険の加入手続き**を行う必要があります。

　なお、農林水産事業や建設事業など、一部の事業については労災保険と雇用保険の適用の仕方を区別する必要があるため、「二元適用事業」として保険料の申請や納付をそれぞれ別個に行う必要があります。

　労災保険は労働者全員が加入の対象となりますが、雇用保険については個別に手続きが必要となります。雇用保険の加入手続きは、従業員を採用した月の翌月10日までに行います。

社会保険事務 ❸

10 医療保険、年金保険関係の保険料控除のポイント

● 標準報酬月額から保険料が決まる

　健康保険、介護保険、厚生年金保険の3つの保険料は、**個人の報酬月額と保険料額表から、標準報酬等級に応じた保険料を控除**します。

　標準報酬月額は、被保険者の報酬月額に基づいて算出されます。

　個人の報酬月額は「標準報酬」ともよばれ、簡単に言えば「1カ月の給与」のことですが、月ごとに給与額に変動があると手続きが煩雑になってしまいます。そこで給与の支払い対象になる出勤日が17日以上ある、連続した3カ月（たいていは4〜6月）の給与から平均金額を計算し、これを個人の報酬月額とします。

　この報酬月額を社会保険事務所に届け出ると、個々の標準報酬月額が通知され、この金額が1年間固定して適用されます。ただし、昇給などにより給与の金額が著しく変動した場合などは、変動があった月から4カ月目に報酬月額の改定を行います。

　加えて給与規定などで年4回以上賞与を支給すると定められている場合は、「前1年間の賞与支給総額÷12」も給与とみなされ、報酬月額を算出する際に加算されます。

● 毎月、40歳になる従業員がいないかチェックを

　上記3つの保険料は、被保険者の資格を得た月から、資格を喪失した月の前月まで、月ごとに徴収されます。

　なお、先に説明したように、**介護保険は年齢によって被保険者であるか否かが分かれる**ので注意が必要です。

　被保険者となるのは「40歳に達した日」と定められていますが、これは誕生日の前日のことをいいます。つまり、**40歳の誕生日前日に被保険者となり、その月から保険料が発生する**のです。

Check Point

◆「報酬」に含まれるもの、含まれないもの

	報酬に含まれるもの	報酬に含まれないもの
現金支給	基本給、能力給、家族手当などの諸手当	退職金、解雇予告手当、結婚祝金、災害見舞金、大入袋、出張旅費、業務上の交際費、年3回以下の賞与
現物支給	通勤定期、自社製品、食券、食事、社宅・寮など	制服、作業着、見舞品、記念品、生産施設の一部である住居

◆保険料の計算式

健康保険料

$$標準報酬月額 × 健康保険料率$$

厚生年金保険料

$$標準報酬月額 × 164.12/1000$$

介護保険料

$$標準報酬月額 × 介護保険料率$$

※保険料率は健康保険組合によって異なる

◆社会保険料決定の流れ

月平均報酬の計算 ▶ 社会保険事務所に届け出 ▶ 標準報酬月額通知 ▶ 保険料決定 ▶ 社会保険事務所などへ納付

　したがって、1日生まれの人は、前の月の末日に被保険者になりますから、保険料も誕生日の前月から支払わなくてはなりません。

　毎月、40歳に達する人がいないかどうか、従業員の生年月日をチェックしておかないと「ついうっかり！」ということになりかねないので、注意が必要です。

社会保険事務❹
11 労働保険関係の保険料控除のポイント

◉ 雇用保険料の計算方法

　雇用保険の保険料については、毎月給与が支払われるたびに、**被保険者負担率を給与に掛けて計算した保険料を給与から控除**します。

　被保険者負担率は、以下のとおりです。
- 一般の事業……5／1000
- 農林水産業・清酒製造業・建設業……6／1000

　保険料を計算していて1円未満の端数が出たときは、50銭以下は切り捨て、50銭1厘以上の場合は切り上げになります。

　ただし、これは給与から源泉徴収する場合です。レアケースだとは思いますが、被保険者が現金で雇用保険料を会社に支払う場合は、50銭未満は切り捨て、50銭以上は切り上げとなります。

　なお、**保険年度の初日（4月1日）に満64歳に達している人は、雇用保険の保険料が免除**されます。もし間違えて控除してしまった場合は、遡って返さなければなりません。納めてしまった保険料も、申し出れば2年間分は返してもらえます。

　全額会社が保険料を負担する労働者災害補償保険（労災保険）の計算については、右ページをご覧ください。

◉ 雇用保険、労災保険の年度更新

　雇用保険と労働者災害補償保険（労災保険）の保険料は、年度（4月から翌年3月まで）のはじめにおおよその保険料を計算して申告納付します。

　そして、翌年度のはじめに前年度の保険料を確定し、すでに納めた保険料から精算を行い、改めて当該年度の保険料を申告納付するのです。

　1年に1回、保険料を精算し、年度はじめに更新を繰り返すことから、「**年度更新**」と呼ばれています（☞右ページ）。

Check Point

◆ **労働者災害補償保険（労災保険）の保険料**

> 全労働者の賃金総額の見込み額（確定額）
> ×
> 労災保険率

◎注意点
① 全額会社負担。
② 一般社員だけでなく、パートタイマーやアルバイトも含む。ただし派遣社員は含まない。
③ 労災保険率は業種や業務によって異なる。
④ 年度はじめに概算でその年の保険料を計算して納付し、翌年度のはじめに前年度の保険料（確定保険料）を確定して精算する。
⑤ 確定保険料は賃金総額の「確定額」で計算する。

◆ **年度更新のイメージ**

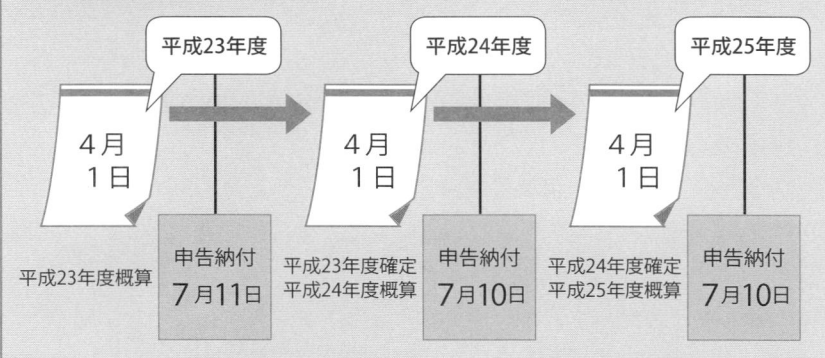

	平成23年度		平成24年度		平成25年度
	4月1日		4月1日		4月1日
平成23年度概算		申告納付 7月11日	平成23年度確定 平成24年度概算	申告納付 7月10日	平成24年度確定 平成25年度概算	申告納付 7月10日

> ① 7月10日までに当該年度の概算保険料を申告納付すると、翌年3月31日に1年間の保険料が確定する。
> ② 当該年度分の概算で納付した保険料と確定した保険料を精算し、翌年度の概算保険料を併せて申告納付する。

税金の控除 ❶
12 源泉徴収する所得税の額をどう計算し、納付するのか

● 「源泉徴収税額表」から所得税を計算する

　源泉徴収する所得税を計算するには、会社から支払われる給与から非課税分の通勤手当や社会保険料などを差し引いた**「課税所得対象額」を算出し、毎月「源泉徴収税額表」**（☞右ページ）**に当てはめて計算**します。

　この「源泉徴収税額表」は国税庁のホームページで確認することができます。「月額表」「日額表」「賞与に対する源泉徴収税額の算出率の表」の3種類があり、給与を毎月支払う場合は月額表を、働いたその日ごとに給与を支払う場合、また、1週間ごとに給与を支払う場合には日額表を使います。給与を日割り計算するときにも、この日額表を使います。

　賞与を支払う場合は「賞与に対する源泉徴収税額の算出率の表」を使って計算します（☞118ページ）。

　所得税は、扶養親族等の人数によっても税額が変わってきます。そのため給与支払者（会社）は各従業員に、その年の最初に給与の支払いを受ける日の前日（中途採用者は1回目の給与の前日）までに、**「給与所得者の扶養控除等申告書」**（☞右ページ）を提出してもらいます。

　源泉徴収税額表には「甲欄」「乙欄」「丙欄」とありますが、甲欄は「給与所得者の扶養控除等申告書」が提出されている場合、乙欄は「給与所得者の扶養控除等申告書」の提出がない場合に使います。また日額表だけにある丙欄は、雇用期間があらかじめ決められており、2カ月以内など短期間雇用のアルバイトなどに一定の給与を支払う場合に使います。

● 小さな会社は「納期の特例」が受けられる

　前にもお話ししたとおり、給与から源泉徴収した所得税は、**給与支払月の翌月10日までに納付する**必要があります。また、従業員が10人未満の会社ではあらかじめ税務署に届け出をしておけば、**年に2回まとめて納付できる**

Check Point

◆給与所得の源泉徴収税額表（平成24年分）月額表の例

社保等控除後の額		甲								乙
		扶養親族等の数								
		0人	1人	2人	3人	4人	5人	6人	7人	
以上	未満	税					額			税額
円	円	円	円	円	円	円	円	円	円	円
		0	0	0	0	0	0	0	0	
88,000	89,000	130	0	0	0	0	0	0	0	3,100
89,000	90,000	180	0	0	0	0	0	0	0	3,100
90,000	91,000	230	0	0	0	0	0	0	0	3,100
91,000	**92,000**	**280**	**0**	**0**	**0**	**0**	**0**	**0**	**0**	**3,100**
92,000	93,000	330	0	0	0	0	0	0	0	3,200
93,000	94,000	380	0	0	0	0	0	0	0	3,200

- 社会保険料等控除後の給与が91,000円以上92,000円未満の場合は、ここをチェック！
- 扶養親族がいない場合は税額は280円。1人でもいれば0円となる
- 扶養控除申請書を提出していない場合は、乙欄を見て算出する。この場合は3,100円

◆給与所得者の扶養控除等申告書

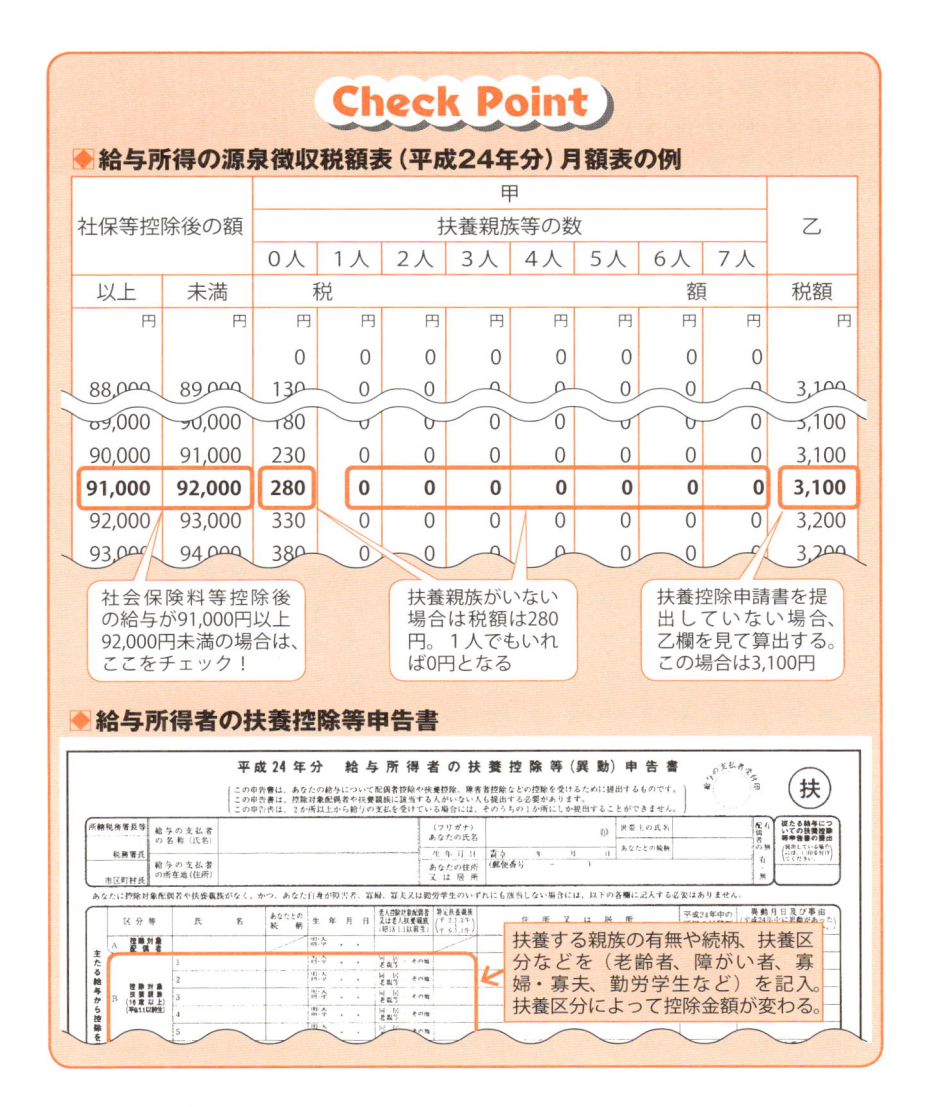

平成24年分　給与所得者の扶養控除等（異動）申告書

扶養する親族の有無や続柄、扶養区分などを（老齢者、障がい者、寡婦・寡夫、勤労学生など）を記入。扶養区分によって控除金額が変わる。

「納期の特例」の適用を受けられます（☞36ページ）。

　税金の納付は、納付書に金額を記入して金融機関の窓口、もしくは所轄の税務署に納付します。納付書が手元にない場合は、最寄りの税務署などで入手します。事前に税務署に届け出をし、e-Taxによる電子申告や振替納付、インターネットバンキングによる納付も可能です。

13 税金の控除❷ 個々の従業員の住民税の額をどう計算し、納付するのか

● 月々の給与額とは関係ない住民税

住民税は、その月の給与の金額とは関係なく、**前年度の所得額を基準として課税・徴収**されます。

前年の年間所得額は、会社が市区町村に提出する「**給与支払報告書**」で把握されます。

会社は従業員の1月1日現在の住民票登録地の市区町村に、前年の給与支払報告書を1月31日までに提出しなければなりません。

住民税の内訳は、先に説明したように所得割と均等割の2つに分かれています（☞36ページ）。

所得割の標準税率は全国一律で、都道府県民税で課税所得に対して4％、市区町村民税で6％と、合計10％となっています。また均等割は、都道府県民税1,000円、市区町村民税3,000円が均一に課税されます。

市区町村は提出された「給与支払報告書」に基づいて住民税額を計算し、毎年5月31日までに会社あてに「**特別徴収税額通知書**」で住民税額を通知します。

会社は、その住民税額に基づき、12等分した金額を6月から翌年の5月までの給与から毎月控除します。12等分して端数が出た場合は、6月分の住民税に加算して払うことになっています。

ちなみに、控除した住民税は所得税と同様に翌月の10日までに納付しなければなりませんが、こちらも10人未満の小さな会社は12月10日まで、6月10日までの年2回で納める特例制度があります（☞右ページ）。ただし事前に各市区町村の税務課への申告が必要です。

● 住民税と所得税の徴収方法の違い

所得税と住民税について説明してきましたが、徴収方法の違いを整理して

Check Point

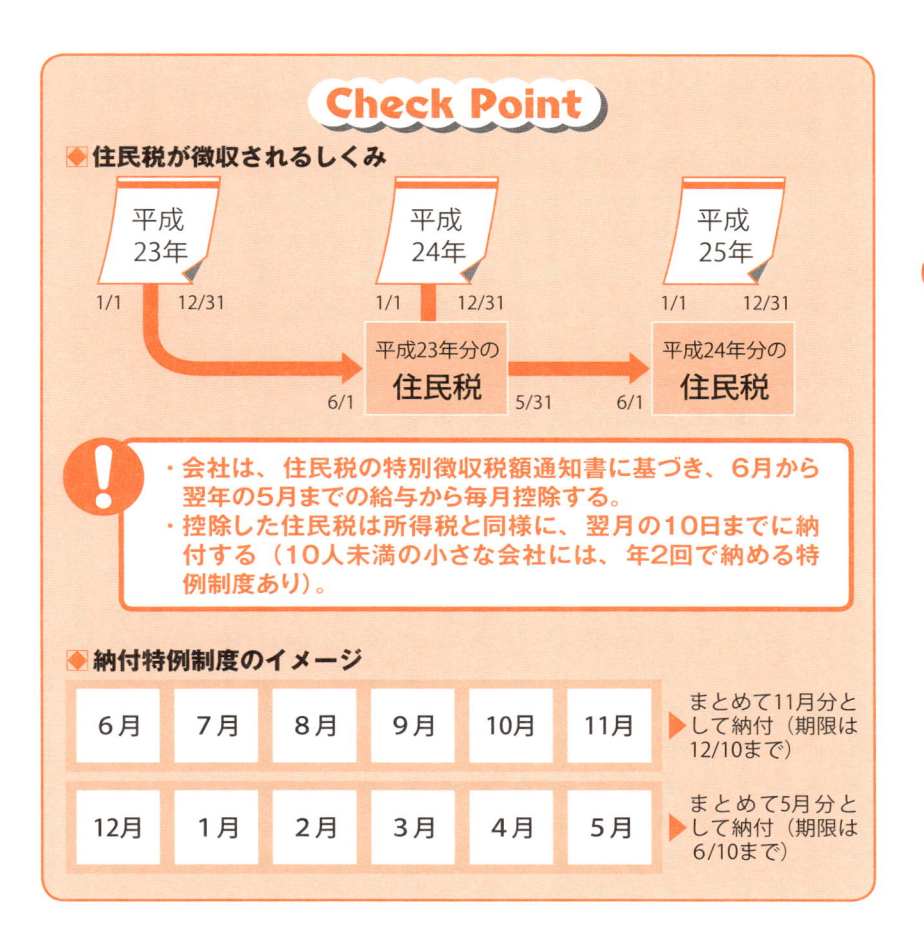

◆ **住民税が徴収されるしくみ**

平成23年	平成24年	平成25年
1/1 — 12/31	1/1 — 12/31	1/1 — 12/31

平成23年分の **住民税** 6/1 → 5/31

平成24年分の **住民税** 6/1 →

> ・会社は、住民税の特別徴収税額通知書に基づき、6月から翌年の5月までの給与から毎月控除する。
> ・控除した住民税は所得税と同様に、翌月の10日までに納付する（10人未満の小さな会社には、年2回で納める特例制度あり）。

◆ **納付特例制度のイメージ**

| 6月 | 7月 | 8月 | 9月 | 10月 | 11月 | ▶ まとめて11月分として納付（期限は12/10まで） |
| 12月 | 1月 | 2月 | 3月 | 4月 | 5月 | ▶ まとめて5月分として納付（期限は6/10まで） |

おきましょう。まず、所得税は毎月の給与以外に賞与などからも源泉徴収されますが、**住民税は給与からのみ控除**されます。

また、所得税の場合、給与・報酬・年金などを支払う時点で徴収した後に、**年末調整**（☞120ページ以降）や**確定申告**で精算します。

確定申告とは、1年間に支出した高額な医療費、住宅ローン、寄付、生命保険や損害保険料、扶養家族状況など、所得から控除される分を計算した申告書を翌年3月に税務署へ提出し、納付する所得税額を確定することです。

住民税は、すでに確定した前年の税額を12カ月で均等割りして翌年の給与から徴収されるため、所得税のように後から調整の必要がありません。

14 給与計算業務
毎月のルーティンワーク、給与計算は日にちを決めて

● 毎月繰り返される作業

　給与の支給は毎月のこと。給与計算は一連の順番を覚えてしまえば、毎月その繰り返し。ただし、お金に関することですからミスは厳禁です。
　まずは簡単に、フローに沿って説明しましょう。

　①出勤簿を締める
「毎月○日締め」といったように、決まった日に締日を設定し、1カ月間の従業員の勤怠（☞92ページ）を取りまとめます。休暇や欠勤、遅刻、早退、時間外勤務などを業務記録と照らし合わせて確認しましょう。

　②基本給や諸手当、残業代などを計算する
　総支給額が決まったら、そこから控除額を計算します。総支給額から控除額を差し引き、課税対象額を算出して源泉徴収額を確定します。

　③給与台帳や給与明細書を作成する
　給与明細に記載するのに必要な金額がこれですべて出そろうので、ここで給与台帳や給与明細書を作成します。

　④銀行振込の手続き等をする
　金融機関への振込で給与を支給する場合は、振込の手続きを取ります。現金支給の場合は現金を用意します。毎月の振込については、金融機関に事前に登録をしておくと手間が省けます。

　⑤給料日に給与を支払う
　金融機関への振込の場合は、給与明細を従業員に渡します。

　ここまでのフローは毎月同じことの繰り返しですから、**日にちを決めて作業を行う**と楽です。
　ただし年末はこれに年末調整の手続き（☞120ページ以降）が加わるので、作業時間には余裕をみておいたほうがいいでしょう。

Check Point

◆給与支給手続きの流れ

❶出勤簿を締める
・従業員の1カ月間の業務記録と照らし合わせて取りまとめる

> 従業員の入社や退社、結婚・出産・死亡などでの扶養家族の増減がないか、従業員の人事情報を把握しておくこと

> 給与締切日が近づいたらタイムカードや出勤簿を回収。従業員一人ひとりの出勤日数、労働時間、欠勤、早退・遅刻などのほか、時間外労働時間、休日労働時間、深夜労働時間などの集計を行う

↓

❷基本給や諸手当などを計算
・総支給額から控除額を引き、源泉徴収額を確定

> 健康保険料、介護保険料、厚生年金保険料、雇用保険料といった社会保険料と、所得税や住民税、控除額を天引きする

↓

❸給与台帳や給与明細書を作成

↓

❹銀行振込の手続き
・現金支給の場合は現金を用意

> 銀行振込の場合は、支払日の3営業日くらい前までに、所定の給与振込一覧表を提出する

↓

❺給料日に給与を支払う
・銀行振込の場合は、給与明細を従業員に渡す

> ❗「20日締めの25日払い」という会社が多いようだが、ミスを防ぐため、少なくとも10日程度の日数は確保すべき

15 賞与計算業務
賞与から税金、社会保険料を控除する計算方法とは

● 賞与額の計算の仕方

　賞与の支給月としてもっとも一般的なのは7月と12月ですが、法律によって決められているわけではありません。会社が決めた賞与支給月には、前項で説明した給与計算と同じような賞与計算の業務が発生しますが、若干違う点もあるので、しっかりとマスターしておきましょう。

　多くの会社では、賞与の基準を「基本給の○カ月分」と決めていますが、その場合の賞与額の計算式は以下のとおりです。

　　賞与額＝基本給×○カ月分（業績を考慮して決定）＋α（人事評価など）

　この金額から、健康保険料、介護保険料（該当者のみ）、厚生年金保険料、雇用保険料などの各種社会保険料と所得税を控除します。

● 賞与から控除する保険料や税金の計算

　賞与から社会保険料を控除するときは、まず賞与額から千円未満を切り捨てた**「標準賞与額」にそれぞれの保険料率を掛けて計算**します。

　この標準賞与額は、健康保険と介護保険は年間540万円、厚生年金保険は1カ月当たり150万円を上限としており、これ以上の金額には保険料がかかりません。なお、これらの保険料は雇用者と従業員が折半することになっています。

　また雇用保険は一般事業者の場合、賞与に保険料率の13.5／1000を掛けたものになりますが、このうち事業者側の負担率は8.5／1000、従業員側の負担率は5／1000となっています。

　次に、源泉徴収する所得税です。これは、賞与金額から社会保険料を控除した課税対象額に、前月の社会保険料控除後の給与の額と扶養親族等の数を「**賞与に対する源泉徴収税額の算出率の表**」（☞112ページ）に当てはめて、導き出した税率を掛けて算出します。

Check Point

◆ 各保険料の計算式と保険料率（平成24年4月現在）

健康保険料＝標準賞与額×各都道府県の保険料率
介護保険料＝標準賞与額×7.75/1000
厚生年金保険料＝標準賞与額×82.06/1000
雇用保険料＝賞与額×5/1000

◆ 賞与計算の例（平成24年4月現在の保険料率で計算）

賞与700,000円
男性、年齢50歳、一般事業、扶養家族2人、
前月の社会保険料控除後の給与450,000円、東京都

- 健康保険料＝700,000×4.985/1000＝3,489円……①
- 介護保険料＝700,000×7.75/1000＝5,425円……②
- 厚生年金保険料＝700,000×82.06/1000＝57,442円……③
- 雇用保険料＝700,000×5/1000＝3,500円……④

▼

課税対象額＝700,000－（①＋②＋③＋④）＝630,144円
所得税額＝630,144×1.4％＝8,822円（1円未満切り捨て）

手取りの賞与額＝630,144－8,822＝621,322円

! 賞与支給後に…
◆社会保険料
「被保険者賞与支払届」を作成し、支給の5日以内に年金事務所に届け出る。翌月「保険料納付告知書」で請求。
◆所得税
該当月の給与から控除した税と合算して、翌月の10日までに「納付書兼徴収高計算書」を作成し税務署に納付。

年末調整業務❶

16 11月〜12月に行う年末調整関係の作業の流れ①

● 年末調整とは

　11月から12月にかけては、**年末調整**の時期。

　年末調整では、給与所得者の年間所得から所得控除などを差し引いて所得税額を算出し、従業員の給与から毎月源泉徴収してきた所得税額との過不足を調整します。

　11月初旬には税務署で、年末調整についての説明会が行われます。毎年変更点があるので、できるだけ時間をつくって出席するようにしましょう。また税務署から送られてくる「年末調整のしかた」というパンフレットも要チェックです。

● 年末調整の流れ①「給与総額・徴収税額の確定〜控除項目の控除」

　年末調整における控除などはケース・バイ・ケースですが、まずは年末調整関係の作業の大まかに流れを理解しましょう。

①1年間の給与総額・徴収税額を確定させる

　1年間に支給した給与や賞与などの総額と、毎月徴収してきた税額を確定させます。

②給与所得控除後の給与の金額を計算する

　給与所得者の経費は、「給与所得者控除」として所得額によって決められています。①で確定させた給与の総額を「**年末調整等のための給与所得控除後の給与等の金額の表**」（☞右ページ）に当てはめて、給与所得控除後の給与等の金額を決めます。

③控除項目を控除する

　所得から控除される項目はいろいろあり、個人によって項目も金額も変わります。おもなものは、配偶者控除や扶養控除、生命保険料・地震保険料等、社会保険料、住宅借入金等特別控除（住宅ローン控除）などです。

Check Point

◆ 年末調整の流れ①

❶ 1年間の給与総額・徴収税額を確定

⬇

❷ 給与所得控除後の給与の金額を計算

平成23年分の年末調整等のための給与所得控除後の給与等の金額の表（単位：円）

給与等の金額		給与所得控除後の給与等の金額	給与等の金額		給与所得控除後の給与等の金額	給与等の金額		給与所得控除後の給与等の金額
以上	未満		以上	未満		以上	未満	
	651,000	0	1,772,000	1,776,000	1,063,200	1,972,000	1,976,000	1,200,400
			1,776,000	1,780,000	1,065,600	1,976,000	1,980,000	1,203,200
		給与等の金額から650,000円を控除した金額	1,780,000	1,784,000	1,068,000	1,980,000	1,984,000	1,206,000
			1,784,000	1,788,000	1,070,400	1,984,000	1,988,000	1,208,800
			1,788,000	1,792,000	1,072,800	1,988,000	1,992,000	1,211,600
		給与等の金額から650,000円を控除した金額	1,792,000	1,796,000	1,075,200	1,922,000	1,996,000	1,214,400
			1,796,000	1,800,000	1,077,600	1,996,000	2,000,000	1,217,200
			1,800,000	1,804,000	1,080,000	2,000,000	2,004,000	1,220,000
			1,804,000	1,808,000	1,802,800	2,004,000	2,008,000	1,222,800

⬇

❸ 控除項目を控除

必要書類
・扶養控除等（異動）申告書
・配偶者特別控除申告書
・保険料控除申告書
・住宅借入金等特別控除申告書

⬇

P123の「次項❹」へ

年末調整業務②
17　11月～12月に行う年末調整関係の作業の流れ②

● 年末調整の流れ②「年税額の計算～過不足の計算」

　前項に引き続き、11月から12月にかけて行う年末調整関係の作業の流れを説明します。

④年税額を計算する

　前項の②で決まった給与所得控除後の給与等の金額から、③の控除を差し引いて「課税給与所得金額」を出します。課税給与所得金額の千円未満の端数を切り捨て、その金額を「所得税額の速算表」（☞右ページ）に当てはめ、該当する税率で年税額を計算します。

⑤源泉所得税額と年税額の過不足を計算する

　1年間、毎月の給与と賞与からすでに源泉徴収した所得税額と、④で計算した所得税の年税額との過不足を計算します。すでに源泉徴収した所得税の金額のほうが多い場合はその金額分を還付し、足りない場合は不足額を徴収します。

● 税金が還付または徴収になりやすいケース

　還付または徴収になる代表的なケースは次のとおりです。

〈還付のケース〉
・年の途中で扶養人数が増えたことが明らかになった。
・月例給与で反映されない扶養控除があった。
　⇒19歳以上23歳未満の「特定扶養控除」がいる。
　⇒70歳以上の「老人扶養親族」がいる。
・年末調整の控除書類を提出した。
　⇒生命保険料控除、地震保険料控除、その他の社会保険料控除など。

〈徴収のケース〉
・年の途中で扶養人数が減ったことが明らかになった。

Check Point

◆ 年末調整の流れ②

❹ 年税額を計算

所得税の速算表

課税給与所得金額 (A)	税率 (B)	控除額 (C)	所得税額 = (A) × (B) － (C)
1,950,000円以下	5%	—	A × 5％
1,950,000円超 3,300,000円以下	10%	97,500円	A × 10％ － 97,500円
3,300,000円超 6,950,000円以下	20%	427,500円	A × 20％ － 427,500円
6,950,000円超 9,000,000円以下	23%	636,000円	A × 23％ － 636,000円
9,000,000円超 16,920,000円以下	33%	1,536,000円	A × 33％ － 1,536,000円

○課税給与所得金額は1,000円未満の端数切捨て
○課税給与所得金額が16,920,000円を超える場合は年末調整対象外

〈計算式〉
所得税額＝課税給与所得金額×税率－控除額

❺ 源泉所得税額と年税額の過不足を計算

還付 or 追加徴収

還付 or 追加徴収
所得税年税額（④）＜源泉徴収済所得税
⇨ 税金還付

所得税年税額（④）＞源泉徴収済所得税
⇨ 不足分徴収

18 退職金の税金処理
退職金を支払う際に必要な所得税、住民税関係の作業

● 退職金への所得税は分離課税で負担が軽減される

　退職金にも所得税が課税されます。そのため、退職金を支払う際には所得税を源泉徴収して、翌月の10日までに税金を納めます。しかし、退職金は長年の勤務に対する功労的な意味合いがあることから、税法上も**通常の所得税とは扱いが異なり、税負担を軽くする措置**が取られています。

　実際の業務としては、まずは**所得税が課税される退職金の金額を計算**します。ここで退職所得控除をすることで、課税金額を通常の給与所得より抑えることができます。

　　課税退職所得金額＝（退職手当等の収入金額－退職所得控除額）×1/2

　ただし、上記計算式の退職所得控除の適用を受けられるのは、「退職所得の受給に関する申請書」を提出した人のみ。この申告書が提出されないと、20％の高率な税金が課税されます（また平成25年１月１日より勤続年数５年以内の法人役員等の退職金について、上記の「1/2」が廃止されます）。

　退職金への課税は、ほかの所得とは合算せず、「分離課税」といって単独で所得税の税率を適用します。上の計算式で計算した「課税退職所得金額」を「退職所得の源泉徴収税額の速算表」に当てはめて所得税の税率を出し、所得税を計算します。

● 退職金にかかる住民税の計算方法

　先に説明したように、本来住民税は所得を得た翌年に課税しますが、**退職金については所得があった時点で源泉徴収**をします。

　所得税の計算と同様に、課税退職所得金額に都道府県民税率（４％）と市区町村民税率（６％）で計算します。いずれも100円未満は切り捨てます。

・**都道府県民税額＝課税退職所得金額×４％×0.9**
・**市区町村民税額＝課税退職所得金額×６％×0.9**

Check Point

◆退職所得控除額

勤続年数(A年)	退職所得控除額
20年以下	40万円×A年 (80万円に満たない場合には、80万円)
20年超	800万円＋70万円×(A年-20年)

※勤続年数は、入社した日から退社する日まで、引き続き勤務した期間。
　1年未満の端数は切り上げて1年とする。
※障がい者になったことを理由に退職する場合は、算出した金額に100万円を加算する。
※1,000円未満の端数は切り捨て。

◆退職所得の源泉徴収税額の速算表

課税される所得金額 （A）	税率 （B）	控除額 （C）	所得税額 ＝(A)×(B)－(C)
195万円以下	5%	―	A×5%
195万円を超330万円以下	10%	97,500円	A×10%－97,500円
330万円を超695万円以下	20%	427,500円	A×20%－427,500円
695万円を超900万円以下	23%	636,000円	A×23%－636,000円
900万円を超1,800万円以下	33%	1,536,000円	A×33%－1,536,000円
1,800万円超	40%	2,796,000円	A×40%－2,796,000円

※100円未満の端数は切り捨て。

◆退職所得の所得税・住民税額の算出例

ケース：退職金1,200万円、勤続22年8カ月の場合
・勤続年数は23年とカウント
・退職所得控除額⇒800万円＋70万円×（23年－20年）＝1,010万円

・**課税退職所得金額**⇒(1,200万円－1,010万円)×1/2＝**95万円**
・**源泉徴収税額**⇒95万円×5%＝**47,500円**
・**市区町村民税額**⇒95万円×6%×0.9＝**51,300円**
・**都道府県民税額**⇒95万円×4%×0.9＝**34,200円**

※平成25年1月1日以降に支払われる退職金については、市区町村民税額、都道府県民税額に0.9を乗じないことに変更となる。

19 計算ソフトの利用
給与計算ソフトを利用すれば作業時間を短縮できる

● 給与計算ソフトを導入するメリット

　給与計算は毎月のこと。ルーティンワークとはいえ、お金が絡むので間違いは許されませんし、忙しいからと後回しにしていたら給与が遅配になってしまうことも。そこで、従業員が5人以上になったら、給与計算ソフトの利用をおすすめします。

　そのメリットは何といっても「時間短縮」。給与計算につぎ込む手間と時間を短縮して、そのぶんを本業に回すことができます。

　また、給与に関する税金の税率や社会保険料などはたびたび改正されます。変わっていることに気づかないでいると、後から追加で徴収しなければならないことも出てきます。

　その点、給与計算ソフトを使っていれば、法改正があるたびに改正情報を送ってくれますし、ソフトをバージョンアップすれば自動的に新制度に対応してくれます。自動計算してくれますから、マンパワーにくらべてミスも防げます。

● 給与計算ソフトを選ぶときのポイント

　各社から発売されている給与計算ソフトですが、何をポイントに選べばよいか迷う人も多いでしょう。選ぶときには、最低限以下のポイントに注目してみましょう。

①年末調整の機能はあるか

　安いソフトでは年末調整に対応できないものも。いちばんたいへんな年末調整がソフトで計算できないのは不便なので、要チェック。

②税率の変更や保険料の変更への対応が簡単か

　CD-ROMなどで自動インストールか、もしくは手作業による変更か。

③登録従業員数、支給項目、控除項目数の制限はあるか

◆おもな給与計算ソフト

名称	従業員数目安	年末調整	OS	メーカー
給与らくだプロ	50人程度	○	Windows 7/Vista/XP	株式会社　ビーエスエルシステム研究所
ミロクのかんたん!給与6	50人まで	○	Windows Vista/XP/2000	株式会社ミロク情報サービス
給与じまんX	50人まで	○	Windows 7/Vista/XP	ピー・シー・エー株式会社
やよいの給与計算12	20人程度	△*1	Windows 7/Vista/XP	弥生株式会社

＊1：法定調書合計表の機能はなし

機能を絞り込んだソフトは項目数に制限があることも。

④ほかの業務ソフトとの連携は可能か

将来、事業を拡張したときにほかの業務ソフトと連動できたほうが便利です。他社のソフトでも可能かどうかを要チェック。

⑤ネットワークに対応しているか

インターネットバンキングによる給与振込などに振込データをソフトから出力、また給与明細を従業員にメールで送る、給与に関する各種申請をネット経由でできるなどの機能があるか。必要と思われる機能をチェック。

⑥サポート体制と料金

ソフトの操作がわからないときのサポート対応やバージョンアップなどはサポート契約が必要になる場合がほとんどです。製品のサポート契約は1年更新が多く、金額もばかになりません。製品本体価格だけではなく、ランニングコストとサポート体制をチェックしましょう。

COLUMN　分割払いとリース契約の違いは何？

　分割払いもリース料の支払いも、毎月、口座からお金が引き落とされる点は同じですが、会計上の扱いは微妙に異なります。

　リースのしくみは、リース会社が機器をメーカーから購入して、それを3～7年という長期にわたって顧客に賃貸するというもの。設置やメンテナンスはメーカーが行いますが、直接契約をする相手はリース会社となります。

　リース料には、金利や手数料などが上乗せされているため、その合計金額は機器の本体価格よりも割高で、リース契約が満了しても、所有権はあくまでリース会社のものです（満了後も利用したい場合は、通常、それまでよりぐんと低いリース料で再契約します）。

　所有権がないにもかかわらず、分割払いした場合と同様に、固定資産としての計上が必要で、減価償却費（☞172ページ）も発生します。

　中小企業における少額・短期のリースについては、賃貸借取引として、資産計上せず、毎回のリース料を一般経費として処理することが認められています（そのため、リース料にも消費税が課税されます）。

　ただし、契約の途中解除はできず、どうしても解除したい場合は、違約金が発生するというデメリットがあります。

　一方、分割払いの場合、所有権は購入者にありますが、信販会社を通すことがほとんどのため、代金完済までは所有権が留保されます。また、リース同様、手数料などの名目で、金利に見合った負担が生じます。

　では、結局、どちらが得なのでしょうか。一概にはいえませんが、一般に支払総額では、リースのほうが割高になることが多いようです。かといって、金融機関などから借入を行い、一括購入するのにくらべると、融資枠を減らさないという面において、多大なメリットがあります。

　いずれにしても、営業マンが売り込みに来たからといって安易に契約するのではなく、収支や資金繰りを考えたうえで上手に利用しましょう。

第5章

時間や手間をかけずに済ませたい
「経理」のシンプル仕事術

仕事の心得 1
時間をかけずにできる経理のしくみを考えよう

● 会社経営で避けては通れない「経理」の仕事

　第1章で「**会計**」とは、「金銭や物品の出入りを、すべてお金を単位に換算して、記録すること」とお話ししました。その会計にまつわる業務が「**経理**」です。そして、会計を記録したものが「**帳簿**」で、帳簿を付けることを「**記帳**」といいます。

　経理の目的は大きく2つあります。

　① 会社の財務状況を把握して、資金計画を立てたり、経費の無駄の節減に役立てたりする。

　② 法人税等の基礎資料（決算書）を作成する。

　右ページに、経理の具体的な仕事を、日、月、年の単位ごとに挙げておきます。こうした仕事を任せる経理専門の従業員を一人置くという考え方もありますが、小さな会社であれば、コスト的な負担が大きすぎるでしょう。

　たとえ経理担当者を置いたとしても、**社長には経理の知識が不可欠**です。担当者に任せきりにしてしまうのはリスクが伴います。ニュースになるほどの被害額でないため、あまり報道されませんが、経理担当者に会社のお金を着服されるような金銭トラブルは、小さな会社でもよく起きています。

　また、多くの会社は税理士や会計士と顧問契約を結んでいて、財務や節税についていろいろアドバイスを受けていますが、社長自身が経理に疎ければ、そうした専門家の知恵を上手に生かすことができません。

● パーフェクトな仕事をめざす必要はない

　先に経理の目的を2つ挙げましたが、①の財務状況の把握については、およその数字がつかめれば十分です。②の法人税等については、最悪、税理士や税務署に誤りを指摘されてから修正しても大問題とはなりません。

　ノーミスをめざすあまり、経理の仕事に時間や手間、人的コストをかけす

Check Point

◆ 日、月、年ごとの経理のおもな仕事

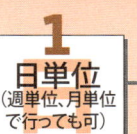

1 日単位（週単位、月単位で行っても可）
- 現金、預金残高の確認
- 仮払金の支払い、精算
- 一般経費の精算
- 帳簿付け

2 月単位
- 請求書の発行、入金の確認
- 買掛金の支払い
- 給与の支払い
- 社会保険料の納付（給与発生月の翌月末日まで）
- 個人住民税の特別徴収税の納付
  （給与支払月の翌月10日まで）
- 給与源泉所得税の納付
  （翌月10日まで。ただし、「源泉所得税の納期の特例の承認に関する申請書」を提出している場合、納付期限は7月10日、1月20日の年2回）
- 月次決算資料、資金繰り表の作成

3 年単位
- 固定資産税の償却資産に関する申告（1月末まで）
- 給与支払報告書の提出（1月末まで）
- 自動車税の納付
  （5月中において都道府県の条例で定める日）
- 労働保険料の申告・納付（6月1日から7月10日の間）
- 年末調整
  （給与所得者の保険料控除申告書、住宅取得控除申告書、法定調書合計表、給与支払報告書等の提出）
- 棚卸、減価償却費の計上
- 決算書の作成
- 法人所得税、法人住民税、消費税の納付
  （決算日から2カ月以内）

ぎて、本業や経営に悪影響を及ぼすようでは本末転倒です。
小さな会社の経理のしくみは、なるべくシンプルにするのが鉄則です。

2 税理士との連携
経理のどういう仕事を、どんな税理士に頼むか

● 税理士が行う仕事の内容

会社が税理士に依頼している仕事は以下のようなものですが、税理士の有資格者しかできないものもあれば、そうでないものもあります。

①会計業務(記帳代行)または会計指導

会社に代わって記帳(会計ソフトへの入力も含む)を行ったり、会社が作成した帳簿に誤りがないかをチェックしたりするものです。

指導は行っていても、記帳は扱っていない税理士もめずらしくないため、記帳まで依頼する場合は、まずはこの点の確認が大切です。

ちなみに、記帳の代行は税理士の資格がなくても行えます。

②税務申告

法人税等の申告を行うもので、会社の代表か、税理士にしか行えません。

税理士の本業ともいえる仕事であり、具体的には、決算書を基に税金の計算をして申告書を作成します。

企業会計としての決算書なら一般の会計ソフト(☞152ページ)でも作成できますが、そこから税務上、損金と認められない支出を除いていかないと、税額を確定できません(☞20ページ)。こうした作業は専門知識が必要なため、ほとんどの会社は税理士に仕事を依頼しています。

③税務署との折衝

おもに税務調査(☞192ページ)が入った際に立ち会い、納税者に代わって説明したり、費用かどうかについて主張を行ったりする仕事です。税理士にしか代理が認められていません。

④税務相談・経営相談

節税など税金に関わる相談は税理士にしか行えません。資金繰りの相談や銀行(融資)対策は税理士の専業ではありませんが、経営の数字と密接なことから、さまざまなアドバイスを行ってくれる税理士も少なくありません。

Check Point

◆ **税理士選びのチェックポイント**
- ●基本的なポイント
  - □ 業務範囲の確認（帳簿付けまでお願いするのか、帳簿指導してもらえればOKか？）
  - □ ITやパソコン会計に強いかどうか
  - □ 性格的にウマが合うかどうか
- ●そのほかのポイント
  - □ 事業計画や資金繰りについても相談に乗ってもらいたいか？
  - □ 融資の相談など金融機関対策にも協力してほしいか？
  - □ 節税に熱心か？
  - □ 社労士や行政書士など、ほかの士業と連携しているか？
  - □ 営業先や発注先などの紹介も希望するか？
  - □ 税務調査の際、会社側に立って援護してくれるか？

◆ **会計事務所の種類**

名　　称	内　　容
税理士事務所	税理士が個人で事務所を設立したもの。
税理士法人	2名以上の税理士によって設立された特別法人。
公認会計士事務所	公認会計士が開いている事務所（実質的に税理士事務所と同じ）。

● 自社のニーズに合った税理士選びを

次に、税理士の選び方ですが、上のチェックポイントを参考にしながら、**自社に合ったサービスを提供しているかどうかを見極める**ことが大切です。

料金が安くても自社のニーズに対応していなければ、ふさわしいパートナーとはいえないでしょう。逆に、料金が高いからといってサービスが充実しているとはかぎりません。

また、「税理士と公認会計士のどちらに頼むのがいいか？」と迷う人も多いようですが、**公認会計士**の専門は大企業相手の会計監査であり、通常は監査法人に所属します。

公認会計士が自分で会計事務所を開いている場合は、税理士会に登録して、税理士としての業務を行っているため、両者に違いはありません。

なお、「**会計事務所**」というのは、税理士および公認会計士によって運営される事務所などの通称で、細かくは上表のように分類されます。

社内ルール❶
3 「領収証」のもらい方、「出金伝票」の使い方を覚えよう

● 証拠能力があれば、レシートでもOK!

　会社からお金が動くときは、銀行口座を通じてか、現金でのやりとりかにかぎられます。

　銀行口座を通じてお金が動けば通帳が証明してくれますが、現金の場合は領収証がなければ証明がむずかしくなります。そのため、**領収証の管理は経理の基本中の基本**ともいえるものです。

　現実的によく迷うのは、ボールペンを1本買ったときにも、レシートに会社名を記入してもらったり、別途、宛名入りの領収証を書いてもらったりする必要があるかどうかということでしょう。

　一昔前までは、レシートだけでは経費として認められないケースも多かったようですが、今ではむしろ**レシートのほうが信用される**ようになっています。最近のレシートには、店名や購入の日付、品目が自動的に印字されるものが多く、証拠能力として十分だからです。

　レシートにせよ、手書きの領収証にせよ、会社名は記入してもらったほうがいいでしょう。ただし、「上様」だったり、空欄だからといって問題になるわけではありません。

　あくまで個人的に使ったお金ではなく、**「業務上必要なものの購入に支払った支出かどうか」を証明できることがポイント**です。

　たとえば、社名を記入してもらった領収証やレシートであっても、個人の飲み代か接待費かの区別がつかないようなものについては、疑われる可能性があります。こうしたケースでは、領収証やレシートの裏に、参加者の名前などをメモしておくようにして、証拠能力を高めておくといいでしょう。

　なお、**領収証等の保管方法**については、あまり神経質になる必要はありません。領収証等が必要とされるのは、税務調査などが入った場合にかぎられます。調査時に、要求された領収証がすぐに提示できれば、問題ありません。

Check Point

◆ **出金伝票の書き方**

```
出金伝票  No_____      承認印            係印
○年 ○月 ○日
```

- 支払日を記入
- コード
- 支払先 → 株式会社 △△ 様
- 勘定科目 → 交際費
- 摘要（品目・支払内容）→ 香典
- 金額 → 10000 ← 支払金額
- 合計 10000

> ⚠ 交通費については、出金伝票ではなく、「交通費精算書」などを起こしてまとめる。

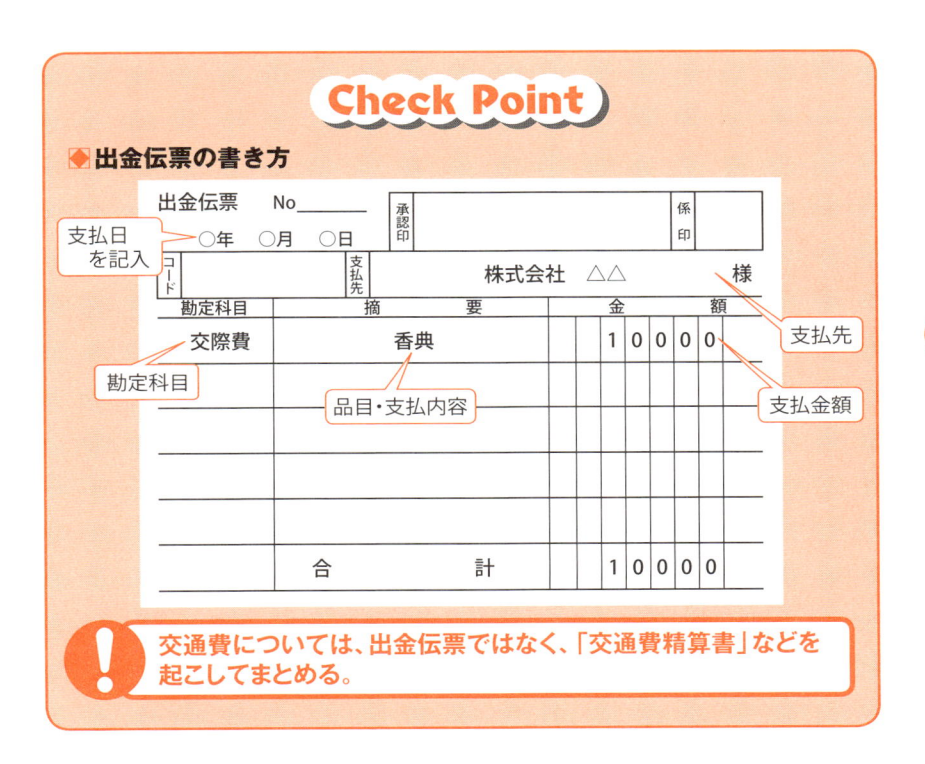

よく、ノートなどにきれいに貼って保存しておくことが推奨されていますが、極端な話、月ごとにホチキスで留めて、クリアファイルに放り込んでおくだけでも構わないのです。

ただし**領収証の保存期間は、税法上、領収証の日付の属する決算期の申告期限から7年**です。それまでは破棄したりしないようにしてください。

● レシートがないときは「出金伝票」で代用

「自動販売機で飲み物を買った」「取引先の人の葬儀で香典を出した」など、レシートや領収証をもらえない場合はどうすればいいのでしょうか。

こうしたケースでは、**「出金伝票」**を使います。上図のように、支払った日付、支払先、勘定科目（☞146ページ）、品目、金額を書いて、領収証の代わりにします。出金伝票は文具店などで手に入りますし、ネット上でテンプレートをダウンロードできるサービスもあります。

社内ルール❷
4 「請求書」の管理は、代金を回収するまで続く

● 代金回収できなければ、請求書はただの紙

　飲食店やショップなどを除けば、ほとんどの商取引は「請求書」の発行による「掛け商売」（☞18ページ）で行われます。

　掛け商売では、納品してから入金までに数カ月要するため、定期的に通帳を確認するきまりをつくっておかないと、未入金のまま何カ月も放置してしまうことにもなりかねません。

　決算期まで気づかずに1年近く放置してしまえば、請求先に未入金であることを確認してもらうだけでも一仕事となります。

　たとえ未入金であることが確認できても、請求先の資金繰り状況によっては、すぐに支払われるとはかぎりません。さらに右ページに示すように、売掛金は放っておくと、請求する権利を失ってしまいます。

　このように、**請求書にかかわる仕事は、作成すれば終わりではなく、お金を回収できてはじめて完了**となります。

　売掛金が多ければ、決算上はいい数字が出るかもしれませんが、肝心なのは実際に使えるお金です。融資の審査を受けるような場合も、あまりに未回収金が多いとマイナスに評価されます。

● 2つのファイルをつくって代金回収の有無をチェック

　代金の取りはぐれを防ぐには、**請求書を「未入金ファイル」と「入金済みファイル」の2つに分けて管理する**方法が有効です。

　第1ステップとして、請求書を作成したら必ずコピーをとり、未入金ファイルに入れます。

　そして、第2ステップとして、毎月一度決まった日に、通帳の明細と未入金ファイルに綴られた請求書を照合し、入金のあったものについては、入金済みファイルに移動させます。

Check Point

◆ 債権の消滅時効

売掛金は、債権の一種。債権は一定期間行使しないでおくと、権利が消滅する。商行為によって生じた債権の時効は原則5年。さらに民法では短期消滅時効として、3年、2年、1年で時効消滅する債権がある。

債権の種類	時効までの期間
地代・家賃	5年
営業上の貸付金・立替金	5年
建築代金	3年
物品販売代金	2年
理髪店、洋服店などの手間賃	2年
飲食代金	1年
宿泊料	1年
運送費	1年
レンタル・リースなどの料金	1年

- 請求書を送り直すだけでは、請求書を相手が受け取っていることが明らかであっても、時効の中断とはならない。
- 時効が成立した後で、相手が自発的に支払ってきた場合、受け取っても問題ない。
- 時効後も督促はできるが、相手が時効成立を主張した場合、有効な手段はない。

◆ 時効の中断方法

時効の進行を止めることを「時効の中断」という。時効を中断するには、以下のような方法がある。

① 相手に債務の承認をもらう。
　・売掛金の残高確認書に、相手から確認の判を押してもらう。
　・1円でいいので売掛金の一部を回収し、領収証を発行する。
② 請求書を内容証明郵便で再送付し、その催告が到達した時から6カ月以内に訴訟の手続きを取る。
③ 差押え・仮差押え・仮処分の請求をする。

たったこれだけのルールを守ることで、未入金ファイルを開けば、一目で未回収の請求書を把握することができます。

さらに未入金ファイルから入金済みファイルに移すときに、入金日を請求書にメモしておくと、後々、帳簿を付ける際に通帳の明細から該当箇所をすぐに発見でき、効率よく作業を行えます。

社内ルール❸
「仮払金」の管理がずさんにならないよう、書類をそろえよう

● まず仮払いのルールを決める

　日々の仕事のなかで、お金の仮払いが必要になるケースは少なくありません。たとえば、地方への泊まりがけの出張。往復の交通費や宿泊代などがかさむので、従業員に立て替えてもらうのははばかられます。

　そこで、**従業員の申請に基づき、「仮払金」を支給**します。仮払金は、支払いがあることは確定しているものの、何にいくら支払うかが未確定な場合に、およその見積もりで必要額を渡すものです（☞26ページ）。

　社長が経理担当も兼ねているような小さな会社では、メモも残さず、気軽に自分の財布から仮払いしてしまうようなこともありがちです。そして、渡した金額はおろか、渡したことすら忘れてしまうようなことも起こり得ます。

　こうした事態を避けるためには、何より**仮払いのルールをきちんと決めておく**ことが大切です。

　まず、仮払金を渡す際には、「**仮払金申請書**」を必ず作成してもらうようにします。そして、仮払金の使用目的を済ませたら、期限を切って（通常、仮払金を渡してから1〜2週間以内に）「**仮払金精算書**」を作成してもらい、すみやかに精算を済ませるようにしましょう（☞右ページ）。

　仕事が忙しいなどの理由で精算の先延ばしを許してしまうと、何の気なしに残額を使い込んでしまい、後で重荷になるケースも出てきます。

● 未精算の仮払金は「貸付金」扱いになることも

　仮払金の未精算が長期間かつ多額に及ぶ場合、税務署は仮払金と認めず、貸付金とみなすことがあります。とくに役員に対しては利益供与の疑いもあるため、未精算の仮払金に加えて利息の負担を求められることもあります。

　経理担当者はこうしたトラブルを招かないためにも、**月に一度は未精算の仮払金がないか、チェックする**ようにしましょう。

◆「仮払金申請書」「仮払金精算書」サンプル

仮払金申請書

提出日　　年　　月　　日
氏　名　_____
部　署　_____

下記のとおり仮払いをお願いします。

金額	円
仮払日	平成　　年　　月　　日
使途・目的	日程　平成　　年　　月　　日　～　平成　　年　　月　　日
	使途・目的
使途概算	交通費（ＪＰ）　　　円（バス）　　　円（飛行機）　　　円
	宿泊費　　　　　　　円
	そのほか
清算予定日	平成　　年　　月　　日

（仮払金申請書）

仮払金精算書

仮払日　_____　　　提出日　　年　　月　　日
仮払金　_____　　　部　署　_____
精算日　_____　　　氏　名　_____

使用目的：

月　日	内　容	支払先	交通費	宿泊費	会議費	交際費	そのほか
	小　計						
		合　計					

	清　算
仮　払　金	
清　算　金　額	
過不足金額	

（仮払金精算書）

5　「経理」のシンプル仕事術

6 社内ルール❹ 現金で支払った経費の精算方法を決めよう

● 毎月1回、勘定科目別に申請する

切手の購入代や交通費といった、現金での経費の精算はどのように行うのがベストでしょうか。小さな会社におすすめしたいのは、以下の方法です。

①**毎月1回の精算日を決める。**
②**従業員には、領収証を添付して「経費精算申請書」を提出してもらう。**
③**給与と併せて精算金を振込む。**

ポイントになるのは、経費精算申請書の書き方です。使ったお金をただ日付順に記すのではなく、右ページの例のように、「旅費交通費」「通信費」「会議費」など、**勘定科目別に振り分けたうえで、日付順に記します。**

勘定科目とは、簡単にいえば使ったお金の属性を表すものです（☞146ページ）。帳簿付けを行う際には、経費を必ずこの勘定科目に置き換えて記帳していきます。

なお、帳簿にはすべての取引を記録するのが原則ですが、一定期間の経費を勘定科目別にまとめて集計し、その科目別の合計額を一括記帳することが認められています。

たとえば、「ボールペンを100円で購入（消耗品費100円／現金100円）」「クリアファイルを200円で購入（消耗品費200円／現金200円）」……と記帳していくところを、「○月○日から○月○日までの消耗品費△円／現金△円」と1行記帳すれば済むということです。

そのため、経費精算申請書の作成時から勘定科目別にまとめておけば、帳簿付けをするときに、とても便利です。

● 精算は現金ではなく振込で

先におすすめした経費の精算方法の2つ目のポイントは、**精算を現金ではなく振込で行う**ところです。現金で精算しようと思えば、小口現金（☞26

◆「経費精算申請書」サンプル

経費精算申請書

申請日：〇年〇月〇日

支払期間：〇年〇月〜〇年〇月分

申請者：〇〇〇〇

支払日	勘定科目	支払相手先	金　額	取引内容
〇月〇日	旅費交通費	JR東日本	420	〇〇駅⇔〇〇駅（〇〇社打合せ）
〇月〇日	旅費交通費	東京メトロ	380	〇〇駅⇔〇〇駅（〇〇社打合せ）
〇月〇日	旅費交通費	JR東日本	260	〇〇駅⇔〇〇駅（〇〇社打合せ）
	旅費交通費　計		¥1,060	
〇月〇日	通信費	〇〇運輸株式会社	640	〇〇社へ商品サンプル送付
〇月〇日	通信費	株式会社〇〇急便	2,100	〇〇社へ資料送付
〇月〇日	通信費	郵便事業株式会社	400	〇〇社ほか5社に請求書送付
	通信費　計		¥3,140	
			(社内2人分含む)	
〇月〇日	会議費	貸会議室ピース	8,200	外交員への説明会
	会議費　計		¥11,900	

◆経費精算でよく使う勘定科目

※よく使う勘定科目については、社内で一覧表を配布するなどして、統一する。

科目名	該当する経費例
旅費交通費	交通費、宿泊代、レンタカー代、ガソリン代
通信費	宅配便、切手代、郵送代、バイク便代
消耗品費	文具、用紙、MO、現像代、出力代、電池、30万円未満の電化製品・家具
新聞図書費	新聞、雑誌、図書
会議費	御茶代、茶菓子代、弁当代
接待交際費	得意先等との飲食費で1人当たり5,000円を超えるもの（得意先への香典など）
福利厚生費	役員・従業員およびその家族への出産祝、見舞金、香典、新年会や慰安旅行の費用、残業時の食事の現物支給代、定期健康診断料など。

　ページ）を用意しなければなりませんし、両替のためだけに金融機関まで足をはこぶ必要も出てきます。

　口座へ振込む方法に変えれば、これらのことはすべて解決します。

7 会計のキホン❶ 会社の会計を記録する記帳は複式簿記で行う

●「単式簿記」は"お金の増減"だけを記録

　帳簿を付けることを「**記帳**」といい、記帳のルールを「**簿記**」といいます。簿記には、**単式簿記**と**複式簿記**の2種類があり、**会社の帳簿付けは複式簿記で行う**必要があります。

　単式簿記の代表例は家計簿やお小遣い帳などです。家計簿には、実際に現金が動いたものについては記録できますが、後払いになっているものや、購入したものの資産価値については記録できません。後払いがいくら残っているかを記録したい場合は、それ専用に帳簿をつくる必要があります。

　このように単式簿記では、ある一つの種類のお金の動きや残高を知るのには便利ですが、現金払いと後払いなど、種類の違うお金の動きを同時に記録することはできません。

　結果として、単式簿記では、全体的な財務状況の把握はできません。

●「複式簿記」はお金の増減に伴う"原因"や"結果"も記録

　これに対して複式簿記は、現金も、預金も、先々入出金が確定しているお金も、すべて日付順に一つの帳簿「仕訳日記帳（仕訳帳）」（☞148ページ）に記録することができます。

　具体的には、すべての取引を"原因"と"結果"の2つの側面から、「資産」「費用」「負債」「純資産」「収益」のいずれかに属する勘定科目（☞146ページ）を用いて、「**借方**」「**貸方**」の各欄に振り分けて記録していきます。

　たとえば、右ページの例の4月4日の欄を、単式簿記と複式簿記でくらべてみてください。いずれも売掛金の入金があったことを示していますが、単式簿記では「収入30,000円」のように、「現金が増えた」（結果）ことは記帳しますが、「売掛金が減った」（原因）ことは記帳しません。

　これに対して、複式簿記では「（借方）現金30,000円／（貸方）売掛金

Check Point

◆ 単式簿記と複式簿記の違い

＜単式簿記＞

自己資金によるものがいくらで、融資によるものがいくらか確認できない

日付	適要	収入	支出	残高
4/1	前月繰越	20,000		20,000
4/2	○○商店へ売上	8,000		28,000
4/4	△△商店から売掛金を回収	30,000		58,000
4/5	××商店から仕入		15,000	43,000
4/30	次月繰越		43,000	
		55,000	55,000	
5/1	前月繰越	43,000		43,000

現金の増減しか表現できない

現金の取引しか記帳できない

お金の増減だけに着目し、収入と支出に振り分けるのが単式簿記

＜複式簿記（仕訳帳の例）＞

何が増え、何が減ったのか、原因と結果を考え、勘定科目を振り分けるのが複式簿記

日付	適要	借方	貸方
3/18	株式会社○○へ売掛	売掛金 50,000	売上高 50,000
4/2	○○商店へ売上	現金 8,000	売上 8,000
4/4	△△商店から売掛金を回収	現金 30,000	売掛金 30,000
4/5	××商店から仕入	仕入高 15,000	現金 15,000
4/20	株式会社○○から売掛金回収	普通預金 50,000	売掛金 50,000
4/22	○○さんへロゴ制作費	外注費 100,000	買掛金 100,000
4/25	3月分役員報酬	役員報酬 450,000	普通預金 450,000

単式簿記と違って、勘定科目も記載。どんな種類のお金が動いたかがわかる

これからの入出金予定も記録できる

口座を通じての取引も記録できる

5 「経理」のシンプル仕事術

30,000円」のように、「現金が増えた」という"結果"と「売掛金が減った」という"原因"の両面を記帳していくのです。

また、両者の違いを、単式簿記は金額を「収入」「支出」に振り分けるもの、複式簿記は金額ではなく、勘定科目を「借方」「貸方」に振り分けるものと、捉えることもできます。

借方・貸方の振り分け方については、158ページでお話しします。

8 会計のキホン❷ 記帳にあたって不可欠な「仕訳」の知識

● 勘定科目が属する5つのグループ

前項で複式簿記では、「勘定科目を用いて、『借方』『貸方』の各欄に振り分けて記録する」とお話ししましたが、日々の取引をこの勘定科目（☞146ページ）に分けることを「**仕訳**」といいます。

どの帳簿に記帳する際も仕訳は必要で、仕訳したものを最終的に集計すると、会社の決算書（貸借対照表と損益計算書☞176ページ）が完成します。

各勘定科目は右ページの図に示した「資産」「費用」「負債」「純資産」「収益」の5つのグループ（「**勘定**」と言います）のいずれかに属します。

5つのグループのうち、図の右側部分は「**お金の調達方法**」を表し、左側部分は「**調達したお金の現在の状態・使途**」を表します。

たとえば、右側の負債グループには、銀行からの融資が該当します。その借入れたお金で商品を仕入れた部分は左側の費用グループ（使途）に、普通預金に預けてある残額は資産グループ（現在の状態）に入ります。

そして、調達したお金の額とお金の運用・使途の額は必ず一致するため、図の左右の高さ（総額）は同じになります。

また5つのグループのうち、上側の資産、負債、純資産グループを切り取ったものが「**貸借対照表（バランスシート、B／S）**」、下側の費用、収益グループを切り取ったものが「**損益計算書（P／L）**」で、上下に切り分けたときの高さの差が「**当期純利益（損益）**」（☞23ページ）となります。

詳しくは176ページでお話しします。

●「費用」の勘定科目は自社のガイドラインで

仕訳を行うには、勘定科目の知識が必須です。おもだった勘定科目を146～147ページに一覧にしましたが、日々の仕訳はパターンがほぼ決まってくるため、丸暗記するより、実際に帳簿を付けながら覚えていくほうが効率的

Check Point

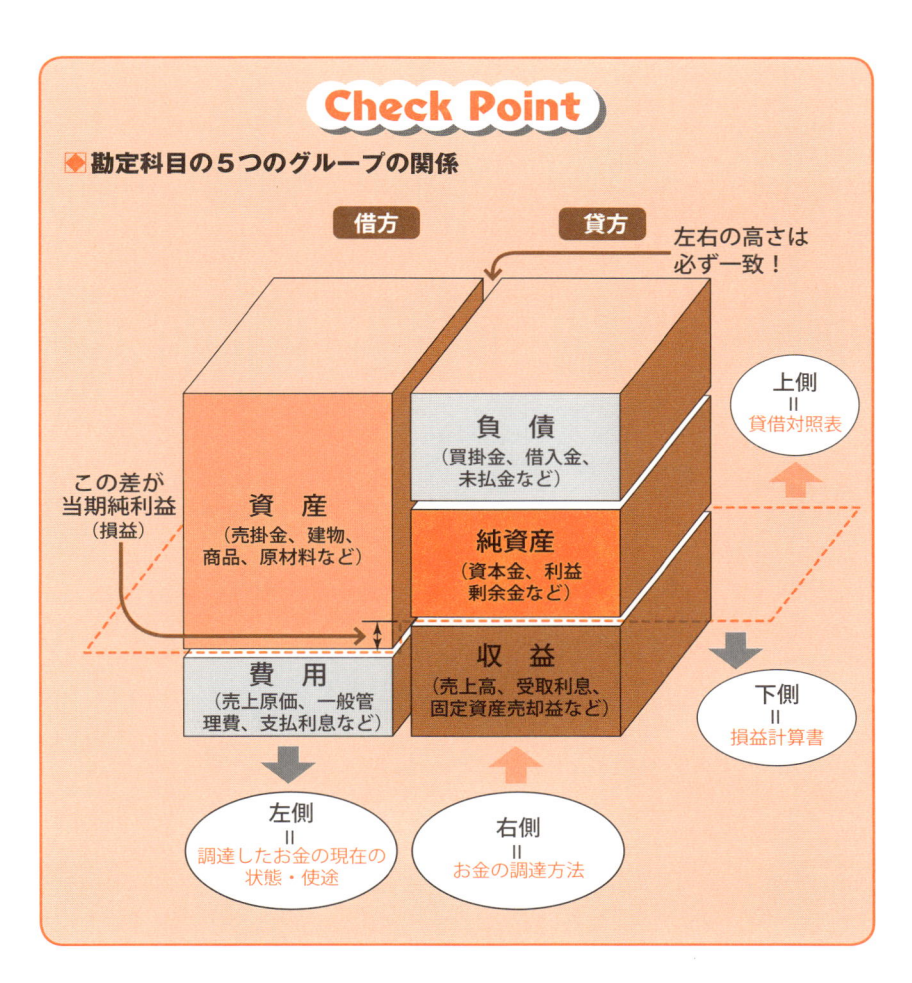

◆ 勘定科目の5つのグループの関係

借方 / **貸方**

左右の高さは必ず一致!

- 負債（買掛金、借入金、未払金など）
- 資産（売掛金、建物、商品、原材料など）
- 純資産（資本金、利益剰余金など）
- 費用（売上原価、一般管理費、支払利息など）
- 収益（売上高、受取利息、固定資産売却益など）

この差が当期純利益（損益）

上側＝貸借対照表
下側＝損益計算書
左側＝調達したお金の現在の状態・使途
右側＝お金の調達方法

です。

　また、**費用グループの勘定科目については、厳密な定義があるわけではないので、会社の実態にあったものに絞って使う**ようにするといいでしょう。

　たとえば、文房具類の購入にかかった費用を「消耗品費」として、ティッシュなどの日用雑貨と同じくくりで仕訳しても構いませんし、別に「事務用品費」という勘定科目を設け、文房具類だけで仕訳しても構いません。

　税務署が重視するのは、どの勘定科目に仕訳られているかよりも、法人税算出の基本となる所得の総額だからです。

「勘定科目」

「資産」のおもな勘定科目

勘定科目	科目の内容
現金	手元にある紙幣と硬貨。他人が振り出した小切手
普通預金	出し入れが自由な預金のこと
受取手形	売上代金として受け取った手形
売掛金	売上代金の未入金分
貸倒引当金	受取手形と売掛金の回収不能部分を見積もったもの
有価証券	短期の売却益狙いの株式、社債、投資信託など
商品（棚卸資産）	完成品を外部から仕入れたもの。おもに、小売業と卸売業で用いる
製品（棚卸資産）	自社製品の完成部分
仕掛品（棚卸資産）	自社製品の未完成部分
原材料（棚卸資産）	自社製造用の材料
前払金（前渡金）	仕入れ代金の前払い金
短期貸付金	取引先や従業員への貸付金
未収金	土地や株式の売却代金など、売上代金以外の未入金
未収収益	受取利息、家賃など時の経過に応じて発生する収益の未入金部分
前払費用	リース料や保険料の年払いなど、支払済み費用で来期以降の部分
仮払金	出張旅費の先渡しなど、使用目的や金額が未確定の出金
建物	事務所や工場、倉庫など
建物付属設備	電気設備や給排水設備、空調設備、エレベーターなど
機械装置	製品製造のための機械や装置
工具器具備品	工具やパソコン、机など（税務上30万円未満の場合は「消耗品費」でもOK）
車輌運搬具	事業用の乗用車、トラック、特殊自動車など
土地	店舗、事務所、資材置き場などの敷地。販売用土地を除く
差入保証金	建物などを借りる際に差し入れた保証金
創立費	会社設立にあたっての定款作成費用、登記費用など
開業費	広告宣伝費、会社設立から営業開始までに使った費用

「費用」のおもな勘定科目

勘定科目	科目の内容
期首商品(製品)棚卸高	前期からの繰越在庫
仕入高	販売目的で仕入れた商品や製品の代金（引き取り運賃なども含む）
仕入戻し	仕入れた商品や製品を返品したもの
期末商品(製品)棚卸高	翌期への繰越在庫
役員報酬	取締役、監査役に対する定期的な給与
給料手当	従業員の給与。パート・アルバイトの賃金も含む
賞与	役員、従業員、パート・アルバイトの賞与
退職金	役員、従業員、パート・アルバイトの退職金
法定福利費	労働保険や社会保険などの事業主負担分
福利厚生費	役員や従業員のレクリエーション費用、慶弔金など
外注費	営業や事務作業を外部委託した場合の費用
荷造運賃	商品や製品の荷造や運送についての費用
通信費	電話、はがき、切手代など
交際費	取引先への接待や、歳暮・中元等の贈答品など
会議費	取引先との商談、社内での打ち合わせに関連して発生した費用

一　覧　表

勘定科目	科目の内容
旅費交通費	電車やタクシーの料金。宿泊代などの出張旅費
消耗品費	固定資産に計上されない工具器具備品や事務用品など
修繕費	建物や機械等の修繕に使った費用
水道光熱費	水道、電気、ガス料金
新聞図書費	新聞代や書籍の購入費用
販売手数料	代理店などへの手数料や仲介料
車両費	ガソリン代や車検費用、車両の修繕費など
リース料	リース契約に基づくリース費用
地代家賃	事務所や倉庫の家賃、駐車場などの地代
賃借料	会議室、備品、車両などのレンタル費用
研究開発費	研究所の費用や営業・事務の研修費用
減価償却費	固定資産の取得価額を耐用年数に応じて費用配分したもの
租税公課	印紙、固定資産税、自動車税など（所得税、住民税などは該当せず）
支払手数料	金融機関への振込手数料や公認会計士・税理士等への報酬
雑費	重要性が乏しい費用科目をまとめて表示する科目
支払利息	借入金の利子
雑損失	重要性が乏しい盗難損失、損害賠償金など
固定資産売却損	固定資産の売却による差損額

「負債」のおもな勘定科目

勘定科目	科目の内容
支払手形	仕入代金として手形を振り出した場合の未決済金額
買掛金	仕入代金の未払い分
短期借入金	金融機関などからの借入金のうち、1年以内に返済期日が来るもの
未払金	仕入代金以外のモノやサービス代金の未払分
未払法人税等	法人税、住民税、事業税の未払分
預り金	給与から天引きした従業員の社会保険料、源泉税などの未納部分
前受金	商品や製品の引き渡し前に、代金の一部として受け取ったカネ
長期借入金	金融機関などからの借入金のうち、1年以降に返済期日が来るもの

「純資産」のおもな勘定科目

勘定科目	科目の内容
資本金	株式を発行して調達した金額のうち、資本金として繰り入れた額
資本準備金	株式を発行して調達した金額のうち、資本金として繰り入れなかった額
利益準備金	利益の中から会社に留保しておくもの。配当金等の10％以上を積立計上

「収益」のおもな勘定科目

勘定科目	科目の内容
売上高	商品や製品、サービスの代金など、事業の主たる営業活動による売上
受取利息	預金や公社債などの利子
受取配当金	株式や保険などの配当
仕入割引	代金の早期支払による割引金利配当分
雑収入	家賃や保険金の受取など、金融関連収益以外の営業外収入
固定資産売却益	固定資産の売却による利益

9 会計のキホン❸ 会社で使う帳簿は主要簿と補助簿に分けられる

● 帳簿にもさまざまな種類がある

会社で使う帳簿は、大きく**主要簿**と**補助簿**とに分けられます。

主要簿には、日付順にすべての取引を記録した「**仕訳帳**」と、仕訳帳から勘定科目ごとに抜き出しまとめ直した「**総勘定元帳**」の2つがあります。

これをもとに確定申告に必要な決算書類を作成するので、会社としては必ず備えておかなければならない帳簿です。

一方の補助簿は、特定の取引に関する明細を記帳して主要簿を補うための帳簿のことで、「**現金出納帳**」「**預金出納帳**」「**売掛帳**」「**買掛帳**」「**固定資産台帳**」などがあります。

これらについても勘定科目を記入するなど、一部複式簿記（☞144ページ）の知識は必要ですが、ほぼ家計簿感覚で記帳することができます。

● 各補助簿には何を記帳するのか

前述した基本的な補助簿がどういうものか、簡単に説明しておきましょう。

①現金出納帳

現金のやりとりを記録する帳簿で、経費を現金で精算したり、銀行からお金を下ろしたりしたときに記帳します。

②預金出納帳

口座別に預金のお金の出し入れをすべて記録していく帳簿です。

③売掛帳

売上代金の未収入金（売掛金）の発生と回収について、取引先別に記録するものです。

④買掛帳

後払いとなる仕入代金（買掛金）の発生と支払いについて、取引先別に記録するものです。受け取った請求書または納品書の内容を記帳します。

Check Point

◆ 主要簿と補助簿の関係

主要簿
- 仕訳帳（すべての取引を日付順に記録したもの）
- 総勘定元帳（仕訳帳を勘定科目別にまとめたもの）

⚠️
- 手書きの場合、左記の順序で記帳していくが、会計ソフトを利用する場合は、補助簿から入力するほうが簡単（☞154ページ）。
- 帳簿の保存期間は、帳簿閉鎖の日（通常、決算日）から、会社法で10年間、法人税法で7年間、義務付けられている。

補助簿
- 現金出納帳
- 預金出納帳
- 売掛帳
- 買掛帳
- 固定資産台帳

決算書
- 貸借対照表
- 損益計算書

→ 会計事務所 → **税務申告！**

⑤ 固定資産台帳

　会社の所有する土地や建物、機械などの**固定資産**や、開業費や開発費などの**繰延資産**（会社が支出する費用でその支出の効果が1年以上に及ぶもの）を管理するために作成する帳簿です。取得価額や償却方法、残存価額などを記録します。

会計のキホン❹
10 「発生主義」「費用収益対応」の考え方に慣れよう

● 発生主義に基づいて会計を行う意味

　会社の会計は、「**発生主義**」に基づいて行わなければなりません。

　発生主義とは、現金を支払ったときに帳簿付けを行う「現金主義」と相対する考え方で、現金のやり取りに関係なく、**収益や費用の"事実"が発生した時点（モノやサービスを提供した・提供された時点）で計上する**ものです。

　たとえば、右ページの図のように、9月決算の会社が8月に注文を受けて同月内に納品し、実際に代金が支払われるのは10月に入ってからだとした場合、現金主義では実際にお金が動いた10月の売上、つまり来期の売上としてカウントします。一方、発生主義ではモノが動いた8月の売上、つまり今期の売上としてカウントします。

　「どうせ10月には入金になるから問題ない」と社長が思っても、今期の業績から配当や税額が決まる株主や税務署にとっては大きな問題です。

　このように発生主義は、お金の動きとは無関係なのがポイントです。

● 費用収益対応の原則

　会計のもう一つ大事な考え方に、「**費用収益対応の原則**」があります。

　先の例と同じく9月決算の会社で、10月から新たな工事の仕事に着手するため、材料等を決算前に購入して倉庫に保管していたとします。

　発生主義に基づけば、費用として帳簿に上げるのは9月。しかし、購入した材料を実際に使用するのは10月以降です。

　もしこうしたことが認められてしまうと、黒字が出そうな事業年度には、決算前に来期分の材料等を大量に購入し、利益を減らすことが許されることになってしまいます。株主や税務署が文句を言い出すのは間違いありません。

　そこで、「**会計上の費用は収益を得るために支出するもの**」という前提に立ち、当期の収益と因果関係のある費用のみを当期の費用として計上し、当

Check Point

◆ **現金主義と発生主義の違い**

9月決算の場合

| 現金販売 | 現金仕入 | 発生主義も現金主義も同じ！

掛け販売

現金主義：納品 ──── 9/30 | 10/1 ──── 入金（来期の売上）

発生主義：納品（当期の売上）──── 入金

掛け仕入

現金主義：仕入 ──── 入金（来期の仕入）

発生主義：仕入（当期の仕入）──── 入金

❗ **とくに事業年度をまたぐ場合に、現金主義か発生主義かが問題になる。お金の動きではなく、商品やサービスの動きで判断！**

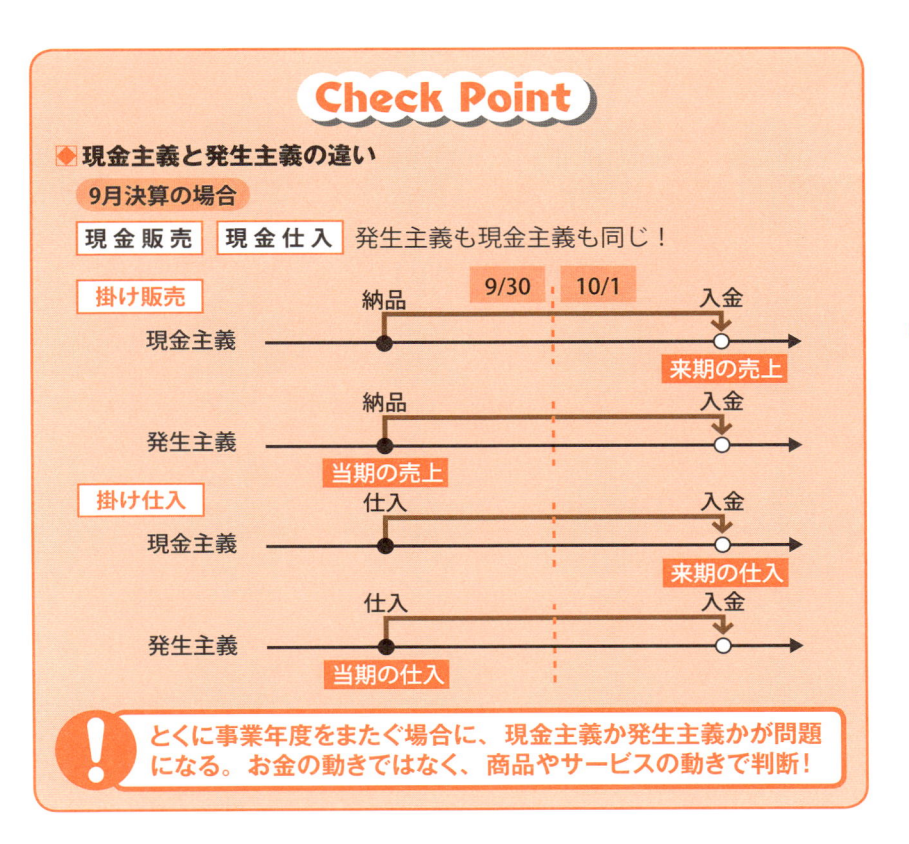

期の費用として計上されなかった費用は資産として計上します。

たとえば、期首に1,000万円の機械を購入したとします。購入初年度に機械代金の1,000万円を支払いますが、機械の耐用年数は10年となっていて、そのうち今期は1年分しか消費しないことになります。もし、今期に全額を費用として計上してしまうと、大幅な赤字になってしまう可能性もあります。

そのため、帳簿上、初年度は100万円を費用として計上し、残り900万円分を資産として計上します。そして、翌年以降も機械の費用として毎年100万円ずつ計上していき、それに伴い資産は毎年マイナス100万円ずつ減少していきます。これを10年目に資産がゼロになるまで続けるのです。

こうした「減価償却費」（☞172ページ）や「棚卸資産」（☞166ページ）はいずれも、費用収益対応の原則に基づくものです。

記帳の実際 ❶
11 会計ソフトを利用するメリットと注意点

● 会計ソフトの利用は必須

　帳簿へ記入するにあたって、昔ながらに一つひとつ手書きしても構いませんが、会計ソフトを使うほうが断然、手間や時間が短縮されます。

　会計ソフトの最大の特徴は、**主要簿から補助簿まですべての帳簿のデータがリンクしている点**です（☞149ページ）。

　ある帳簿に入力すれば、本来、手作業で行うほかの帳簿への転記が自動で行われるため、あまり複式簿記の知識を必要としない補助簿を中心に記帳を進めていくことができます。

　さらに、決算書の作成に必要な貸借対照表や損益計算書（☞176ページ）もクリックひとつで完成します。

　ほとんどのソフトには、勘定科目や記帳例を検索できる機能なども搭載されていて、実際に帳簿を付けながら仕訳を覚えていくことができます。

　ソフトの価格は3万円くらいから上は15万円前後と幅広ですが、基本的な機能にはあまり違いがありません。ソフトを選ぶポイントを右ページに挙げておきますが、財務分析やネットワークでの利用などの必要がなければ、比較的価格の安いソフトでも十分でしょう。

● 二重記帳のミスを防ぐ工夫を

　会計ソフトは帳簿同士でリンクしているため、たとえば、通帳から現金を引き出した場合、現金出納帳からも預金出納帳からも記帳できます。

　これはメリットである一方で、現金出納帳から記帳したことを忘れて、預金出納帳からも記帳してしまうと、お互いに転記し合い、1つの取引に対して2つの記録が残されてしまうことになります。当然、実際の預金残高と帳簿上の残高も合わなくなります。

　こうしたミスを防ぐには、**現金を引き出したときは、必ず現金出納帳か**

Check Point

◆ **会計ソフト選びのポイント**

Check 1　顧問先の会計事務所がすすめるソフトか？

会計事務所と顧問契約を結んでいる場合は、まずは相談を。会計事務所が熟知しているソフトを選んだほうが、入力方法についてアドバイスを受けやすく、データをやりとりする場合も安心できる。

Check 2　法人の会計に対応しているソフトか？

会計事務所に頼らず、自分でソフトを選ばなければならない場合は、まず法人対応の会計ソフトかどうかに注意すること。個人用のソフトは勘定科目や確定申告のしくみが違うので、利用できない。

Check 3　自分の実力に合ったソフトか？

部門別管理や予算実績管理など、高度な機能がついていても、使いこなせなければ意味がない。「日々の記帳を簡単に済ませられればOK」という考えならば、機能より使い勝手を重視したほうがよい。

Check 4　バージョンアップの費用はどのくらいか？

会計に関する法律は、改正が多い。それに伴いソフトの内容も修正される。バージョンアップの費用やサポート体制などについても、あらかじめ比較・検討しておきたい。

Check 5　ほかのソフトとの連動性はどうか？

会計ソフトのほかに、給与計算ソフトや顧客管理ソフトなども導入する可能性がある場合は、同シリーズでまとめるのがベスト。ソフト間のデータの連携が図れるため、記帳作業が軽減される。

ら記帳するとルールを決めておくとともに、通帳絡みの帳簿付けについては、必ず記帳した際、実際の通帳の明細に線を引くなどして、記帳済みであることがわかるようにしておきましょう。

記帳の実際 ❷

12 会計ソフトを使った記帳のポイントをマスターしよう

● 補助簿の記帳のコツ

前項で述べたように、会計ソフトはどの帳簿から記帳しても、ほかの帳簿に自動転記されるため、主要簿ではなく、家計簿感覚で扱える補助簿から記帳していくほうが簡単です。

とはいえ、ある程度ルールを決めて作業を行っていかないと、やはり人為的なミスが起こります。どのタイミングで、どんな点に注意して補助簿に記帳していけばいいか見ていきましょう。

① 現金出納帳──日～月単位で記帳

現金のやりとりを記録する帳簿です。経費を振込ではなく現金で精算したり、銀行からお金を下ろしたり、振込んだりしたときに記帳します。

現金でのやり取りは時間が経つと忘れてしまったり、領収証を紛失してしまったりするので、なるべく短いサイクルで記帳するよう心がけましょう。

注意点1　口座から支払われた分の領収証を誤って入力しない

通帳に預けられているお金は、現金ではなく預金です。現金出納帳に記録するのは現金ですから、預金から支払ったものについては記帳してはいけません。人が実際にお金に手を触れたものだけを記帳しましょう。

注意点2　経費精算書は勘定科目ごとに記帳すればOK

現金出納帳には経費精算書の取引内容を一つずつ記帳する必要はありません。勘定科目ごとの小計が出ているならば、「消耗品費（従業員名／〇月分）」と１行記帳するだけでOKです（☞140ページ）。記帳の日付は経費を精算した日とします（実際に会社のお金が動いたのが精算日のため）。

② 預金出納帳──週～月単位で記帳

口座別に預金のお金の出し入れをすべて記録していきますが、作業的には

通帳の内容をそのまま転記するだけです。

もちろん、通帳と預金出納帳の内容は必ず一致していなければなりません。

③売掛帳──週〜月単位で記帳

売掛帳は売上代金の未収入金（売掛金）の発生と回収について、取引先別に記録するものです。つまり、請求書1枚に対して、原則、発生時と回収時の2回記帳します。請求漏れや入金漏れを防ぐため、できれば月に一度は記帳するようにしましょう。

注意点　売掛金の発生日は一定のルールで

売掛金を記帳する日付は取引が成立したときです。取引の成立については「商品の発送日」「商品の到着日」「商品の検収を受けた日」のいずれかが原則ですが、いちいち確認するのはたいへんです。

そのため、実務的には、請求書または納品書の日付で記帳しても構いませんが、その場合はすべてをその方法で統一するようにしてください。

④買掛帳──週〜月単位で記帳

売掛帳と同じく、請求書1枚に対して、原則、発生時と支払時の2回記帳します。支払い漏れを防ぐため、月に一度は記帳するようにしましょう。

注意点　対象は仕入代金のみ

公共料金や広告費など、仕入代金以外で後払いするものは買掛金とはせず、仕訳帳に「未払金」として記帳します。

ただし、少額なものについては、未払金として計上せず、支払いを行った日付で、現金出納帳または預金出納帳から記帳しても、問題ありません。

⑤固定資産台帳──年単位で記帳

会社の有形固定資産・無形固定資産・投資そのほかの資産・繰延資産（☞149ページ）の取得価格や取得日、償却方法などを入力します。この固定資産台帳をもとに、会社で年間実施すべき減価償却費が確定します。

172ページの内容を理解して、償却方法の設定などさえ、きちんと行えば、とくにむずかしい点はありません。

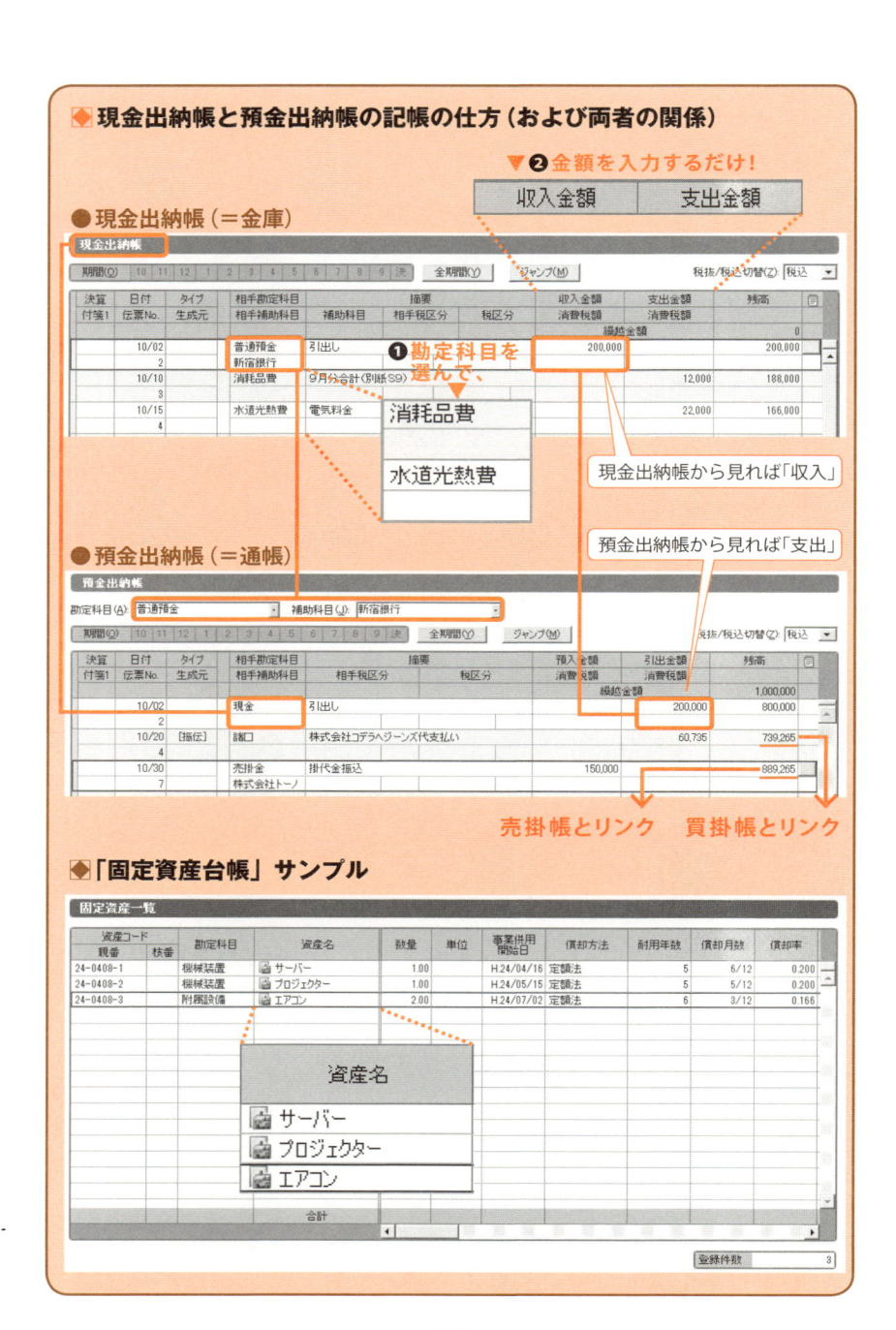

◆現金出納帳と預金出納帳の記帳の仕方（および両者の関係）

▼❷金額を入力するだけ！

収入金額　　支出金額

●現金出納帳（＝金庫）

現金出納帳								
期間(Q)	10	11	12	1 2 3 4 5 6 7 8 9 決	全期間(Y)	ジャンプ(M)		税抜/税込切替(Z) 税込 ▼

決算付箋1	日付伝票No.	タイプ生成元	相手勘定科目相手補助科目	摘要補助科目 相手税区分 税区分	収入金額消費税額	支出金額消費税額	残高	
				繰越金額			0	
	10/02		普通預金	引出し	200,000		200,000	
	2		新宿銀行					
	10/10		消耗品費	9月分合計（別紙S9）		12,000	188,000	
	3							
	10/15		水道光熱費	電気料金		22,000	166,000	
	4							

❶勘定科目を選んで、

　消耗品費
　水道光熱費

現金出納帳から見れば「収入」

預金出納帳から見れば「支出」

●預金出納帳（＝通帳）

預金出納帳				
勘定科目(A): 普通預金 ▼	補助科目(J): 新宿銀行 ▼			
期間(Q) 10 11 12 1 2 3 4 5 6 7 8 9 決 全期間(Y) ジャンプ(M)			税抜/税込切替(Z) 税込 ▼	

決算付箋1	日付伝票No.	タイプ生成元	相手勘定科目相手補助科目	摘要 相手税区分 税区分	預入金額消費税額	引出金額消費税額	残高	
				繰越金額			1,000,000	
	10/02		現金	引出し		200,000	800,000	
	2							
	10/20	[振伝]	諸口	株式会社コデラヘジーンズ代支払い		60,735	739,265	
	10/30		売掛金	掛代金振込	150,000		889,265	
	7		株式会社トーノ					

売掛帳とリンク　　買掛帳とリンク

◆「固定資産台帳」サンプル

固定資産一覧											
資産コード親番	枝番	勘定科目	資産名	数量	単位	事業供用開始日	償却方法	耐用年数	償却月数	償却率	
24-0408-1		機械装置	サーバー	1.00		H.24/04/16	定額法	5	6/12	0.200	
24-0408-2		機械装置	プロジェクター	1.00		H.24/05/15	定額法	5	5/12	0.200	
24-0408-3		附属設備	エアコン	2.00		H.24/07/02	定額法	6	3/12	0.166	
			合計								

資産名
　サーバー
　プロジェクター
　エアコン

登録件数　3

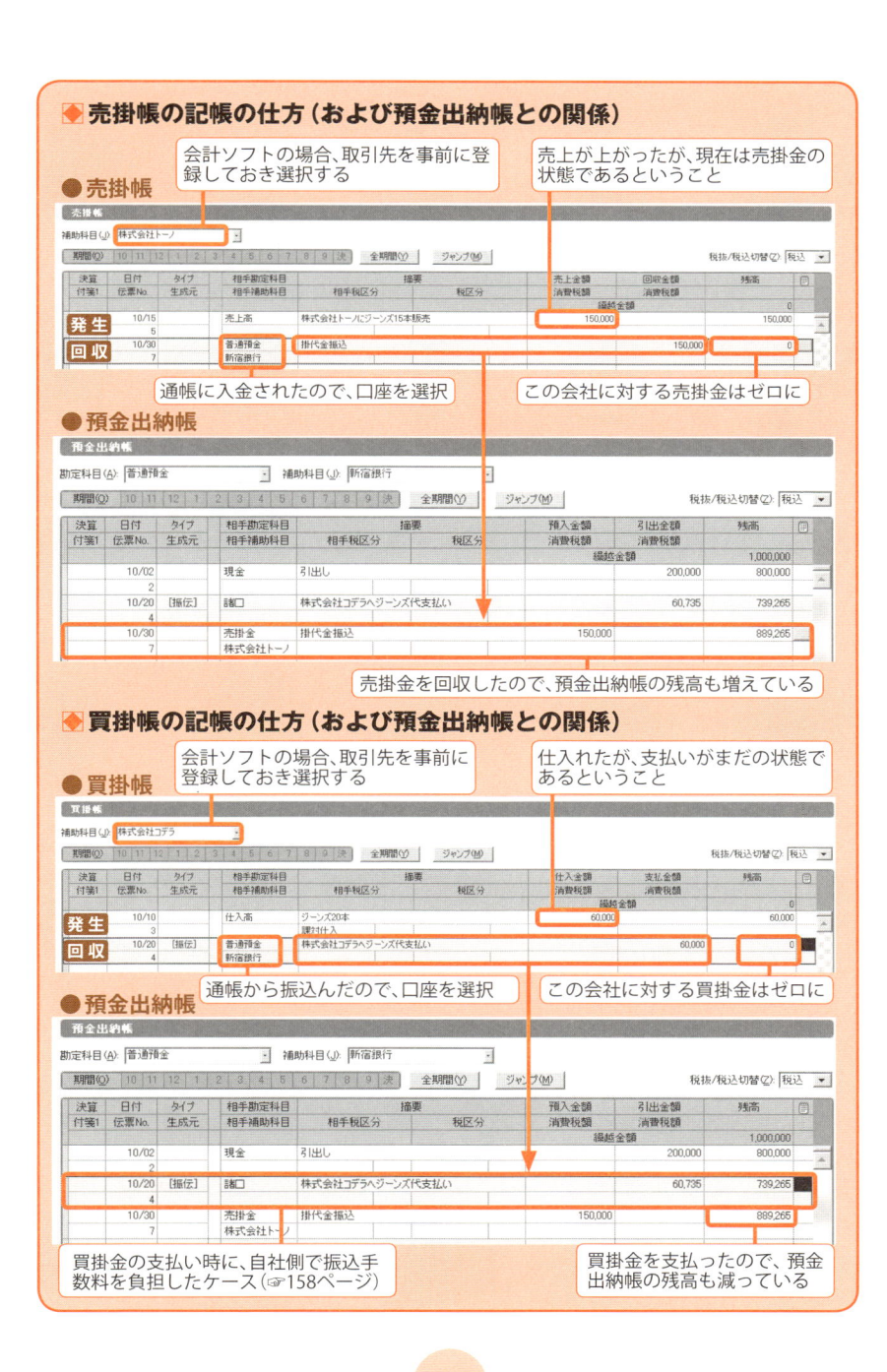

◆ 売掛帳の記帳の仕方（および預金出納帳との関係）

● 売掛帳

- 会計ソフトの場合、取引先を事前に登録しておき選択する
- 売上が上がったが、現在は売掛金の状態であるということ

補助科目：株式会社トーノ

決算付箋1	日付 伝票No.	タイプ 生成元	相手勘定科目 相手補助科目	摘要 相手税区分 税区分	売上金額 消費税額 繰越金額	回収金額 消費税額	残高
発生	10/15 5		売上高	株式会社トーノにジーンズ15本販売	150,000		150,000
回収	10/30 7		普通預金 新宿銀行	掛代金振込		150,000	0

- 通帳に入金されたので、口座を選択
- この会社に対する売掛金はゼロに

● 預金出納帳

勘定科目：普通預金　補助科目：新宿銀行

決算付箋1	日付 伝票No.	タイプ 生成元	相手勘定科目 相手補助科目	摘要 相手税区分 税区分	預入金額 消費税額 繰越金額	引出金額 消費税額	残高
							1,000,000
	10/02 2		現金	引出し		200,000	800,000
	10/20 4	[振伝]	諸口	株式会社コデラへジーンズ代支払い		60,735	739,265
	10/30 7		売掛金 株式会社トーノ	掛代金振込	150,000		889,265

- 売掛金を回収したので、預金出納帳の残高も増えている

◆ 買掛帳の記帳の仕方（および預金出納帳との関係）

● 買掛帳

- 会計ソフトの場合、取引先を事前に登録しておき選択する
- 仕入れたが、支払いがまだの状態であるということ

補助科目：株式会社コデラ

決算付箋1	日付 伝票No.	タイプ 生成元	相手勘定科目 相手補助科目	摘要 相手税区分 税区分	仕入金額 消費税額 繰越金額	支払金額 消費税額	残高
							0
発生	10/10 3		仕入高	ジーンズ20本 課対仕入	60,000		60,000
回収	10/20 4	[振伝]	普通預金 新宿銀行	株式会社コデラへジーンズ代支払い		60,000	0

- 通帳から振込んだので、口座を選択
- この会社に対する買掛金はゼロに

● 預金出納帳

勘定科目：普通預金　補助科目：新宿銀行

決算付箋1	日付 伝票No.	タイプ 生成元	相手勘定科目 相手補助科目	摘要 相手税区分 税区分	預入金額 消費税額 繰越金額	引出金額 消費税額	残高
							1,000,000
	10/02 2		現金	引出し		200,000	800,000
	10/20 4	[振伝]	諸口	株式会社コデラへジーンズ代支払い		60,735	739,265
	10/30 7		売掛金 株式会社トーノ	掛代金振込	150,000		889,265

- 買掛金の支払い時に、自社側で振込手数料を負担したケース（☞158ページ）
- 買掛金を支払ったので、預金出納帳の残高も減っている

5　「経理」のシンプル仕事術

記帳の実際❸
13 複合取引の記帳の仕方をマスターしよう

● 振込手数料を負担する際の記帳法

　前項で基本的な記帳の仕方について説明しましたが、もう一つだけ覚えておかなければならないことがあります。それは次のようなケースの扱いです。

　たとえば、買掛金6万円を口座から振込む場合、振込手数料が相手負担であれば、買掛帳に直接「買掛金6万円／現金6万円」と記帳すれば済みます。

　では、振込手数料が自社負担の場合はどうでしょう。前記のような帳簿付けを行ったら、振込手数料の金額が宙に浮いたままになり、帳簿と預金通帳の残高にズレが生じてしまいます。

　このような「単対複（もしくは複対単）」、「複対複」の取引を「**複合取引**」といい、この仕訳を行ったものを「**複合仕訳**」といいます。

　こうしたケースでは、右ページのように、借方に「買掛金6万円」「支払手数料750円」を記帳し、貸方に「普通預金6万750円」を記帳します。

　手書きなら、この内容を直接、買掛帳に記帳できます。

　会計ソフトの場合は、**いったん「振替伝票」に記帳**します。記帳後、クリックして登録すると、買掛帳に「振伝」と記録され、振替伝票からの記帳であることがわかります。預金出納帳には「振伝」のほかに、勘定科目に「諸口（しょくち）」と記録されます。諸口は勘定科目が2つ以上であることを表します。

● 通常の仕訳パターンはかぎられている

　一般に面倒と思われている記帳ですが、覚えるのはこれまで説明してきたことだけで十分です。

　慣れないうちは、借方と貸方のどちらに記帳するかで迷うことも多いかもしれません。しかし、通常の業務でよく登場する仕訳パターン（☞160ページ以降）はかぎられているので、記帳しているうちに自然と感覚的に判断できるようになるでしょう。

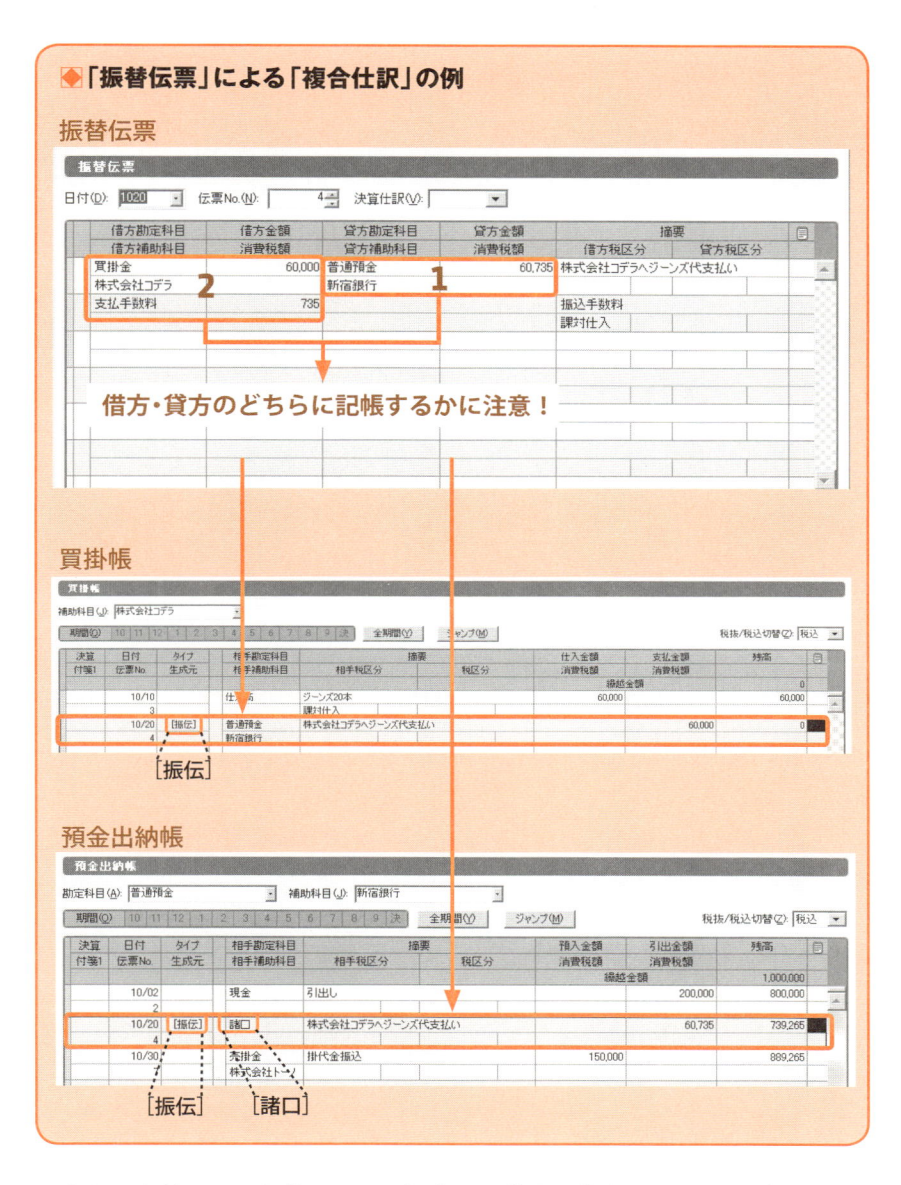

◆「振替伝票」による「複合仕訳」の例

振替伝票

借方勘定科目 借方補助科目	借方金額 消費税額	貸方勘定科目 貸方補助科目	貸方金額 消費税額	摘要	借方税区分 貸方税区分
買掛金 株式会社コデラ	60,000	普通預金 新宿銀行	60,735	株式会社コデラへジーンズ代支払い	
支払手数料	735			振込手数料 課対仕入	

借方・貸方のどちらに記帳するかに注意!

買掛帳

（補助科目：株式会社コデラ）

決算付箋1	日付 伝票No.	タイプ 生成元	相手勘定科目 相手補助科目	摘要 相手税区分	税区分	仕入金額 消費税額	支払金額 消費税額 繰越金額	残高
								0
	10/10 3	仕入		ジーンズ20本 課対仕入		60,000		60,000
	10/20 4	[振伝]	普通預金 新宿銀行	株式会社コデラへジーンズ代支払い			60,000	0

[振伝]

預金出納帳

（勘定科目：普通預金　補助科目：新宿銀行）

決算付箋1	日付 伝票No.	タイプ 生成元	相手勘定科目 相手補助科目	摘要 相手税区分	税区分	預入金額 消費税額	引出金額 消費税額 繰越金額	残高
								1,000,000
	10/02 2		現金	引出し			200,000	800,000
	10/20 4	[振伝]	諸口	株式会社コデラへジーンズ代支払い			60,735	739,265
	10/30		売掛金 株式会社ト	掛代金振込		150,000		889,265

[振伝]　[諸口]

　また、会計ソフトを使っている場合は、借方、貸方を間違えれば、対応する帳簿の数字が不自然になるため（たとえば、買掛金を支払ったはずなのに、残額が増えているなど）、すぐに気がつきます。

実務でよく登場する「仕訳パターン」

●「給与および通勤費」を口座から支払った
自社で振込手数料を負担。振込手数料が即時引き落とされる場合

借方勘定科目	借方金額	貸方勘定科目	貸方金額	摘　　要
給与手当	300,000	普通預金	263,179	給与
旅費交通費	20,840	預り金	6,820	源泉所得税
支払手数料	315	預り金	14,100	住民税
		預り金	35,856	社会保険料
		立替金	1,200	労働保険料
借方合計	321,155	貸方合計	321,155	

自社で振込手数料を負担。振込手数料は後日、口座から一括で引き落とされる場合

借方勘定科目	借方金額	貸方勘定科目	貸方金額	摘　　要
給与手当	300,000	普通預金	262,864	給与
旅費交通費	20,840	預り金	6,820	源泉所得税
支払手数料	315	預り金	14,100	住民税
		預り金	35,856	社会保険料
		立替金	1,200	労働保険料
		未払金	315	振込手数料
借方合計	321,155	貸方合計	321,155	

> 支払（振込）手数料の支払いは後日のため、いったん未払金で計上し、引き落とされたときに「未払金315／普通預金315」と処理する

●「外注費」を口座から支払った
相手が振込手数料を負担

借方勘定科目	借方金額	貸方勘定科目	貸方金額	摘　　要
買掛金	200,000	普通預金	179,580	
		預り金	20,000	源泉所得税
		支払手数料	420	振込手数料
借方合計	200,000	貸方合計	200,000	

●「売掛金」(販売代金) が口座に入金された
自社で振込手数料を負担

借方勘定科目	借方金額	貸方勘定科目	貸方金額	摘　要
普通預金	199,580	売掛金	200,000	
支払手数料	420			振込手数料
借方合計	200,000	貸方合計	200,000	

取引先が振込手数料を負担

借方勘定科目	借方金額	貸方勘定科目	貸方金額	摘　要
普通預金	200,000	売掛金	200,000	
借方合計	200,000	貸方合計	200,000	

●「買掛金」(仕入代金) を口座から支払った
自社で振込手数料を負担

借方勘定科目	借方金額	貸方勘定科目	貸方金額	摘　要
買掛金	200,000	普通預金	200,420	
支払手数料	420			振込手数料
借方合計	200,420	貸方合計	200,420	

取引先が振込手数料を負担

借方勘定科目	借方金額	貸方勘定科目	貸方金額	摘　要
買掛金	200,000	普通預金	200,000	
借方合計	200,000	貸方合計	200,000	

実務でよく登場する「仕訳パターン」

●「前受金」(手付金)を現金で支払い、後日、商品を受け取った
〔例〕仕入20万円、手付金5万円

手付金を支払った

借方勘定科目	借方金額	貸方勘定科目	貸方金額	摘　要
前渡金	50,000	現金	50,000	
借方合計	50,000	貸方合計	50,000	

▼

後日、商品を受け取った

借方勘定科目	借方金額	貸方勘定科目	貸方金額	摘　要
仕入	200,000	前渡金	50,000	
		買掛金	150,000	
借方合計	200,000	貸方合計	200,000	

●「前受金」(手付金)を現金で受け取り、後日、商品を提供した
〔例〕売上20万円、手付金5万円

手付金を受け取った

借方勘定科目	借方金額	貸方勘定科目	貸方金額	摘　要
現金	50,000	前受金	50,000	
借方合計	50,000	貸方合計	50,000	

▼

後日、商品を提供した

借方勘定科目	借方金額	貸方勘定科目	貸方金額	摘　要
前受金	50,000	売上高	200,000	
売掛金	150,000			
借方合計	200,000	貸方合計	200,000	

その2

● 仕入れた商品2万円分が破損していたため、「返品」した

借方勘定科目	借方金額	貸方勘定科目	貸方金額	摘　　要
買掛金	20,000	仕入戻し	20,000	破損のため返品
借方合計	20,000	貸方合計	20,000	

● 在庫商品2万円分が破損していたため、「廃棄」した

借方勘定科目	借方金額	貸方勘定科目	貸方金額	摘　　要
廃棄損	20,000	商品	20,000	
借方合計	20,000	貸方合計	20,000	

● 某社からの仕入総額が一定額に達したので、リベートを現金で受けた

借方勘定科目	借方金額	貸方勘定科目	貸方金額	摘　　要
現金	10,000	仕入割戻	10,000	一般に「報奨金」「奨励金」とも呼ばれる
借方合計	10,000	貸方合計	10,000	

リベートを支払う側の仕訳は「売上割戻10,000/現金10,000」となる

● 某社への買掛金を期日より早く振込んだため5,000円の割引を受けた

借方勘定科目	借方金額	貸方勘定科目	貸方金額	摘　　要
買掛金	100,000	普通預金	95,000	買掛金振込
		仕入割引	5,000	期日前返済による割引
借方合計	100,000	貸方合計	100,000	

決算調整 ①
14 決算書を作成する前に必要な「決算調整」の作業

●「決算調整」が必要な実務内容

「決算書」という言葉をよく聞きますが、これは、**期初から期末までの会社の財産と、その間の損益やキャッシュフローの状況を示し、税務申告の際に税務署に提出する書類**のことです。

1年間の取引をすべて会計ソフトに打ち込んだ段階で、「決算書作成」のボタンをクリックすると、決算書が作成されます。ただし、この段階のものは確定した決算書ではありません（一般に「試算表」といわれるものです）。

確定した決算書にするには、たとえば、当期に支払ったお金のうち、当期の収益と因果関係のあるお金のみを費用として抽出する必要があります（☞150ページ）。こうした作業を「**決算調整**」といいます。調整が必要になるのは、おもに次の5つの実務です。

　①**棚卸資産の評価（売上原価の確定）**
　②**減価償却費（固定資産の当期分の費用）の計上**
　③**貸倒引当金（売掛金などの将来の取立不能見込額）の計上**
　④**費用・収益の繰延・見越**
　⑤**未払法人税や未払消費税等の計上**

このうち③は、取引先が会社更生法を申請するなどの場合には、計上方法が異なるので、実際にそうしたことが起きた場合に会計事務所などに相談するといいでしょう。

また④については24ページで、⑤については30～35ページで基本的な考え方をお話ししました。いずれも実務的に複雑なため、専門家に相談したほうがいいでしょう。会計事務所の大半は、自らの業務として処理してくれます。

一方、①と②は、会計事務所にお願いする場合でも、実務の一部を社内で行う必要があるものです。詳細については、次項、次々項でお話しします。

Check Point

◆ **決算書類と法人税申告書**

決算書類＝企業会計

- 貸借対照表
- 損益計算書
- 株主資本等変動計算書
- 勘定科目内訳明細書
- 法人事業概況説明書

法人税申告書＝税務会計

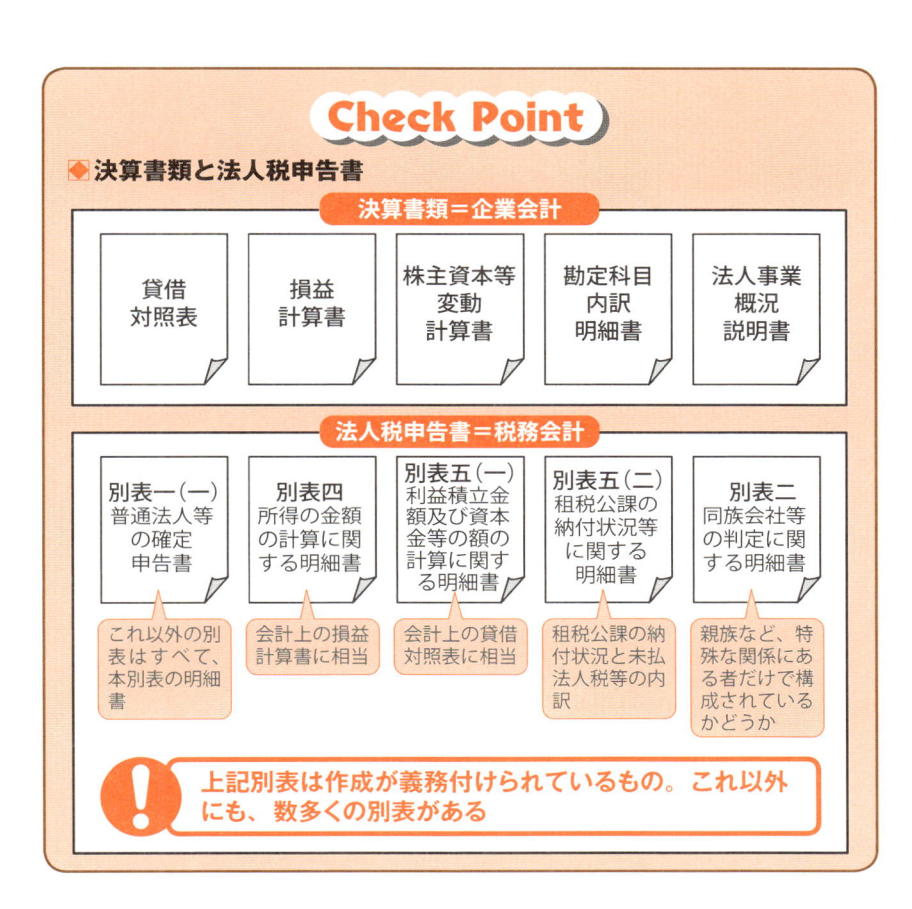

- 別表一（一）普通法人等の確定申告書 … これ以外の別表はすべて、本別表の明細書
- 別表四 所得の金額の計算に関する明細書 … 会計上の損益計算書に相当
- 別表五（一）利益積立金額及び資本金等の額の計算に関する明細書 … 会計上の貸借対照表に相当
- 別表五（二）租税公課の納付状況等に関する明細書 … 租税公課の納付状況と未払法人税等の内訳
- 別表二 同族会社等の判定に関する明細書 … 親族など、特殊な関係にある者だけで構成されているかどうか

⚠️ 上記別表は作成が義務付けられているもの。これ以外にも、数多くの別表がある

● 決算調整は会計事務所に任せる

じつのところ、以上の①～⑤をすべて自力で算出することは不可能ではありません。しかし、同じ青色による確定申告（☞260ページ）でも、会社は個人と違って、確定申告書と貸借対照表、損益計算書のほかに、上図に挙げたような各種書類を作成する必要があります。

とくに作成がむずかしいのは、**法人税申告書の別表**です。会計上の数字と税務上の数字の橋渡しとなる資料ですが、会社の状況に応じて作成しなければならない別表が異なるのに加え、各別表が互いに関連性を持っているため、しくみを深く理解していないと、作成するのは困難です。そのため、決算調整については会計事務所にお任せしたほうがいいでしょう。

15 決算調整❷ 実地棚卸を行い、在庫量を確定しよう

● 棚卸資産を評価する前提の作業

　前項で、決算調整が必要な5つの業務を挙げましたが、本項と次項では164ページの「①棚卸資産の評価（売上原価の確定）」について説明します。

　棚卸資産とは、いわゆる在庫のことです。販売業であれば「商品」、製造業であれば完成した「製品」のほか、「原材料」や製造途中の「仕掛品」、すべての製造工程は完了していないが、製品として販売可能な状態にある「半製品」などを含みます。

　棚卸資産を評価するためには、まず決算日の営業終了から数日の間に、実際に現場で在庫を確認する**実地棚卸**を行い、在庫量を確定します。

● 実地棚卸の具体的な手順

　実地棚卸作業の具体的な手順は以下のとおりです。

　①通常は2人1組で、1人が数を確認し、もう1人が右ページのような「**棚卸原票**」に記入していきます。

　②記入が完了したら、棚卸原票をセロテープなどで商品に貼り付けます。

　③すべての商品に棚卸原票が貼られていることを確認して、半券（集計用）を切り取ります。

　④切り取った半券をもとに、帳簿上の在庫表を確認します。

　⑤廃棄をするものは、別途「**廃棄明細表**」を作成し、廃棄理由の証拠として写真を撮影しておきます。

　⑥正しい在庫数を「**棚卸表**」に記入します。

　なお、棚卸原票には、あらかじめ必ず連番を振っておくこと。半券を切り取る際には、書き間違えたものも捨てずに、必ず番号順に回収していきます。

　商品の破損や万引きなどにより、帳簿上の在庫量と実際の在庫量が一致していない場合は、帳簿上の在庫量を修正します。

◆「棚卸原票」サンプル

```
棚卸原票                    No.  1
                    棚卸日 ○年○月○日
┌─────┬──────────────────┐
│ 商品名 │                  │
├─────┼──────────────────┤
│ 型 番  │                  │
├─────┼──────────────────┤
│ 数 量  │                  │
├─────┼──────────────────┤
│ 状 態  │ 良品 期限切れ 破損品 陳腐化 その他 │
├─────┼──────────────────┤
│ 点検者 │                  │
└─────┴──────────────────┘

棚卸原票（集計用）          No.  1
                    棚卸日 ○年○月○日
┌─────┬──────────────────┐
│ 商品名 │                  │
├─────┼──────────────────┤
│ 型 番  │                  │
├─────┼──────────────────┤
│ 数 量  │                  │
├─────┼──────────────────┤
│ 状 態  │ 良品 期限切れ 破損品 陳腐化 その他 │
├─────┼──────────────────┤
│ 点検者 │                  │
└─────┴──────────────────┘
```

◆「棚卸表」サンプル

棚卸資産の評価法については☞●ページ

商品名	型番	数　量	単　価	金　額	摘　要
A社 ボールペン	SW×××	75個	65円	4,875円	倉庫
B社 消しゴム	TU×××	30個	40円	1,200円	店内
合　計				72,520円	

期末の棚卸資産高　　在庫場所を記入

!　棚卸原票をもとに、棚卸表に「数量」と「在庫場所」を記入する。続いて、170〜171ページの計算法で、棚卸資産の評価額を算出し、表を完成させる。

5　「経理」のシンプル仕事術

決算調整❸
16 棚卸資産を評価し、売上原価を確定しよう

◉ 棚卸資産を評価する

在庫量が確定したら、それを金額に換算して棚卸資産を評価します。

右ページに示すように、棚卸資産の評価が低いと売上原価が増えて利益が減るため、税額が少なく抑えられます。一方、評価額が高いと売上原価が減って利益が増えるため、税額も増えます。決算調整として棚卸資産を評価しなければならない理由は、このように利益や税額の確定に不可欠だからです。

棚卸資産の評価方法は、大きく「**原価法**」と「**低価法**」に分かれます。

原価法は商品を仕入れた原価を基準に評価する方法で、さらに170ページの表にまとめた8通りに分かれます。一方の低価法は、原価法で評価した「仕入時の価格」と「事業年度末時の時価」をくらべて低いほうを評価額にするものです。いわば、値崩れを前提とした計算方法といえます。

どの方法で評価するかは自由ですが、新たに事業を開始して、原価法の「最終仕入原価法」以外を選ぶ場合は、決算日から2カ月以内に税務署に「**棚卸資産の評価方法の届出書**」を提出しなければなりません。

もっとも計算が簡単な最終仕入原価法だと、税額が増える可能性もありますが、時間的コストを考慮すれば、必ずしも損になるとはかぎりません。

手間をあまりかけずに、税額も多少気にしておきたいのなら、低価法を選択したうえで、比較する原価法に最終仕入原価法を選ぶといいでしょう。

なお、評価法は後から変更することもできますが、一度選んだ評価方法はおおむね3年間継続する必要があるので注意が必要です。

◉ 棚卸資産から売上原価を求める

棚卸資産の残高が確定したら、171ページのような計算で前記した売上原価を求めます。そして、当期の売上高からこの売上原価を差し引けば、当期の売上総利益すなわち粗利（☞23ページ）を求めることができます。

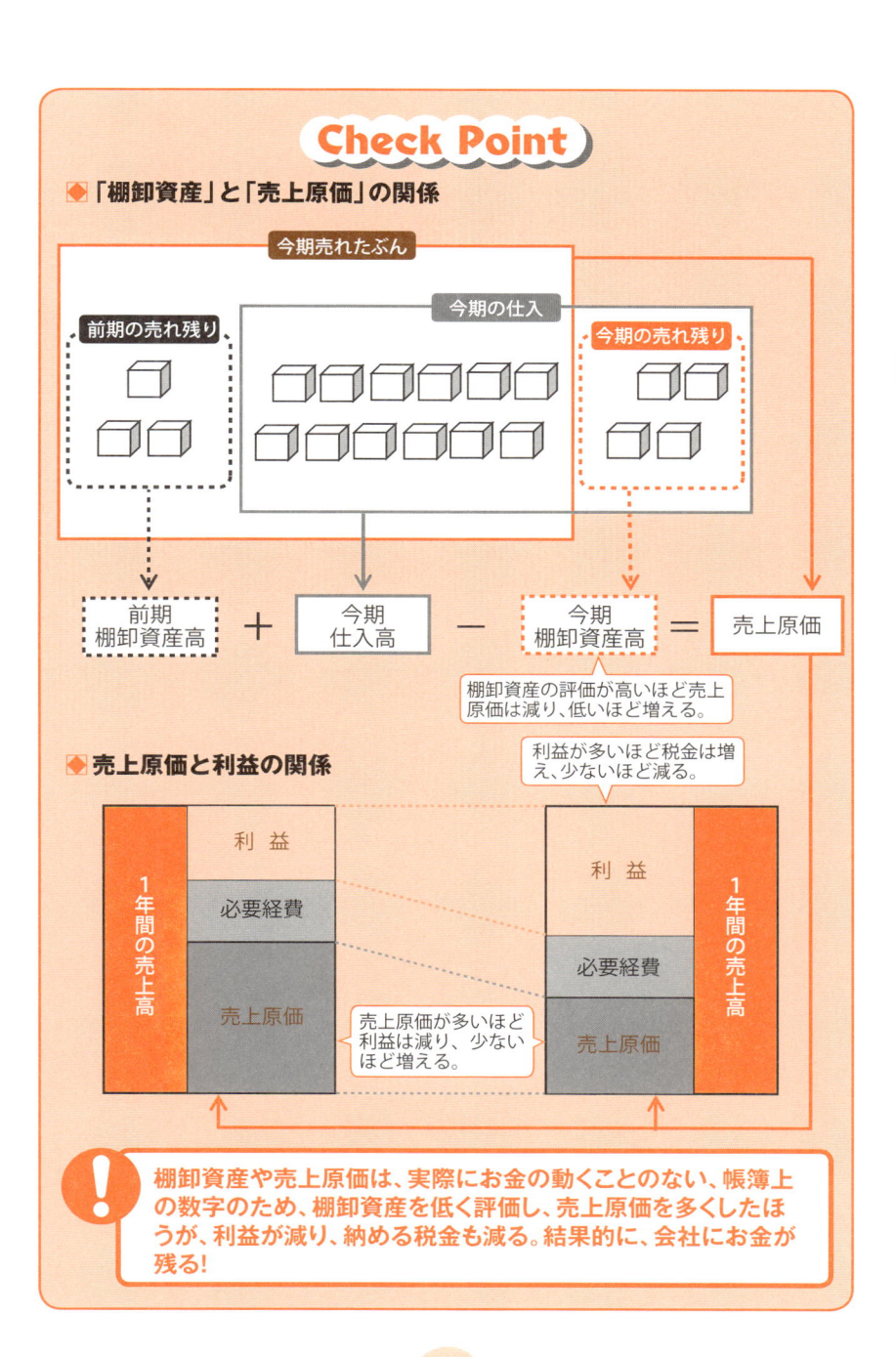

Check Point

◆「棚卸資産」と「売上原価」の関係

今期売れたぶん
- 前期の売れ残り
- 今期の仕入
- 今期の売れ残り

前期棚卸資産高 ＋ 今期仕入高 − 今期棚卸資産高 ＝ 売上原価

棚卸資産の評価が高いほど売上原価は減り、低いほど増える。

◆売上原価と利益の関係

利益が多いほど税金は増え、少ないほど減る。

1年間の売上高：利益／必要経費／売上原価

売上原価が多いほど利益は減り、少ないほど増える。

1年間の売上高：利益／必要経費／売上原価

! 棚卸資産や売上原価は、実際にお金の動くことのない、帳簿上の数字のため、棚卸資産を低く評価し、売上原価を多くしたほうが、利益が減り、納める税金も減る。結果的に、会社にお金が残る!

5 「経理」のシンプル仕事術

Check Point

◆ 棚卸資産の計算法

各商品の単価 × 期末の在庫数 = 今期棚卸資産高

＜棚卸資産の８つの評価法＞
棚卸資産の８つの評価法の違いは、上記の「各商品の単価」の求め方の違い！

	名　称	評価方法
原価法	個別法	製造したもの１つ１つ、個々の商品ごとに実際の単価を洗い出して算出する方法。基本的な方法だが手間がかかり、実際の計算はむずかしい。
	先入先出法	実物の商品や原料の流れとは別に、先に倉庫に入ったものから先に払い出されると仮定して単価を計算する方法。
	後入先出法	後から製造し倉庫に入ったものから先に払い出されると仮定して単価を計算する方法。
	総平均法	月ごとや年ごとの仕入総額を、仕入総数で除した平均単価で評価額を計算する方法。
	移動平均法	仕入の都度｛(残高金額＋仕入金額)÷(残高総数＋仕入総数)｝で単価を計算し、期末からいちばん近い単価で評価額を計算する方法。
	単純平均法	｛(期中の仕入単価の合計)÷(期中の仕入回数の合計)｝で求めた平均単価で評価額を計算する方法。
	最終仕入原価法	最後に仕入れたものが期末に残っていると仮定し、最終仕入単価で計算する方法。
	売価還元法	期末棚卸資産の通常の販売価格に、一定の原価率を掛けて評価額を計算する方法。デパートや小売業など、商品の数が多い業種で利用される。
低　価　法		原価法のいずれかの方法で算出した評価額と、期末時点の時価（再調達価額）のいずれか低いほうの価額を評価額とする方法。

◆「最終仕入原価法」と「低価法」による評価例

● 仕入および払出状況（決算月9月）

	仕 入			払 出			在庫数
	数量	単価	合計金額	数量	単価	合計金額	
前期からの繰越高	50個	60円	3,000円				50個
12月10日	30個	80円	2,400円				80個
3月10日				55個	100円	5,500円	25個
6月10日	70個	80円	5,600円	40個	100円	4,000円	55個
9月10日	20個	70円	1,400円				75個
合 計	170個		12,400円	95個		9,500円	

＜最終仕入原価法による計算＞

上記の例の場合、最後の仕入日である9月10日の仕入単価70円を、残っている在庫数に掛けて計算する。

[計算式]

最後の仕入単価 × 期末の在庫数 ＝ 棚卸資産評価額
　　（70円）　　　　　（75個）　　　　　（5,250円）

＜低価法による計算＞

期末最終日の時価を単価（ここでは65円に設定）として、残っている在庫数に掛けて計算し、原価法で算出した評価額とくらべて、低いほうの金額を評価額とする。

[計算式]

期末最終日の時価 × 期末の在庫数 ＝ 棚卸資産評価額
　　（65円）　　　　　（75個）　　　　　（4,875円）

> ❗ 実地棚卸の結果をもとに、上記の計算を行って棚卸資産を評価し、最終的に167ページのような棚卸表にまとめる。

17 決算調整❹ 固定資産を評価し、減価償却費を計上しよう

● 減価償却の対象となる資産とは

本項では、決算調整が必要な5つの業務（☞164ページ）のうち、「②**減価償却費（固定資産の当期分の費用）の計上**」について説明します。

本社や工場などの土地や建物、機械装置、自動車など、長期にわたって使われる資産を「**固定資産**」といいます。

固定資産のなかでも長期間使用するうちに少しずつ価値が減少していくものの評価は、**減価償却**（☞38ページ）で行います。土地や骨とう品などのように、価値が減少しないものは減価償却の対象になりません。

減価償却すべき固定資産は「固定資産台帳」（☞155ページ）に記録するとともに、購入した年度にいったん固定資産として計上し、その後価値の減少分を年度ごとに費用として計上します。この年度ごとに計上する費用が**減価償却費**です。

費用といっても、支払いそのものは購入時に完了しているので、実際にお金が出て行くわけではありません。**帳簿上、資産の価値が減少していく**ということです。一方で減価償却費は利益から差し引くことのできる損金のため、計上し忘れると、税額が増えることになります。

● 減価償却による固定資産の評価

減価償却による固定資産の評価は、次の4点を考慮して行われます。
① **取得価額**：固定資産を購入した時の価格（手数料や運賃など取得にかかった経費を含む）
② **耐用年数**：174ページの表を参照。
③ **残存価額**：固定資産が耐用年数に達したときの処分見込み額（有形減価償却資産は取得原価の10パーセント）。
④ **減価償却の方法**：後述。

Check Point

◆ 減価償却費の2つの計算方法の違い

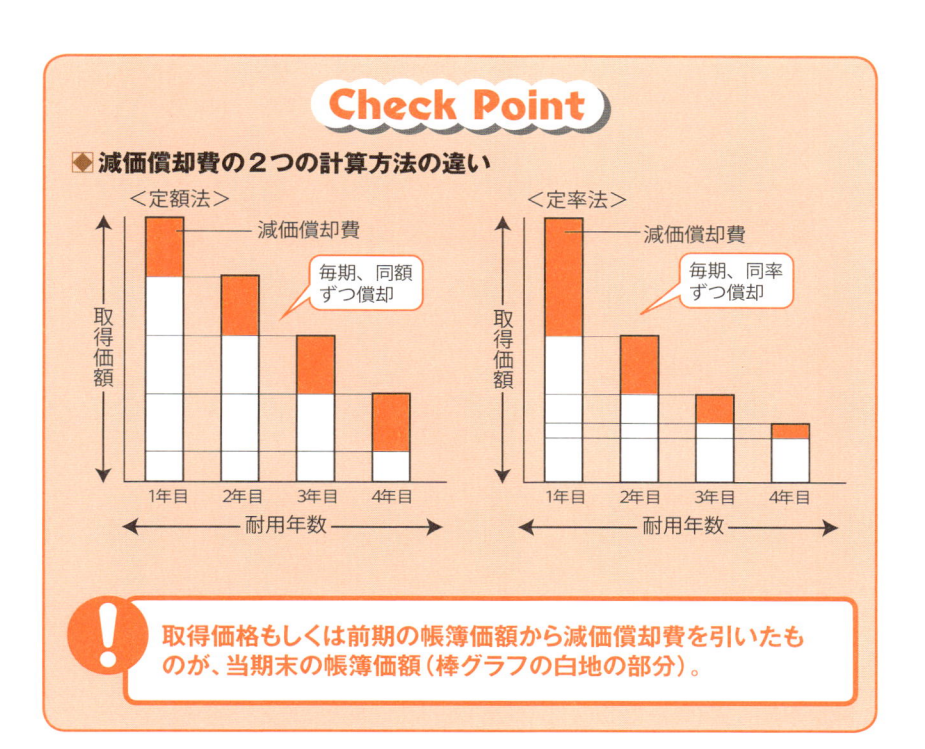

＜定額法＞ 減価償却費 / 毎期、同額ずつ償却
取得価額 / 耐用年数（1年目〜4年目）

＜定率法＞ 減価償却費 / 毎期、同率ずつ償却
取得価額 / 耐用年数（1年目〜4年目）

! 取得価格もしくは前期の帳簿価額から減価償却費を引いたものが、当期末の帳簿価額（棒グラフの白地の部分）。

　ただし、平成19年4月1日以降に取得した減価償却資産については、償却可能限度額と③の残存価額が廃止され、耐用年数経過時点で残存簿価1円まで償却できるようになっています。

　④の減価償却の方法については、定額法と定率法との2つがあります。

　上の図に示すように、**定額法は毎年一定額の価値が、定率法は一定の割合の価値が償却**されます。建物は定額法と決まっていますが、それ以外の固定資産の評価方法は自由に選ぶことができます。定率法は初年度の減価償却費がもっとも高くなるため、前倒しで償却したい場合に使われます。

　いずれの方法を選んでも、会計ソフトを使えば自動で償却費を算出してくれます。

　なお、資本金が1億円以下の中小企業の場合、取得金額が30万円未満の減価償却資産を平成26年3月31日までに取得した場合、一定の要件を満たせば、その取得価額を全額損金にできる特例が設けられています。

Check Point

◆ **おもな固定資産の耐用年数**

	構造・用途	細目	耐用年数
器具や備品	事務用機器、通信機器	パソコン（サーバーを除く）	4年
		その他のコンピューター	5年
		コピー機	5年
		ファクシミリ	5年
		タイムレコーダー	5年
		デジタルボタン電話設備	6年
		インターホン、放送用設備	6年
	家具、電気・ガス機器等	応接セット（接客業）	5年
		応接セット（その他）	8年
		事務机、事務いす、キャビネット（金属製）	15年
		事務机、事務いす、キャビネット（金属製でないもの）	8年
		据置型の金庫	20年
		冷房・暖房用機器	6年
		テレビ、ラジオ	5年
	店舗用	看板、ネオンサイン	3年
		陳列棚、陳列ケース	8年
		冷凍機付陳列棚	6年
		マネキン	2年
		自動販売機	5年
車両	自動車（二輪、三輪を除く）	小型車（総排気量0.66l以下）	4年
		ダンプ式貨物自動車	4年
		その他の一般乗用車	6年
	自動車（運送業・タクシーなど）	小型車	3年
		大型乗用車	5年
		上記以外	4年
		乗合自動車	5年
無形固定資産	特許権		8年
	実用新案権		5年
	商標権		10年

第6章

会社の経営状態を客観的に判断する
「決算書」の注目ポイント

決算書の読み方 ❶
貸借対照表、損益計算書の役割と構造を理解しよう

●法律で作成が義務づけられている決算書

　決算書（☞164ページ）は**「財務諸表」**とも呼ばれ、「貸借対照表」「損益計算書」「キャッシュフロー計算書」「株主資本等変動計算書」などから構成されています。

　すべての株式会社は決算書を作成しなければならないと会社法で定められていますが、上場か、非上場かによって必要な書類が異なります。

　決算書は、会社が定めた**決算日に決算を行って作成**します。会社法などにより取締役等が作成することになっていますが、専門的な税務知識が必要となりますし、かなりの手間がかかるため、顧問税理士などに作成を依頼するケースがほとんどです。

　非上場の株式会社の場合、貸借対照表、損益計算書、株主資本等変動計算書の３つを必ず作成することが会社法と税法で定められています。

　このなかで基本となるのは、貸借対照表と損益計算書です。小さな会社の社長であれば、この２つの決算書が読めれば十分です。

●財産の状況を表す貸借対照表、経営成績表の損益計算書

　まず、**「貸借対照表」**は、別名「バランスシート（Balance Sheet : B／S）」とも呼ばれ、会社のある一定時点（決算日）における資産の状況を示します。

　「損益計算書（Profit and Loss Statement : P／L）」は、一定期間（会計期間）の収益と費用の状態を示す、いわば、１年間の経営成績表です。

　貸借対照表をつくれば会社の財産や借金の額、損益計算書をつくれば１年間の売上や利益がわかります。

　ただし、決算書はつくっただけで満足してはいけません。この数字をどのように次のビジネスに生かすか、それを考えるのが社長の役目です。ビジネス戦略を練るためのツールとして活用してください。

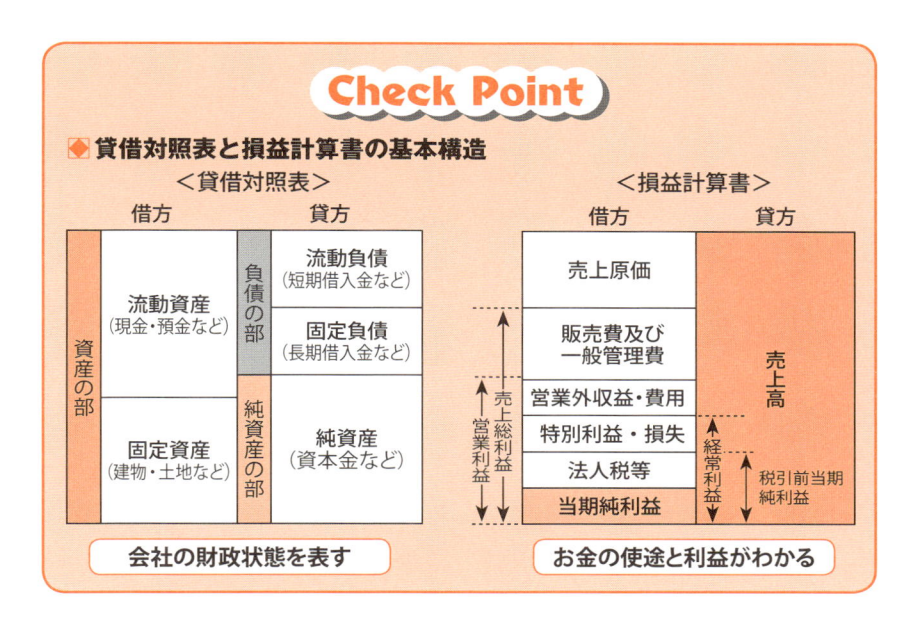

Check Point

◆ 貸借対照表と損益計算書の基本構造

<貸借対照表>

借方	貸方
資産の部	負債の部 / 純資産の部
流動資産（現金・預金など）	流動負債（短期借入金など）
	固定負債（長期借入金など）
固定資産（建物・土地など）	純資産（資本金など）

会社の財政状態を表す

<損益計算書>

借方	貸方
売上原価	売上高
販売費及び一般管理費	
営業外収益・費用	
特別利益・損失	
法人税等	
当期純利益	

売上総利益／営業利益／経常利益／税引前当期純利益

お金の使途と利益がわかる

上に貸借対照表と損益計算書の基本的な構造を示します。

　まず、貸借対照表です。右側は**負債**の部と**純資産**の部に分かれており、「**貸方**（かしかた）」と呼ばれます。会社は経営を継続するために、つねに資金を必要としますが、その資金は資本金などの自己資本（純資産）と借入金（負債）でまかないます。貸方でわかるのは、「**決算日における会社の資金の原資が何であるか**」です。負債の部では借入による負債の内訳、純資産の部では資本金などの自己資本の内訳がわかります。

　左側は反対に「**借方**（かりかた）」と呼ばれ、「**貸方の決算日当日の会社の資金を具体的にどのような形（資産）で所有しているか**」を示します。現金、受取手形、在庫など資金はさまざまな資産に姿を変えていますが、借方である資産の合計は貸方の負債と純資産の合計と必ず一致します。

　次に、損益計算書です。**どんなことにどれくらいお金を使って、どんなことでどれくらいの利益を得たか**、その最終結果が表されており、売上総利益（粗利）、営業利益、経常利益、税引前当期純利益、当期純利益などが計算されています。これらの利益から、会社の経営状態を評価することができます。

決算書の読み方 ❷
2 貸借対照表でチェックしたい、返済義務のある「負債」の数字

● 資産は金額ではなく、中身を見る

　右ページに貸借対照表の例を掲げます。

　貸借対照表の読み方で気をつけたいのは、左側の資産の部の数字を一目見て、「わが社は、資産が多いので大丈夫」と安心してしまうことです。

　しかし、その資産がすべて借金でまかなったものだとしたらどうでしょうか。たとえば、借金して土地を購入し、自社ビルを建てたようなケースです。

　たしかに、左側（借方の資産の部）の「固定資産」のところにある「建物」や「土地」の金額は、大きくなっているでしょう。しかし、右側（貸方）の負債の部の数字も大きくなっているはずです。

　自己資本（純資産の部）でこれらの固定資産をまかなえていれば、負債金額はそれほど高くはなりません。どんなに資産が多くても、それが借金によって得たものだとしたら、へたをすれば債務超過になりかねないのです。

　ここで、資産と負債・純資産について改めて整理しておきましょう。この３つの関係は、貸借対照表のように**資産＝負債＋純資産**で表されます。

　前述の例で、仮に１億円の自社ビルを建てたとします。そのとき、自己資本として用意できたのは5,000万円。残りの5,000万円を借入れたとします。この場合、**資産**となるのは１億円の自社ビル。**純資産**は自己資金の5,000万円であり、借入れた5,000万円が**負債**になります。

　つまり「**資産**」は資金をどのように使ったのか、その使い道を指し、「**負債**」と「**純資産**」は資金の調達方法を指します。たとえば「純資産」は自己資本として内部留保をどれぐらい積み立ててきたのか、資本金として株主からどれぐらい調達したのかなど、その内訳が貸借対照表でわかるのです。

● 負債合計と流動資産とを見くらべ、支払能力をチェック

　貸借対照表で注目すべきは、右側の貸方のうち、負債の部、つまり返済

Check Point

◆ **貸借対照表の見方**
(平成××年××月××日現在) (単位:千円)

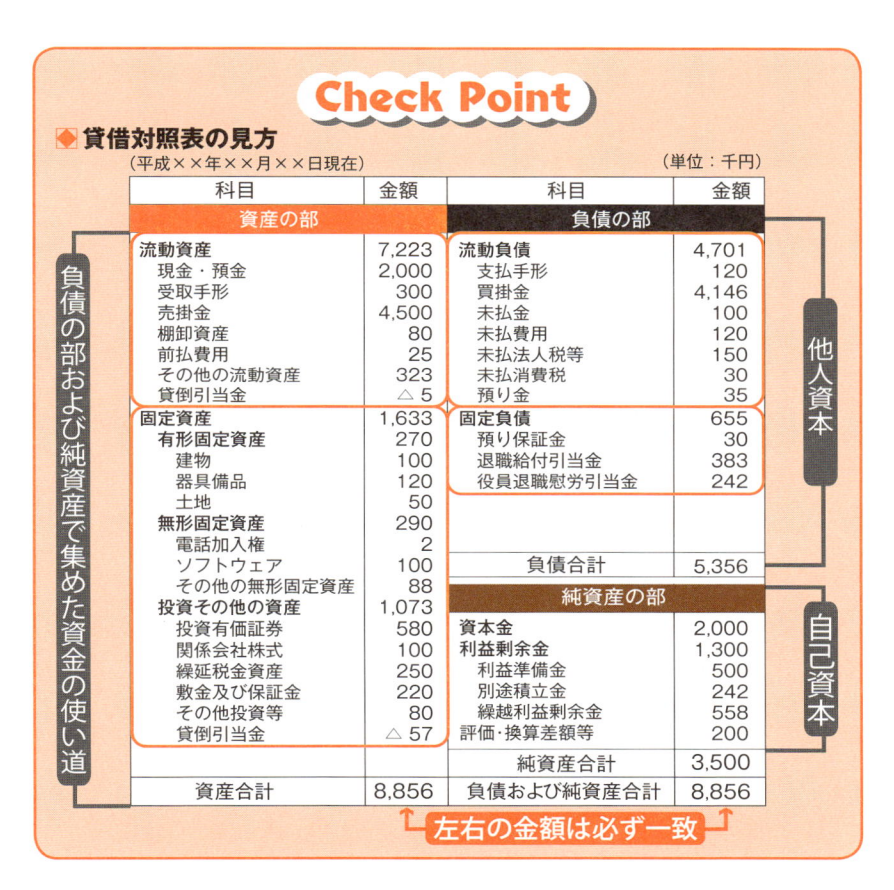

科目	金額	科目	金額
資産の部		**負債の部**	
流動資産	7,223	**流動負債**	4,701
現金・預金	2,000	支払手形	120
受取手形	300	買掛金	4,146
売掛金	4,500	未払金	100
棚卸資産	80	未払費用	120
前払費用	25	未払法人税等	150
その他の流動資産	323	未払消費税	30
貸倒引当金	△ 5	預り金	35
固定資産	1,633	**固定負債**	655
有形固定資産	270	預り保証金	30
建物	100	退職給付引当金	383
器具備品	120	役員退職慰労引当金	242
土地	50		
無形固定資産	290		
電話加入権	2		
ソフトウェア	100	負債合計	5,356
その他の無形固定資産	88	**純資産の部**	
投資その他の資産	1,073		
投資有価証券	580	**資本金**	2,000
関係会社株式	100	**利益剰余金**	1,300
繰延税金資産	250	利益準備金	500
敷金及び保証金	220	別途積立金	242
その他投資等	80	繰越利益剰余金	558
貸倒引当金	△ 57	評価・換算差額等	200
		純資産合計	3,500
資産合計	8,856	負債および純資産合計	8,856

負債の部および純資産で集めた資金の使い道

他人資本

自己資本

左右の金額は必ず一致

義務がある部分(他人資本)です。この合計が、左側の資産の部の「流動資産」を上回っていないかをチェックしてみましょう。流動資産は、資産のなかでもすぐに現金化できるもので、現金や預金、売掛金などを指します。

　これらの**流動資産の合計金額が負債の合計金額を上回っていないと、急に負債の返済を求められたときなどに対応できません。**

　つまり、負債合計と流動資産を見くらべることで、"支払能力"があるかどうか、大まかな会社の財務状況が判断できます。

　また、貸方のうち返済義務のない**純資産（自己資本）の占める割合が高い会社は、「自己資本比率が高い」**と、経営の健全性を評価されます（☞186ページ）。

決算書の読み方 ❸
損益計算書でポイントとなる「5つの利益」の意味

　損益計算書では、5つの利益が表されます。それぞれに何を意味するのかを理解しましょう。

①売上総利益
　売上高から売上原価（仕入高、材料費など財やサービスを生み出すのに直接かかる費用）を引いたもので、「粗利」ともいわれる利益の大本です。

②営業利益
　「事業利益」とも呼ばれ、①の売上総利益から販売費及び一般管理費（企業の営業活動の費用のうち、売上原価に算入されない販売手数料、販売促進費、人件費など）を引いたもの。本来の営業活動で得た利益です。

③経常利益
　営業利益に営業外収益（受取利息、受取配当金、有価証券売却益など、企業活動以外からの収益）を加え、営業外費用（支払利息、有価証券売却損、有価証券評価損など企業活動以外からの損益）を差し引いたもので、会社の収益力を示す指標です。

④税引前当期純利益
　経常利益に特別利益を加え、それから特別損失を差し引いたものです。経常利益が経常的に発生する損益項目だけを考慮するのに対し、税引前当期純利益は臨時的な損益項目、たとえば火災や地震などの災害で被った損害や固定資産の売却損益など、一時的な損益もすべて加えて計算します。純粋な会社の儲けを示します。

⑤当期純利益
　会計期間に発生したすべての収益から、すべての費用を差し引いたものです。企業の会計期間の活動の成果としての最終的な利益であり、「当期利益」「最終利益」とも呼ばれます。

Check Point

◆ 損益計算書モデル

項目		計算式	内容
売上高	A		
売上原価	B		材料費、仕入高など
売上総利益 （または売上総損失） ❶	C	C=A−B	
販売費及び 一般管理費	D		販売手数料、販売促進費、人件費など
営業利益 （または営業損失） ❷	E	E=C−D	
営業外収益	F		受取利息・配当金、有価証券売却益など
営業外費用	G		支払利息、有価証券売却損、有価証券評価損など
経常利益 （または経常損失） ❸	H	H=E+F−G	
特別利益	I		固定資産売却益、投資有価証券売却益など
特別損失	J		固定資産売却損、災害損失、労働争議や訴訟によって発生する損失など
税引前当期純利益 （税引前当期純損失） ❹	K	K=H+I−J	
法人税、住民税及び事業税	L		
法人税等調整額	M		
当期純利益 （当期純損失） ❺	N	N=K−L+M	

たとえば、
実際の
損益計算書は、
右のようになる

Ⅰ	売上高	1,500
Ⅱ	売上原価	1,000
	売上総利益	**500**
Ⅲ	販売費及び一般管理費	400
	営業利益	**100**
Ⅳ	営業外収益	5
Ⅴ	営業外費用	15
	経常利益	**90**
Ⅵ	特別利益	7
Ⅶ	特別損失	5
	税引前当期純利益	**92**
	当期純利益	**60**

6 「決算書」の注目ポイント

経営分析の指標❶
4 資本を有効に活用しているかどうかを知るROA

●製造業などの経営分析に適した指標

　決算書では会社の財務の内容がわかります。ただ、その数字が会社の規模や業務内容に対して適正な値であるのかどうかまではわかりません。そこで決算書の数字を使って、**経営分析**を行うための指標を求めます。

　この指標は、自社の経営状況を分析するのはもちろんですが、新たな取引先などの経営状況の分析にも利用できます。安心して取引ができる企業かどうかを判断する材料となるものです。

　まず重要なのが、**ROA**（Return on Asset）**=総資本利益率**という指標です。

　これは、会社が利益を生み出すために、**自己資本である純資産と他人資本である負債**（☞179ページ）**を合計した総資本をどれだけ効率的に使っているかを見る**もので、右ページの「ROAの計算式」の①によって算出されます。

　計算式の分子の「利益」は、当期純利益を用いるのが一般的ですが、営業利益や経常利益が使われることもあり、それぞれ、**総資本純利益率、総資本営業利益率、総資本経常利益率**といいます。

　とくに機械や工場といった固定資産が占める割合の大きい製造業などの経営分析に適している指標で、工場や機械などが有効に活用されているかどうかを測ることができます。

　右ページに、2つの会社（A社とB社）のROAを比較した例を挙げます。

　なおROAは、同業他社間で比較する場合はたいへん有効ですが、他業種との比較には向いていません。なぜなら、業種によって必要とする資産が異なるからです。

　たとえば、鉄道会社や電力会社などは莫大な固定資産が必要ですが、IT関連会社などは必要とする固定資産が少なくて済みます。この両者をROAで比較しても、どちらが効率的に利益を生み出すかという比較にはなりません。

　また日本では、資産をリースしている場合に資産計上されないことがあり

> **Check Point**
>
> ◆**ROAの計算式**
>
> ①…ROA（％）＝ 利益／総資本 ×100
>
> ②…ROA（％）＝ 利益／売上高 × 売上高／総資本 ×100
>
> 〔計算例〕
> ● A社：総資本3,000万円／年間売上高1,500万円／純利益800万円
> ⇒ ROA＝800万円／3,000万円×100＝ **26.7**％
> ● B社：総資本4,500万円／年間売上高1,550万円／純利益900万円
> ⇒ ROA＝900万円／4,500万円×100＝ **20.0**％
>
> A社のほうが効率的な経営である！

ます。そのため、工場や機械をリースしている会社は、保有している会社にくらべて、見かけ上のROAの数字がよくなるので注意が必要です。

● 収益性と効率性を同時に示す指標

　売上高に占める利益（当期純利益）の割合を**売上高利益率**といい、売上高を総資本で割った値を**総資本回転率**といいます。

　売上高利益率は収益性を示すものであり、総資本回転率はその値が大きければ大きいほど、少ない元手で多くの売上を上げている効率のよい会社であるといえます。

　この２つの率を掛け合わせると、上の「ROAの計算式」の②になりますが、ご覧になってわかるとおり、分母と分子にある「売上高」で約分すれば、①の式とまったく同じになります。

　つまり、ROAはもともと売上高利益率と総資本回転率の２つの数字を乗じて算出したものであり、収益性と効率性を同時に示す指標であることがわかります。

　したがってROAすなわち総資本利益率を高めるには、費用やコストを削減するなどして収益性を高めるか、売上高を伸ばして効率性を高めるか、もしくはこの両方が必要とされます。

5 経営分析の指標❷ 出資金を有効に活用しているかどうかを知るROE

● 株主にとっては気になる指標

179ページの貸借対照表をもう一度ご覧ください。右側（貸方）に純資産の部がありますが、これは株主が投資した資本＝自己資本に当たります。

この自己資本を使って効率的に利益を上げているかどうかを知る指標が**ROE**(Return on Equity)＝**自己資本利益率**です。

株主の立場から見れば、「自分たちが投資したお金をどれだけ効率よく使って、より高い利益を生み出しているか」がわかる指標です。

ROEを求める計算式は右ページのとおり。

ROEは、株主資本に対してどれだけ効率的に利益を上げているかを表わすもので、株主価値をどれだけ高めているかが示されます。

株主にしてみれば、同じ金額を出資するなら、なるべくそのお金を効率的に動かしてより高い利益を生みだしてほしいと願うでしょう。

当然ながら、それを実現した会社の価値を高く評価しますから、どの会社もROEを高めることを経営目標に掲げています。

● ROEだけで企業価値は判断できない

ROEを高めることに関しては、一点注意すべき点があります。

貸借対照表の構造を思い出してほしいのですが、右側（貸方）には、自己資本（純資産）だけでなく負債の部がありました。

つまり、会社は自己資本と負債（借金）の合わせた額を資本として経営活動を行っているということです。

そうなると、資本合計が同額で当期純利益が同じでも、**自己資本の額が違うとROEが変わってきます**。右ページの計算式では、分子が同じならば、当然分母の数字が小さいほどROEの値は大きくなります。

後述するように、自己資本比率（☞186ページ）が高いほうが経営の健全

Check Point

◆ **ROEとは…**

「Return on Equity」の略で、自己資本利益率を指す！
貸借対照表の純資産の部が自己資本に当たるが、この自己資本を効率的に使って利益を上げているか否かがわかる。

◆ **ROEの計算式**

$$ROE(\%) = \frac{当期純利益}{自己資本} \times 100$$

◆ **ROEの注意点**

負債+自己資本の合計、当期純利益がともに同じなら…

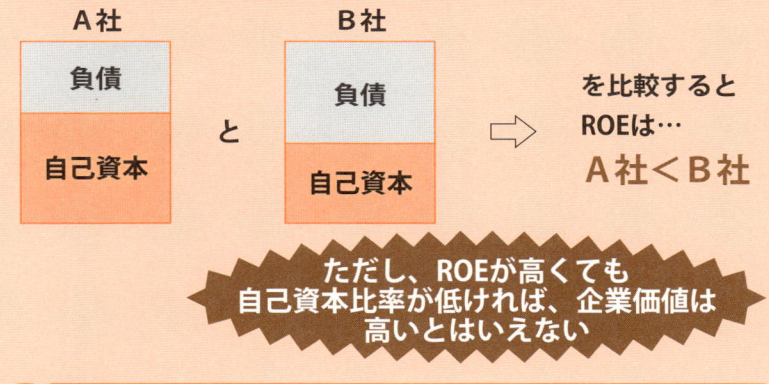

A社（負債・自己資本） と B社（負債・自己資本） を比較するとROEは… **A社＜B社**

ただし、ROEが高くても自己資本比率が低ければ、企業価値は高いとはいえない

! **ROAとも比較することが重要**
2社のROEが同じでも、自己資本が少ないと、ROAの高い会社のほうが収益性は高いことになる。そして、ROEにくらべてROAが極端に低い場合は負債が多いことを意味していることになる。

性が高いと評価されます。いくらROEが高くても、自己資本比率が低い会社は評価が低くなります。したがって、**ROEと自己資本比率、その両方を高くする**ことが求められます。

またROEの比較も、ROAと同様に同業他社間での比較は有効ですが、異業種間の比較は意味がありません。

6 経営分析の指標❸
返済不要のお金がどれくらいあるかを知る自己資本比率

● 会社経営の健全性、安定度を示す指標

貸借対照表において、負債の部と純資産の部を足したものが資産の部と同額になることは前述のとおりです。

ただし、負債の部（他人資産）はいわゆる借金ですから、いずれ返済しなければなりません。これに対して純資産の部は株主からの出資金であり、自己資本ですから返済する必要がありません。

総資本のなかで自己資本が占める割合のことを**自己資本比率**といい、計算式は右ページのようになります。

総資本に占める借金の額が少なければ少ないほど、つまり、**自己資本の比率が高ければ高いほど、会社の経営は外部からの影響を受けることが少なくなり安定**します。なぜなら、会社の経営を借金に頼らなくてよくなり、資金繰りに余裕が生まれるからです。

このように、自己資本比率は会社の健全性、安定度を示す指標といえます。

● 30％以上であれば、経営基盤は安定

では、自己資本比率の目安は、どれくらいなのでしょうか。

もちろん高ければ高いに越したことはありませんが、40％以上であれば、かなり優秀なレベルです。まず倒産の心配はないでしょう。

黒字会社の平均は25％前後で、赤字会社ではマイナスの数字になります。

まずは30％以上の数字をめざせば、会社の経営基盤はかなり安定した状態となるでしょう。

とはいうものの、一般に株主から資金を集めることのむずかしい小さな会社では、ちょっとした設備投資を行うにしても、融資を頼らざるを得ません。自己資本比率でわかるのはあくまで財務面から見た安全性であり、その会社の成長性や収益性とは無関係であることを念頭に置いておきましょう。

Check Point

◆自己資本比率とは…

自己資本比率は総資本のなかで自己資本、つまり株主からの資本金など、返済する必要のない資金を指す!

総資本に占める借金の額が少なければ少ないほど、自己資本の比率が高ければ高いほど、会社の経営は外部からの影響が少なくなり安定するので、自己資本比率は、会社の安定性を示す指標といえる。

◆自己資本比率の計算式

$$自己資本比率(\%) = \frac{自己資本}{総資本} \times 100$$

$$= \frac{自己資本}{(負債+純資産)} \times 100$$

A、B 2社の経営の安定性を比較すると

負債+自己資本の合計が同じなら…

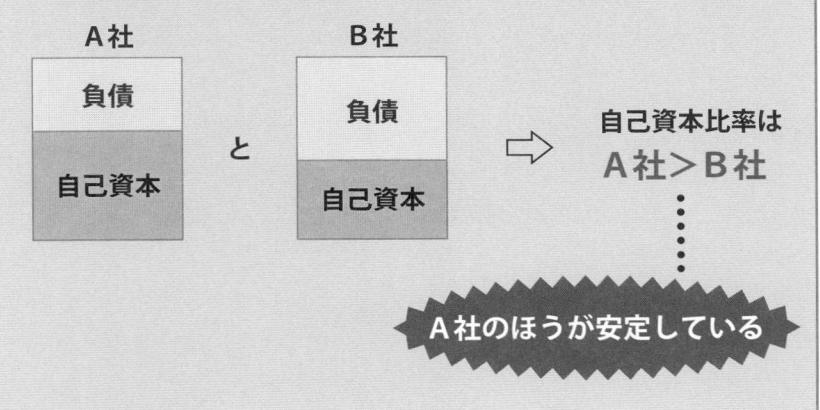

A社 と B社 ⇒ 自己資本比率は **A社＞B社**

A社のほうが安定している

経営分析の指標④
7 資金ショートの危険がないかどうかを知る流動比率

● 短期的な支払能力を判断する指標

貸借対照表にある「**流動資産**」は、決算の翌日から1年以内に現金化・費用化できる資産であり、「**流動負債**」は同じく決算の翌日から1年以内に返済するべき負債です。

流動資産が流動負債よりも大きければ、短期的な支払能力があるといえますし、反対に流動負債が流動資産を上回っていると1年以内に**資金ショート**（現金がなくて、資金繰りが立ち行かなくなること）が起きる可能性があると推測できます。

この流動資産と流動負債を比較し、会社の短期的な支払能力を判断する指標が**流動比率**であり、計算式は右ページに示したとおりです。

流動比率が100％に満たないと、支払能力が危ぶまれますが、100％を超えていれば安全かというと、そうとは言いきれません。なぜなら、流動資産のなかには、即現金化がむずかしい棚卸資産（☞166ページ）なども含まれているからです。

流動比率は200％以上あれば理想的ですが、なかなかこの数字を達成するのはむずかしく、日本企業の平均は120〜170％といわれています。

● あくまでも決算時のストック情報であることに注意

貸借対照表を見れば、流動資産と流動負債の金額の大小はすぐにわかるので、流動比率はとても便利な指標です。

しかし貸借対照表の数字は決算時のもので、その後の入金や出金のタイミングが考慮されていないため、期中になるとかなり実態とはズレが出てきます。そして、業種によっても数字を一律に判断できない場合があります。

たとえば、一般消費者相手の飲食業や小売業は現金商売が中心なため、流動負債が大きくても支払能力がある会社が少なくありません。また、電力会

Check Point

◆流動比率とは…

貸借対照表にある流動資産と流動負債の金額を比較して、会社の短期的な支払能力を判断する指標！

この比率が100パーセントを割っていると、支払能力が危ぶまれる。200パーセント以上あれば理想的だが、一般に日本企業の場合の平均は120～170パーセント程度といわれている。

◆流動比率の計算式

$$流動比率(\%) = \frac{流動資産}{流動負債} \times 100$$

◆流動比率の安全性比較

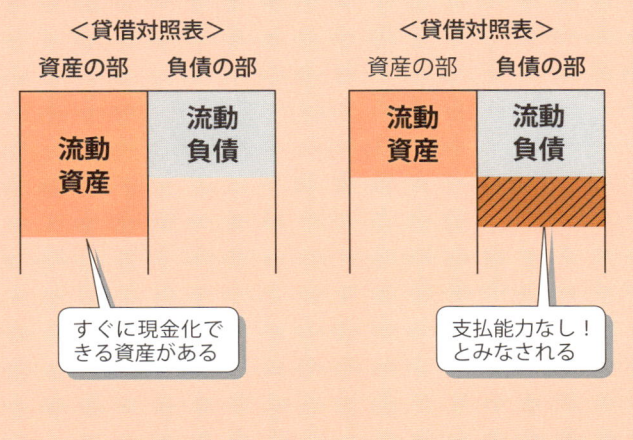

<貸借対照表>
資産の部 / 負債の部
流動資産 / 流動負債

すぐに現金化できる資産がある

<貸借対照表>
資産の部 / 負債の部
流動資産 / 流動負債

支払能力なし！とみなされる

社やガス会社などは流動比率が低いことが多いのですが、流動資産の回収率が高いので、経営の安全性が高いとされています。

経営分析の指標❺
8 製造業で売上と利益の関係が一目でわかる直接原価計算

● 全部原価計算と直接原価計算

　製造原価とは製造に要した原価のことで、売上原価（☞17ページ）に含まれるものです。関係するのは製造業と建設業だけです。

　製造原価の計算法には2つがあり、株主など企業の外部利害関係者に対しては、「**全部原価計算**」を用いて算出します。

　全部原価計算とは、製造するためにかかった変動費（材料費）と、工場の人件費や地代、機械の減価償却費などの固定費を、その事業年度に作ったすべての製品に配分して、製品1つ当たりの原価を求める計算方法です。

　こうした方法で製品の原価を割り出すと、大きな問題が発生します。

　前記の固定費には、直接製造には関連していなくても、工場を稼働させるには必要な費用、たとえば工場の製造ラインで働いていない事務員の給与も含まれています。これを「固定製造間接費」といいますが、これらは生産量にかかわらず一定額かかる費用のため、製品を作れば作るほど、原価率が下がる＝製品1個当たりの利幅が大きくなります。

　その結果、実際に売れた製品から得る利益は、生産量を増やしたときのほうが帳簿上増えることになります。

　また、生産量を増やしたぶん、売れ残りが増えても、最終的に棚卸資産となるため、そこに含まれる原価は資産に変わります。

　結果的に、売れない製品でも生産を増やすことで、損益計算上の営業利益が増大するという不自然な結果を生むことになります。

　こうした全部原価計算のウィークポイントをクリアする手法が、次の「**直接原価計算**」です。

● ポイントは製造原価の捉え方

　直接原価計算では、製造原価を求めるのに、変動製造原価（生産量と比例

Check Point

◆ **製造原価の捉え方の違い**

	製造原価	期間原価
全部原価計算	全部の製造原価	販売費及び一般管理費
直接原価計算	変動製造原価	固定製造原価、販売費及び一般管理費

製造ラインの人件費、原材料費、輸送費、製品製造にかかる光熱費…など

工場内の製造ライン以外の事務員などの人件費…など

◆ **全部原価計算と直接原価計算の違い**

販売価格：2,000円　固定費：100万円　変動費：1個当たり200円

● 1,000個作って500個売れた場合

全部原価計算

売上
2,000円×500個＝100万円

費用
変動費：200円×500個＝10万円
固定費：100万円÷1,000個×500個＝50万円
合　計：10万円＋50万円＝60万円

利益
100万円－60万円＝**40万円**

直接原価計算

売上
2,000円×500個＝100万円

費用
変動費：200円×500個＝10万円
固定費：100万円
合　計：10万円＋100万円＝110万円

利益
100万円－110万円＝**－10万円**

利益にこれだけの差が出てしまう！

的に変動する製造原価）だけを使って計算し、固定製造原価や販売費及び一般管理費は、期間原価（製品単位で集計されるのではなく、発生した時点で一度に全額を費用として計上されるもの）として処理します。

　したがって、**直接原価計算では生産量と売上高、利益との直接的な関係がわかりやすくなります**。経営計画の策定や価格決定など、経営者等の意思決定を行う際に用いられる計算方法です。

　直接原価計算ではじき出される営業利益は、固定費の影響を受けないため、全部原価計算の営業利益とは異なる数字が出ますが、製造コストの本質をよく表しているといえます。

COLUMN もし税務調査が入ったら!?

日本では申告納税制度をとっています。自ら所得などを申告し納税するのですが、この申告に不備があったり、虚偽があったりすると考えられる場合などに、税務署は税務調査を行います。とくに実地調査は、納税者のところに直接行って帳簿などの調査を行います。

実地調査の際には、基本的に事前に連絡が入り日時などを決めます。

事前準備としては、以前に税務調査で指摘を受けたことがあれば業務改善しておくこと。また、金融機関、取引先などとの取引残高を照会しておきましょう。

帳簿や伝票など、財務に関係ある書類は整理しておくこと。在庫などの資産確認を行うこともあるので、倉庫などの整理整頓もしておくとよいでしょう。

初日の午前中は会社の概況、会社の組織図の調査、役員や株主名簿等を開示依頼などが中心。その後、2日目にかけて帳簿や棚卸資産などを調査します。

また、帳簿などの管理がされていなかったり、提出しなかったりすると、取引先に確認作業を行う「反面調査」が行われることもあります。

調査の連絡が入ったとしても、あわてることはありません。やましいことがなければ、堂々と調査を受ければいいだけです。

◆そろえておく書類・帳簿など

売上・仕入関係	総勘定元帳、現金預金出納帳、預金通帳、入出金伝票、見積書、納品書、請求書、領収証、棚卸表、小切手控など
会社全般	契約書、賃貸借契約書、議事録、稟議書など
給与関係	給与台帳、扶養控除申告書、タイムカードなど

◆チェックポイント

現金	現金有高と帳簿残高の差異
売掛債権	計上もれの確認、貸倒の妥当性
棚卸資産	在庫もれや評価減
仮払金	貸付金との区分
固定資産	事業供用日、資本的支出と修繕費の判断
交際費	会議費との区分け、支出先の明示
売上・仕入	引渡日、業績の推移

第7章 社長の真価が問われる「資金繰り」「融資」「リスケ」成功法

資金繰り❶
1 資金ショートを起こしたら、小さな会社は致命傷に

● お金が循環しなければ資金ショートを起こす

　会社における「資金」は、人間の血液のようなものと、よくいわれます。血液が体内を循環しなくなると人間は死んでしまいますが、同じように、**資金が不足して、お金が循環できなくなると、会社は倒産**してしまいます。

　お金が循環していれば、たとえ"自転車操業"であっても、また少しぐらい赤字を出したとしても、会社はそう簡単には倒産しません。

　しかし、売上はあっても入金がなくて仕入れ先に支払いができないような事態になると、小さな会社の場合、あっという間に資金ショート（☞188ページ）を起こして倒産してしまいます。

　利益の一部を内部留保として蓄えている会社なら、いざというときにはそこから資金に回すことができますが、小さな会社の多くは、余剰利益を蓄財しておく余力がないため、資金ショートを起こしてしまうのです。

●「黒字倒産」はこうして引き起こされる

　日本における**企業倒産の半数以上が、「黒字倒産」**といわれています。黒字倒産とは、利益が上がっていて決算が黒字にもかかわらず倒産してしまうことで、入金と支出のタイミングのズレによって引き起こされます。

　具体的な例で説明しましょう（☞右ページの図）。

　あなたの会社が4月1日にA社から100万円の商品を買い、4月20日払いにしたとします。そして、A社から仕入れた商品を、4月10日にB社に150万円で売り、4月末日に入金されるとしましょう。

　A社から100万円で仕入れたものを、B社に150万円で販売するわけですから、50万円の利益が上がるはずです。

　ここで、出入金のタイミングが問題になります。A社へ商品代金を払うのは4月20日ですが、B社から商品代金を受け取るのは4月30日です。

Check Point

◆ **黒字倒産のしくみ**

```
        4/1           4/10          4/20          4/30
─────────┼─────────────┼─────────────┼─────────────┼─────────→
   A社から商品仕入⇒   B社へ商品販売⇒   A社へ100万    B社から150
   仕入計上100万円    売上計上150万円   円支払い      万円入金
```

```
   売上高    １５０万円        4/20までに100万円の資
  －原　価　 １００万円        金調達ができないと、B
   利　益    　５０万円   ▶   社への支払いができない
   利益が出ている＝黒字        ＝資金ショート！
                                        ▼
                                      倒産
```

◆ **黒字倒産しやすい会社の特徴**

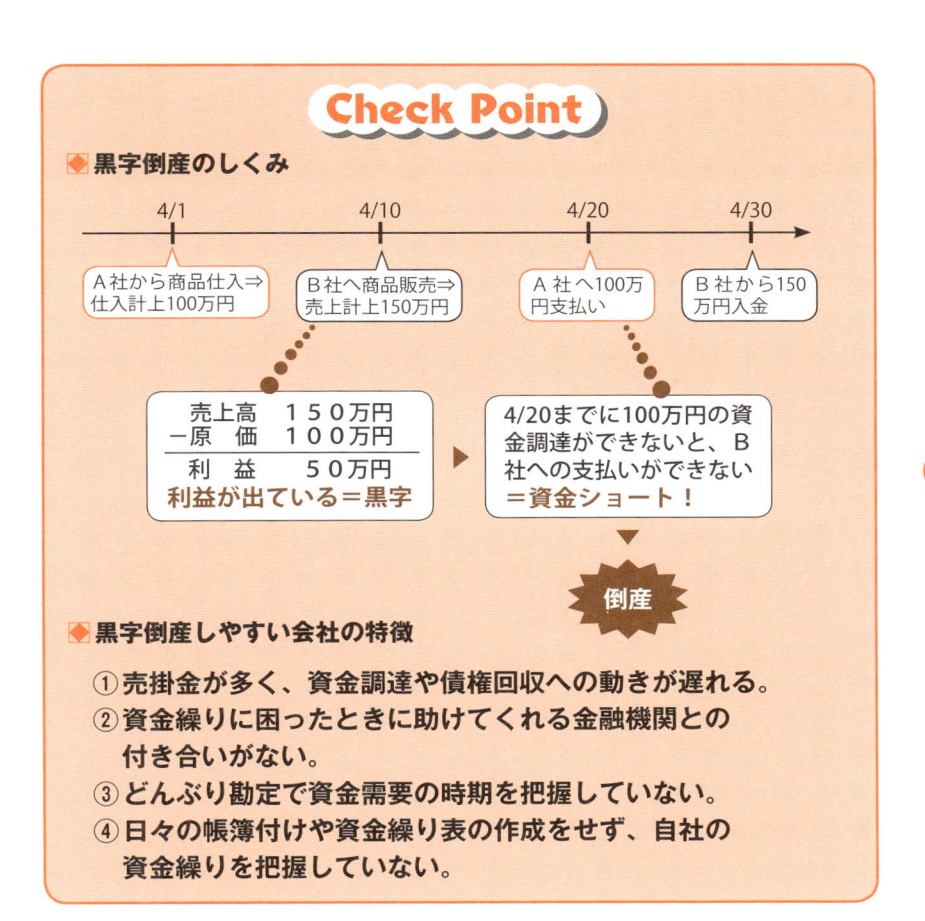

① **売掛金が多く、資金調達や債権回収への動きが遅れる。**
② **資金繰りに困ったときに助けてくれる金融機関との付き合いがない。**
③ **どんぶり勘定で資金需要の時期を把握していない。**
④ **日々の帳簿付けや資金繰り表の作成をせず、自社の資金繰りを把握していない。**

　4月20日の段階で100万円の資金が手当てできれば問題ありませんが、もし手元に資金がまったくなかったり、不足している場合、発生主義（☞150ページ）で付ける帳簿上、黒字であるにもかかわらず、支払いができずに不渡り（☞15ページ）を起こし、あなたの会社は倒産してしまうのです。

　黒字倒産しやすい会社の特徴を上に挙げておきます。

　監査法人の監査が入っている大企業ですら黒字倒産しています。小さな会社が"どんぶり勘定"で経営を行うのは非常に危険なことといえます。

　小さな会社にとって何よりも大切なのは、資金ショートを起こさないことであり、そのためには、資金繰りをきちんと行うことが欠かせません。

資金繰り❷
2 資金繰りが危なくなったら考えたい3つの方策

◉ 細かい固定費の積み重ねに要注意

　会社の資金繰りが悪化する原因としては、一般的に過剰な設備投資が挙げられます。

　小さな会社の場合は、パソコンのリース代など細かい固定費が知らず知らずのうちに積み重なって、毎月の出費を押し上げているケースも少なくありません。

　数万円単位の固定費が積み重なって、利益が出る目安となる損益分岐点を押し上げ、結果、売上が大きく落ち込まなくても、単月赤字になってしまったりします。

　資金繰りは現金ベースで考える必要があります。帳簿上黒字でも、実際の手持ち資金がなくなった状態で支払いに滞りが出てしまうと、前項で説明したような黒字倒産になりかねません。

◉「お金を借りる」か「支払いを先送りする」か「資産を換金する」か

　目先の支払いを何とかしなければならないときは、なりふり構ってはいられません。「**資金を調達する**」か、「**支払いを遅らせる**」か、「**資産を売却する**」か、これらのうちどれか（もしくはすべて）で、手元にお金を確保することです。

　1つ目の資金を調達する手っ取り早い手段は「**融資を受ける**」ことです。借入先は金融機関、公的機関、自治体、ノンバンクなど（☞200ページ）。それでもだめならとにかく私財を投じてでも、資金を調達するしかありません。

　2つ目の支払いを遅らせるには、「**支払い・返済のリスケジュール**」が必要です。リスケジュールとは、債務の返済条件を変更してもらうこと。取引先への支払い期限や、借金の返済があればその返済期限を先に延ばしてもらうなど、手元からお金が出ていく時期を後ろにずらすようにすることを意味

Check Point

◆ **3つの資金繰りの方法の流れ**

❶融資を受ける＝資金を借入れる

❷支払いを延ばしてもらう！

4月1日	4月10日	4月20日	4月30日	5月10日
A社から商品仕入⇒仕入計上100万円	B社へ商品販売⇒売上計上150万円	A社へ100万円支払い	B社から150万円入金	

❸所有資産を換金する

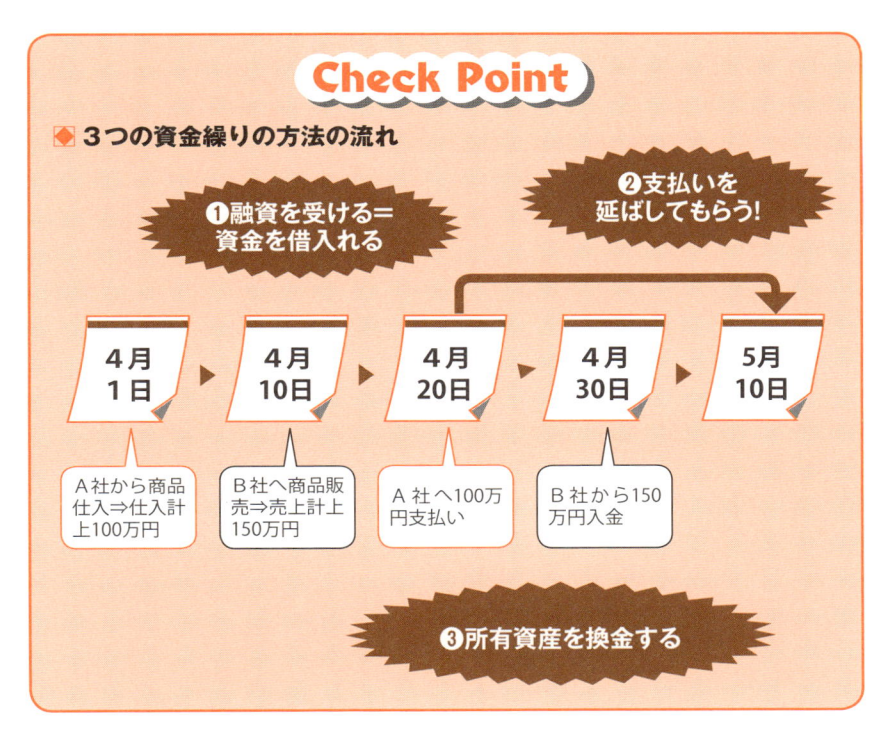

します。

　もちろんリスケジュールは、メールや電話で済む話ではなく、相手との交渉が必要になりますが、期限を先延ばしにしてその間に入金があれば、それを資金として返済や支払いが可能になり、黒字倒産が防げるのです。

　3つ目は資産の売却。つまり「**所有資産の換金**」です。どのような方法が考えられるかというと、所有している不動産や車を売却して現金化する方法や、単純に所有資産を売却するだけではなく、たとえば、解約返戻金がある保険を解約して手元にお金を確保する方法。また事務所の保証金を減額して返金してもらったりする方法なども考えられます。

　会社の資産は、目に見える形あるものだけではありません。換金できる資産がないかを検討することは重要です。

　なお、これら3つの方法は、あくまでも一時的な危機を救うためのものであって、**資金繰りの根本的な解決法ではない**ことを理解してください。

資金繰り❸
お金の動きをつかむため「資金繰り表」を作成しよう

● 「資金繰り表」のつくり方

　資金ショートを起こさないためには、資金繰りをきちんと行うことが大切です。「**資金繰りが行き詰まる前に資金調達をする**」。これが資金繰りの鉄則です。そのためには、手元資金の管理と的確な予測が欠かせません。

　そこで必要になるのが、右ページに挙げたような「**資金繰り表**」です。これは、**日、月、年次など一定期間内に入ってくるお金と出ていくお金を一覧にして、実際に使える資金がどれくらいあるかを把握するための表**です。

　とくに作り方に決まりがあるわけではありませんが、一般的には「前月繰越」「収入」「支出」「財務」「翌月繰越」の５項目で構成します。

　収入と支出の各項目とも科目設定に決まりはありませんので、自社の現状を踏まえて使いやすいものを入れましょう。ただ一つ注意したいのは「売掛金」「買掛金」などについては、発生月ではなく、実際に入出金される月に記入すること。翌月に1,000万円の入金予定があっても、当月末の５０万円をどうするかのほうが優先課題です。

　財務の項目は、おもに資金調達についての資金の動きを記入します。具体的には、借入金とその返済などが科目となります。

　収入、支出の項目と財務の項目を分けることで、事業そのものの収支が明確になります。

● 「確定」と「見込み」に分けてリスク管理

　資金繰り表はできれば半年〜１年先くらいまで作成し、毎月更新していくのがベストです。その際、各月に**「確定」「見込み」「合計」の３つの欄を用意しておくと、リスク管理も容易**になります。

　たとえば、確度80％以上のものを「確定」欄に、それ以下のものを「見込み」欄に記入しておくなどすると、現実をシビアに見つめることができ、

Check Point

◆ 資金繰り表の例（基本形）

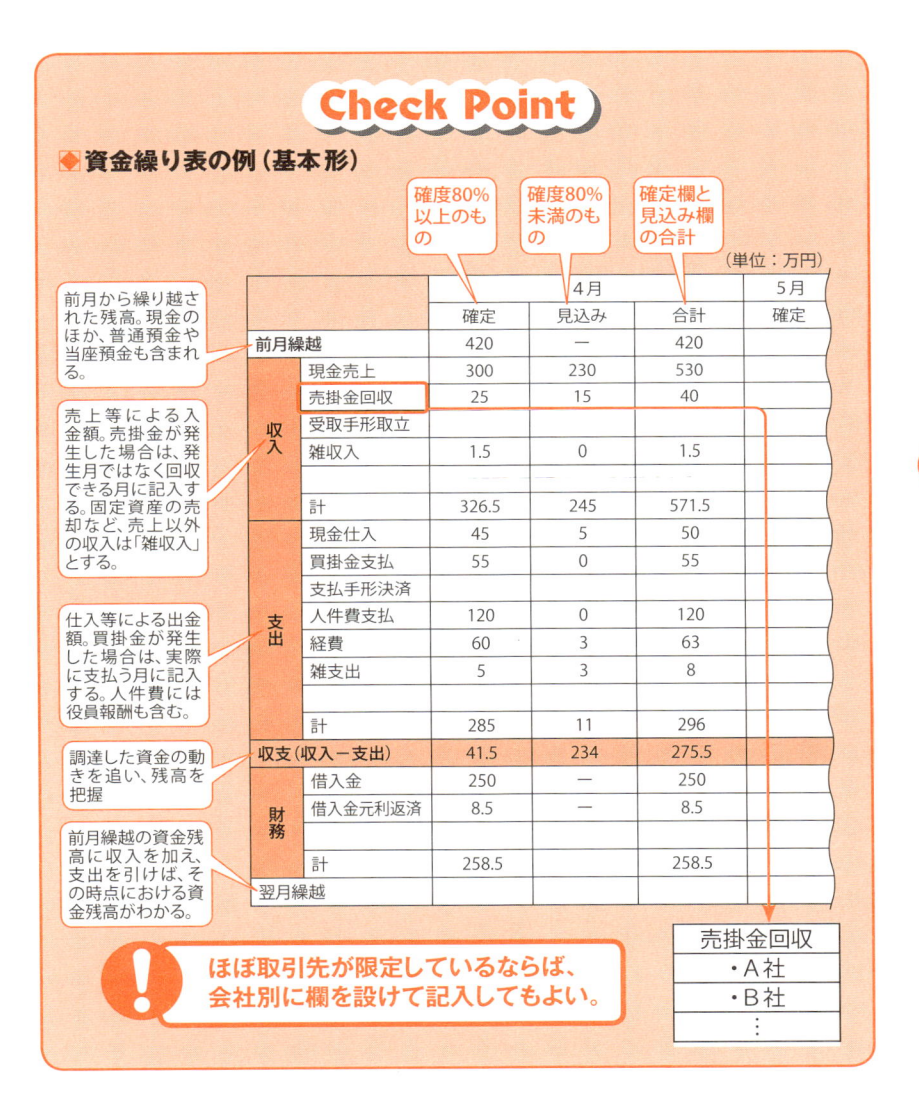

- 確度80%以上のもの
- 確度80%未満のもの
- 確定欄と見込み欄の合計

（単位：万円）

			4月			5月
			確定	見込み	合計	確定
前月繰越			420	—	420	
収入		現金売上	300	230	530	
		売掛金回収	25	15	40	
		受取手形取立				
		雑収入	1.5	0	1.5	
		計	326.5	245	571.5	
支出		現金仕入	45	5	50	
		買掛金支払	55	0	55	
		支払手形決済				
		人件費支払	120	0	120	
		経費	60	3	63	
		雑支出	5	3	8	
		計	285	11	296	
収支（収入－支出）			41.5	234	275.5	
財務		借入金	250	—	250	
		借入金元利返済	8.5	—	8.5	
		計	258.5		258.5	
翌月繰越						

注記：
- 前月から繰り越された残高。現金のほか、普通預金や当座預金も含まれる。
- 売上等による入金額。売掛金が発生した場合は、発生月ではなく回収できる月に記入する。固定資産の売却など、売上以外の収入は「雑収入」とする。
- 仕入等による出金額。買掛金が発生した場合は、実際に支払う月に記入する。人件費には役員報酬も含む。
- 調達した資金の動きを追い、残高を把握
- 前月繰越の資金残高に収入を加え、支出を引けば、その時点における資金残高がわかる。

売掛金回収
・A社
・B社
⋮

❗ ほぼ取引先が限定しているならば、会社別に欄を設けて記入してもよい。

早めに手も打ちやすくなります。

　資金繰り表を作成するうえで、もっとも注意したいのは希望的観測で入金予定額を増やさないことです。資金が足りないとつい甘い見通しを立てて安心感を得ようとするのが人の心理ですが、それでは資金繰り表を作成する意味がありません。

資金調達 ❶
4 どこから融資を受けるか、各機関の特徴を知っておこう

● 民間の金融機関とノンバンク

　資金繰りのためのお金は、どこから借りたらいいでしょうか。真っ先に思い浮かぶのは、右ページの上表に挙げたような**民間の金融機関**でしょう。とくに日ごろの出入金のために口座も持っている銀行は、融資を申し込む先としてはもっとも身近な存在かもしれません。

　しかし、バブル崩壊以降、不良債権問題に揺れた民間の銀行は、そうそう簡単にはお金を貸してくれないのが現状です。小さな会社が融資を引き出すのは、とてもむずかしいでしょう。

　表に挙げた**ノンバンク**とは、預金や為替業務を行わない金融業者のことで、事業者金融、リース会社、ベンチャーキャピタルなどが挙げられます。銀行などよりも融資審査が緩い反面、高い利率であることが通常なので、緊急時の借り先と考えたほうがよいかもしれません。

● 公的金融機関の融資も検討してみる

　なるべく安い利率で融資を受けたいなら、右ページの下表に挙げた**日本政策金融公庫**や**商工組合中央金庫**のような政府系の金融機関からの融資を検討してみましょう。

　これらの金融機関は、政府が全額あるいは一部を出資して、政策の一貫として民間企業や個人事業主に対して融資を行っています。

　民間の金融機関による融資よりも比較的審査が緩やかで、長期的に低金利で融資してくれるのがメリットですが、事業計画がしっかりしていることや、たしかな返済能力があることが必須条件になります。

　手続き自体には多少時間がかかるので、融資を申し込むときにはなるべく早めに手を打ちましょう。

　また、地元の**地方公共団体が用意する「制度融資」**（中小企業や起業する

Check Point

◆ 民間の金融機関からの融資の特徴

タイプ	特　徴	金利	融資条件
都市銀行	・提出書類の数字を精査して、理路整然とした説明が求められる。どのような質問にも答えられるように。 ・融資は機械的に審査が行われるために技術力や営業力などよりも財務内容が厳しく問われる。 ・融資の回答は数日以内、実行まで1週間程度と非常に迅速に行われ、金利が安いのがメリット。	低い ↑ ↓ 高い	厳しい ↑ ↓ 穏やか
地方銀行・第二地方銀行	・融資担当者との日ごろからの信頼関係が重要。融資を申し込む際には、支店長と直接交渉する機会を持つこと。 ・都市銀行からの借入れがあれば、2回目以降の融資を受ける際に有利に働く。		
信金・信用組合	・担当者との信頼関係が重要なポイント。地域への貢献度や、自社の将来性をアピールすることが大事。 ・定期預金や積立をしておくと評価がよくなることも。		
ノンバンク	・審査が早く、借入も短期間で行うことができるが、金利が高いのがデメリット。 ・将来の金利負担や返済額について、慎重に検討することが重要なポイント。		

◆ 公的金融機関や地方公共団体からの融資の特徴

名　称	特　徴
日本政策金融公庫	・個人企業や小規模企業向けの小口資金として、おもな制度の融資限度額は7,200万円、融資額の平均は約700万円、長期事業資金貸付制度もあり。
商工組合中央金庫	・原則として設備資金15年以内（うち据置期間2年以内）、運転資金10年以内（うち据置期間2年以内）。 ・国の施策と連携した融資制度もあり
地方公共団体	・たとえば小さな会社向けの小口資金融資をはじめ、起業・分社化を支援する融資、新製品開発や多角化などの種々の取り組みを支援する融資など、さまざまな制度融資が設けられている。 ・自治体によって内容は異なるので、ホームページや役所の相談窓口などでチェックを。

人へのサポートを目的とした融資制度）などを利用することも検討しましょう。

　以下、それぞれの金融機関の融資について、詳しく見ていきます。

資金調達 ②
5 都市銀行からの融資には、高いハードルがある

● 小さな会社には敷居が高い都市銀行

　バブル崩壊後の金融再編によって、都市銀行は合併を繰り返してきましたが、現在、「三菱ＵＦＪフィナンシャル・グループ」「みずほフィナンシャルグループ」「三井住友フィナンシャルグループ」の3大メガバンク体制に落ち着きました。

　都市銀行は、全国に支店を持ち、世界の主要都市にも拠点を持っています。規模が大きいぶん、大型の融資にも対応できますし、融資制度の種類も豊富です。また、民間の金融機関のなかでは利率も低めです。

　ただ、**都市銀行は基本的に大企業を相手にしている**といっても過言ではありません。口座をつくるのは個人でも中小企業でも可能ですが、小さな会社が経営の運転資金を融資してもらうのは、簡単なことではありません。

　都市銀行は世界を相手に商売をしているので、世界的な基準に従った経営をしなければならないさまざまな制約があります。そのため、経営状態が不安定な中小企業への融資には厳しい審査基準が立ちはだかります。

　融資を受ける条件としては、まず最低でも**メインバンクであること**。銀行側、企業側双方にその意識がなければなりません。

　年商5億円以上、土地などの不動産担保ありといったところも最低条件。もちろん、これまでの取引実績も評価の対象になります。

　また、事業計画書や決算書は厳しく審査されます。直近の決算が赤字なら、融資を受けることはまず不可能ですし、きちんとした事業計画書がなければ、返済が危ないと見られて融資は受けられません（☞212ページ）。

● 知っておきたい都市銀行のビジネスローン

　このように、小さな会社には敷居が高い都市銀行ですが、資金調達の方法として知っておきたいのが、いわゆる**「ビジネスローン」**です。

Check Point

◆ **銀行が融資の可否判断を下すポイント**

口座のあるメインバンクである	融資の理由をいつわらないこと	直近で赤字が出ていないこと	万が一の備えが何かあること	銀行にとって旨味があること
会社のお金の動きがわかること。知らない会社にはお金は貸さない	業績不振による資金不足を設備投資のためなどと、ウソをつかない	過去の決算書を提出するため、直近の決算が赤字の場合、融資は困難	保証人や不動産への抵当権設定などの担保が必要	銀行は得をしないとお金を貸さない！

◆ **三井住友銀行「ビジネスセレクトローン」の融資条件**

使途	運転資金、設備資金（決算・賞与資金としての利用も可能）
借入金額	5,000万円以内
借入方法	元利均等返済
借入期間	最長5年（据置期間の設定も可能）
金利	2.350％〜（変動金利：各種金利優遇制度もある） ※審査結果に応じて金利設定される
担保	不要（担保を差し入れると最大1億5,000万円までの借入申込が可能）
保証人	第三者保証不要（ただし代表取締役全員の連帯保証が必要）
事務手数料	・はじめての借入れを行う場合：73,500円 　（ただし借入金額が3,000万円以上の場合：94,500円） ・上記以外の場合：31,500円 　（ただし借入金額が3,000万円以上の場合：52,500円）

〈利用資格〉
1. 業歴2年以上であること
2. 三井住友銀行の取引窓口で取引が可能なエリアに所在すること
3. 最新決算期において債務超過でないこと
4. 申込時点において税金の未納がないこと

平成24年4月現在

　これは、**スピード決済、無担保、第三者連帯保証不要の中小企業向けの融資**です。融資の審査は迅速で、回答は数日以内、実行まで1週間程度です。また、中小の金融機関にくらべて金利が安いというメリットもあります。

　もちろん融資を受けるには、しっかりした財務内容が問われることはいうまでもありません。

6 資金調達❸ 地元企業との結びつきが強い地方銀行、信用金庫の利用法

● 地元の情報に通じている地方銀行、信用金庫

都市銀行ほどではないものの、それなりに資金力を持っている**地方銀行**は、融資メニューなども充実しており、また都市銀行よりも地元の情報に通じているのも強みでしょう。

地方銀行が融資のメインターゲットとしているのは、地元の大企業や比較的規模の大きい中小企業です。起業したての小さな会社が融資を受けるのはかなりむずしいかもしれませんが、それなりに取引実績をつくり、互いの信頼関係を構築すれば、融資を引き出すのも不可能ではありません。

小さな会社が融資を受けるのに、もっとも心強い存在が**信用金庫**です。

もともと一地域に店舗を集中させ、地元の中小企業の育成や振興に取り組む役割を担う金融機関なので、小さい会社でもそれほど敷居を高く感じないでしょう。

都市銀行や地方銀行にくらべ、営業範囲が狭く資金規模が小さいため、サービスは豊富とはいえませんが、なかには城南信用金庫のように地方銀行をしのぐ規模と顧客満足度を誇る信用金庫も存在します。

地域に密着した営業活動をしているぶん、地元の情報にはもっとも通じているのも信用金庫の強みです。

ただし信用金庫の場合、預金取引は誰でもできますが、**会員になって出資をしなければ融資は受けられません。**

● 融資を受けるときのしくみ

地方銀行も信用金庫も、都市銀行ほど資金力が盤石なわけではないため、融資を受けるときには、**信用保証協会による保証付きの融資**が中心となります。信用保証協会とは、信用保証協会法に基づいて、中小企業者の金融円滑化のために設立された公的機関です。

Check Point

◆ 信用保証の流れ

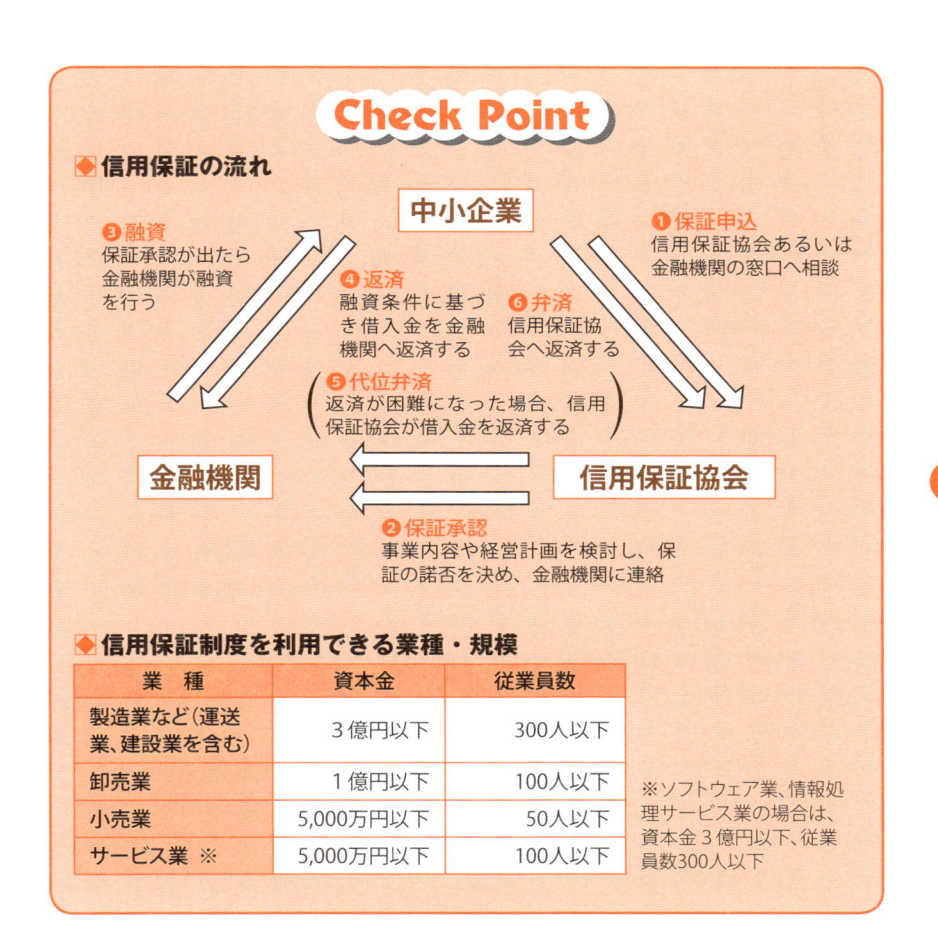

- ❶ 保証申込
  信用保証協会あるいは金融機関の窓口へ相談
- ❷ 保証承認
  事業内容や経営計画を検討し、保証の諾否を決め、金融機関に連絡
- ❸ 融資
  保証承認が出たら金融機関が融資を行う
- ❹ 返済
  融資条件に基づき借入金を金融機関へ返済する
- ❺ 代位弁済
  返済が困難になった場合、信用保証協会が借入金を返済する
- ❻ 弁済
  信用保証協会へ返済する

◆ 信用保証制度を利用できる業種・規模

業　種	資本金	従業員数
製造業など（運送業、建設業を含む）	3億円以下	300人以下
卸売業	1億円以下	100人以下
小売業	5,000万円以下	50人以下
サービス業 ※	5,000万円以下	100人以下

※ソフトウェア業、情報処理サービス業の場合は、資本金3億円以下、従業員数300人以下

　担保力がない中小企業が金融機関から融資を受けるときに、一定の保証料を払って連帯保証人となってもらうことができます。また、担保が提供される場合は、保証料が割り引かれるといったサービスもあります。

　信用保証の流れは上の図のように、中小企業が協会に信用保証の申し込みを行うと、審査のうえ適当と認められたときに金融機関に対して信用保証書を発行します。金融機関は信用保証書に基づいて企業に貸付を行います。

　また中小企業は契約に基づいて金融機関に返済しますが、もし倒産などによって借入金の返済が不能になった場合、金融機関は協会へ代位弁済の請求を行います。そして企業および連帯保証人は協会に返済することになります。

資金調達 ❹
7 借りやすいが金利が高い ノンバンクからの融資

● ノンバンクならではのメリット

　起業したばかりで営業実績に乏しい小さな会社にとって、銀行からの融資はハードルが高いと言わざるを得ません。

　そんなとき、最後の砦となるのが**「ノンバンク」**と呼ばれる、民間で銀行業以外の事業を営む金融機関です。ノンバンクは貸付のための原資を、銀行からの借入れや、他の金融市場（社債など）から調達します。

　ノンバンクとしての業態は、個人へ貸付する**銀行系ローン会社**や**消費者金融**、**信販系クレジットカード会社**、また事業者へ貸付する**事業者金融（商工ローン）**や**リース会社**などが挙げられます(☞右ページ)。

　顧客のニーズに合わせてさまざまなサービスメニューが用意されていたり、融資実行までの審査スピードが銀行や公的金融機関にくらべて格段に速いといった点は、ノンバンクならではのメリットといえるでしょう。

　銀行や信用金庫などにくらべて融資の必要書類が少なく、審査基準はそれほど厳しくはありません。銀行などで軒並み融資を断られてしまった場合も、ノンバンクならば融資を受けられる可能性はあります。

　借入金額は1万円から数千万、億単位まで。担保、保証人、返済期間、利率などは、会社によってさまざまです。

● 高い金利には要注意

　ノンバンクを利用する場合、注意しなければならない点があります。

　銀行などで融資を断られた案件は、ノンバンクにとってもリスクを伴います。したがって、そのリスクをカバーするために**高い金利が設定されている**のです。

　簡単に借りられる反面、10％を超える金利になる場合が多く、返済額が非常に大きくなる可能性があります。

Check Point

◆ ノンバンクの融資の特徴

銀行系ローン会社	銀行のグループ。ほかのノンバンクよりも低利の傾向にあるが、金利が低いほど審査も厳しくなる。
大手消費者金融	上場企業ならではの経営方針があり、簡単に借入できないことも。期間が長くなるほど金利は優遇される傾向。
信販系クレジットカード会社	クレジットカードのキャッシング枠を利用して個人向け融資を行う。ポイントが付いたり、割引があったりするメリットもある。
事業者金融(商工ローン)	高い金利で事業用資金を貸し付ける。取立てに関する問題を抱えるケースもある。
リース会社	事務機器の分割購入などのほか、事業用融資を行っていることも。運転資金、設備資金の資金調達ができる。

◆ おもなノンバンクの融資条件

	会社名／商品名	借入限度額	実質年率	担保・保証人
銀行系ローン会社	プロミス(三井住友銀行グループ)	1～300万円	6.3～17.8%	不要
	モビット(三菱東京UFJ銀行グループ)	500万円	4.8～18.0%	不要
大手消費者金融	アコム	500万円	4.7～18.0%	不要
	アイフル	300万円(50万円超は別途審査あり。新規の申込は最大200万円)	6.8～18.0%(新規契約者の場合)	不要
信販系クレジットカード	オリックスVIPローンカード	800万円	3.5～14.8%	原則不要
	ジャックス ゴールドビアージュ	7～300万円	6.9～15.0%	不要
	セゾン MONEY CARD	100万円	15.00%	不要
リース会社	NTTファイナンス	1000万円	15.00%を上限に応相談	要

＊平成24年5月現在

　そこであらかじめ、「急場をしのぎたいときに、少額融資で短期返済」といった自主的な制限を設けておいたほうがよいかもしれません。

　また、事前に顧問税理士などと相談してからノンバンクを利用することをおすすめします。

8 資金調達❺ 安心して借りられる政府系機関や地方公共団体

● もっとも借りやすいとされる日本政策金融公庫

日本政策金融公庫は、旧国民金融公庫や中小企業金融公庫、農林漁業金融公庫などの政府系金融機関が統合してできた政府系の金融機関です。

その特徴は、**長期的にしかも固定金利で借りられる**こと。新事業育成、女性や若者、シニア起業家への支援なども行っており、融資のメニューも豊富にそろっています。利用する場合は、右ページのような流れにそって手続きを進めます。

もっとも借りやすい「普通貸付」（運転資金と設備資金で4,800万円以内）を利用する場合、返済期間5年以内で、利率は1.45～2.45％（平成24年5月16日現在）が原則になっています。

融資の希望によって金利や融資金額、融資期限なども変わってきますが、比較的金額の大きな融資にも対応可能で、複数の融資制度を併用する場合の限度額は、原則として1企業当たり12億円です。

● 全国各地にある地方公共団体独自の制度融資

地方公共団体も、独自に中小企業の事業支援を目的とした融資振興策や助成金制度を設けているところがあります。都道府県が主導するものから市区町村レベルまで、さまざまなバリエーションがあるので、調べてみるとよいでしょう。

たとえば**東京都の「制度融資」**（☞200ページ）は、東京都、東京信用保証協会、指定金融機関の三者協調で行っており、東京都が金融機関に利子を補給するなどして、都内の中小企業者が金融機関から融資を受けやすくすることを目的としています。

この融資を受けるには、東京信用保証協会の保証が必要になり、経営者の人物、資金使途、返済能力等を総合的に判断して保証の諾否や保証金額を決

Check Point

◆日本政策金融公庫の利用の流れ（普通貸付の場合）

相談・申し込み	→1～2週間→	面談	→1～2日間→	融資	→	返済
・電話連絡ののち支店窓口へ。公庫のホームページからも申込受付できる。 ・借入申込書に加え、最近2期分の決算書、最近の試算書などを用意する。		・担当者から資金の使途、事業の状況などについて質問を受ける。 ・事業所や店舗への訪問を受けることも。		・融資が決まれば必要書類が郵送される。契約手続きが終了後、金融機関の口座に入金される。		・原則として月賦払い。元金均等返済、元利均等返済、ステップ返済などがある。

◆制度融資の例

	東京都 （産業労働局）	大阪府 （商工労働部 金融支援課）	愛知県 （産業労働部中小企業金融課）
制度名	東京都新保証付き融資制度	大阪府制度融資	商工業振興資金、一般事業資金、経済環境適応資金、など
条件	都内に事業所があることなど	府内において事業を営み「中小企業者」または「協同組合等」に該当する方など	愛知県内に事業所があることなど
融資限度額	100万円以上1,000万円以内（10万円単位）	開業サポート：最大2,500万円 小規模企業サポート：1,250万円まで	通常資金：5,000万円 小規模企業資金：1,250万円
融資期間	原則5年以内	原則7年	3～10年（制度によって異なる）
融資利率	固定金利 融資期間によって異なる	年1.4％～	原則固定金利 信用保証料低減、一部市町村で助成制度あり

＊平成24年4月現在

定します。原則5年以内、固定金利といった条件で融資しています。

　また公益財団法人の東京都中小企業振興公社も、研究開発や販路開拓、海外展開などに対して各種の助成金を交付しています。

　そのほか、地方公共団体のなかには、信用保証料補助制度として金融機関からの借入金の利息に対して補助金を交付したり、信用保証協会の保証料を補助してくれるところもあります。

9 資金調達❻ リスクを分散した資金調達の組み合わせを考えよう

● メインバンク以外にも複数の金融機関と取引を

　よく、「メインバンク以外とは取引したことがない」という社長がいます。たしかに、メインバンクにすべてを任せれば、資金管理面では楽かもしれません。

　しかし、資金調達の面で考えると、これは少々危険です。

　メインバンクに融資を申し込んで、もし断られたらどうでしょう。あなたの会社にとってメインバンクだからといっても、銀行には銀行の事情があります。融資を断られることだって、ないとはいえません。

　金融機関は、日ごろの取引を経て互いの信頼関係ができあがっていないと、融資を引き受けてはくれません。メインバンクから断られて、あわててほかの金融機関に申し込んでも、融資はほぼ絶望的です。

　もちろんメインバンクを決めておくことは重要ですが、融資を受けることを考えると、**日ごろから複数の金融機関とお付き合いをしておいたほうが、リスクを分散することができます。**

● 借り先を分散させて融資を受ける

　さらに融資を受ける際は、１つの金融機関から全額を借入れるのではなく、**複数の金融機関を利用する**ことを考えましょう。

　融資の金額が大きくなると、金融機関にとってもリスクが大きくなり、利率が高くなる可能性もあります。また、１つの金融機関からの借入れだと、どうしても貸す側の発言力が強くなります。

　複数の金融機関から借入れれば、金融機関同士の競争原理が働いて、より有利な融資条件を引き出せるかもしれませんし、何より**１つの金融機関からの融資額は少なくなり、借りやすくなります。**

　たとえば、あなたが友人から「10万円貸してほしい」と頼まれたとき、

Check Point

◆ 資金調達先を分散させよう！

1行融資

A行：1,000万円は無理ですね…

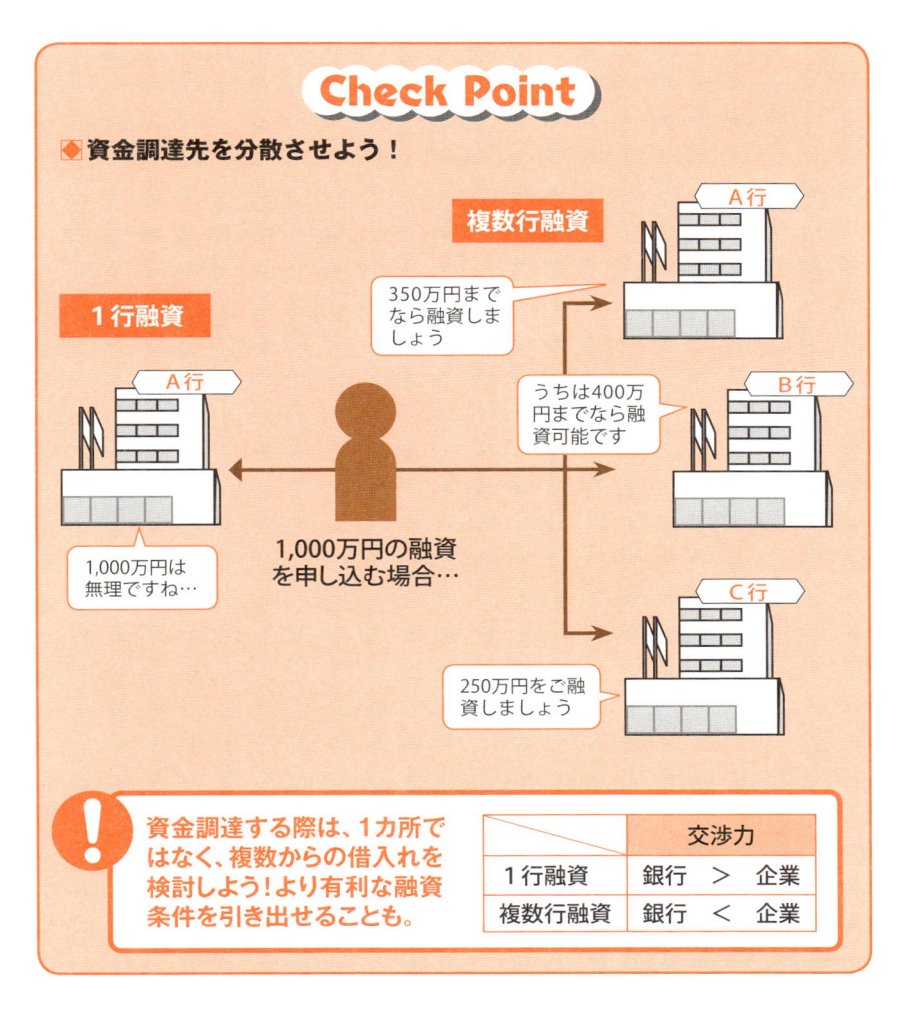

1,000万円の融資を申し込む場合…

複数行融資

A行：350万円までなら融資しましょう

B行：うちは400万円までなら融資可能です

C行：250万円をご融資しましょう

> ⚠ 資金調達する際は、1カ所ではなく、複数からの借入れを検討しよう！より有利な融資条件を引き出せることも。

	交渉力
１行融資	銀行　＞　企業
複数行融資	銀行　＜　企業

「10万円は無理だけど、1万円ぐらいなら……」と思うこともあるでしょう。

1人から10万円を借りるのはむずかしくても、1万円を10人から借りられることもあります。

東日本大震災後、東北の企業が「応援ファンド」などを設立して、一般市民から一口1万円程度で資金調達を行いましたが、まさにそれと同じです。

大金の融資は断られても、小口の融資なら受けることができるかもしれません。

資金調達 ⑦
10 融資を決める判断材料は、決算書と事業計画書

● 決算書に示された会社の実績がチェックされる

　金融機関が融資を決めるときに、もっとも重視するのはその会社の決算書です。

　銀行も、公的な金融機関も、返済が見込めない会社には融資をしてくれません。そこで資金を融資するに値する会社かどうかを見極めるために、まずその会社の実績をチェックするのです。そのため、だいたい**過去3期分の決算書の提出**が求められます。

　よく、「赤字にしておけば税金を払わなくて済む」と言う社長がいますが、常に赤字状態の会社に融資をしてくれる金融機関はまずありません。また仮に利益があっても、経常利益がマイナスだとあまり良い印象は与えません。

　もちろん、粉飾決算はもってのほかです。売掛金が多すぎると不良債権を疑われる場合がありますし、在庫過多は売行き悪化の可能性、また不良在庫、資金繰りの悪さといった疑いが持たれます。

　相手は金融のプロですから、小手先の帳簿のごまかしや数値の改ざんはすぐに見破られてしまいます。右ページに示した損益計算書と貸借対照表のポイントをよく頭に入れておきましょう。

● 返済できるかどうかは、事業計画書で判断される

　決算書は、あくまで過去の実績を示すものです。金融機関が融資の可否を決めるポイントがもう一つあります。

　それは、**「その会社が、将来返済できるだけの利益を上げられるかどうか」**です。その判断は、**事業計画書**によって行われます。

　事業計画書は、これから会社をどのように経営し、利益を出していくかを表すもの。将来に向けて大きな夢を語るのは結構ですが、それが現実に実行できるかどうかの裏付けが必要です。

Check Point

◆決算書でチェックされるポイント

計算書			
損益計算書	利益が出ているか	当期純利益／経常利益／売上高前年比	赤字の場合、突発的な事情かどうかが課題。慢性的な業績不振ととらえると融資は困難。売上高は増加しているほうが印象はよい。
貸借対照表	粉飾決算ではないか	売掛金／棚卸資産	利益操作がされていないか。売上高の水増しや架空在庫の計上などは確実に見破られる。
	債務超過ではないか	純資産の部	純資産の部がマイナスになっていないか。損失が累積して、資本金を上回る額になっている場合、融資は困難。
	税金の滞納はないか	未払法人税	万が一の時は税金が優先的に徴収されるため、税金の滞納がある場合、融資は困難。
	借入金過多になっていないか	借入金	借入が多すぎると、返済能力が疑問視される。
	遊びの資産がないか	資産の部	本業に関係のない資産（ゴルフ会員権・リゾート施設など）が必要以上にある場合、資金の流用が不安視される。

◆事業計画書に盛り込む内容

①将来のシナリオ	事業計画書の肝。資金調達が事業の展開にどうつながるのか、そして事業がどれだけ好転するのかを予測して明記する。
②売上の予測	根拠のある予測の数字が必要。「新工場設立のため、売上○％アップ」といったように、根拠を示す。
③経費の予測	経費の削減が重視されるので、具体的に「役員報酬○％カット」「製品の重量減により輸送費○％カット」など、これも根拠を示す。
④資金繰り計画	資金繰り表の作成と同じ手順で、資金繰り計画を立てる。減価償却などの支払いを伴わない費用、税金の支払い、融資後の利息支払い増加分の加算などに注意する。

　融資を引き出すには、安全で将来に明るい展望が持てる計画。そして実績が裏付けられる現実性。そして何よりも、誠意が感じられる、熱意のこもった事業計画書であることが求められます。

　事業計画書には、上の表に示した①〜④の内容を盛り込みます。

　売上の予測数字などには、しっかりした根拠を示すことが大切です。何の根拠も示さず、「売上倍増」の計画を提出しても、相手にしてもらえません。

資金調達 ⑧ 11
定期預金を行っている金融機関からの融資は慎重に

● なぜ、定期預金があるほうが融資が下りやすいのか

　金融機関も商売ですから、こちらの都合どおりに融資はしてくれません。融資を依頼したり、手形を割り引いたりしたときに、借りた資金の一部を定期預金などへ預け入れてほしいと、"お願い"されることがあります。

　融資をしてもらっていると、なかなか「ＮＯ」と言いづらいものですが、"お付き合い"もほどほどにしておかないと、自分の首を絞めることにもなりかねません。

　これは**「拘束預金」**といわれ、旧大蔵省の通達で禁止されているものですが、依然として行われているのが現実です。

　金融機関の言いぶんは、「定期預金を持っていたほうが、もしものときに安心」ということです。実際、その金融機関に定期預金のあるほうが、融資が下りやすいのは間違いありません。

　その理由は、金融機関が**定期預金を"担保"として考えている**からです。つまり返済が滞った際、定期預金から回収するつもりなのです。

　だから、緊急事態が起きて定期預金を解約しようとしても、金融機関はそうそう解約に応じてくれません。むしろ、融資の返済が滞らないように定期預金で相殺されてしまいます。

　いざというときのために蓄えていたはずの定期預金が、これではまったく意味を成しません。

● 表面上の金利にだまされず、実効金利を計算しよう

　融資を受けるときには、契約書上の金利にだまされず、右ページに示した式で**「実効金利」**を計算してみましょう。実効金利とは、借入金の融資実行日時点の金利、つまり融資を申し込んだときの金利でなく、実際に借入れたときに適用される金利のことをいいます。

Check Point

◆ 実効金利の求め方

$$実効金利 = \frac{支払利息 - 預金利息}{借入残高 - 預金残高}$$

A銀行とB銀行の金利をくらべてみよう！

＜A銀行＞
借入残高　3,000万円
預金残高　1,000万円
支払利息　60万円（年利2％）
預金利息　5万円（年利0.5％）

$$実効金利 = \frac{60万円 - 5万円}{3,000万円 - 1,000万円} = 2.75\%$$

＜B銀行＞
借入残高　3,000万円
預金残高　300万円
支払利息　75万円（年利2.5％）
預金利息　1.5万円（年利0.5％）

$$実効金利 = \frac{75万円 - 1.5万円}{3,000万円 - 300万円} = 2.72\%$$

実効金利はB銀行のほうが低い！

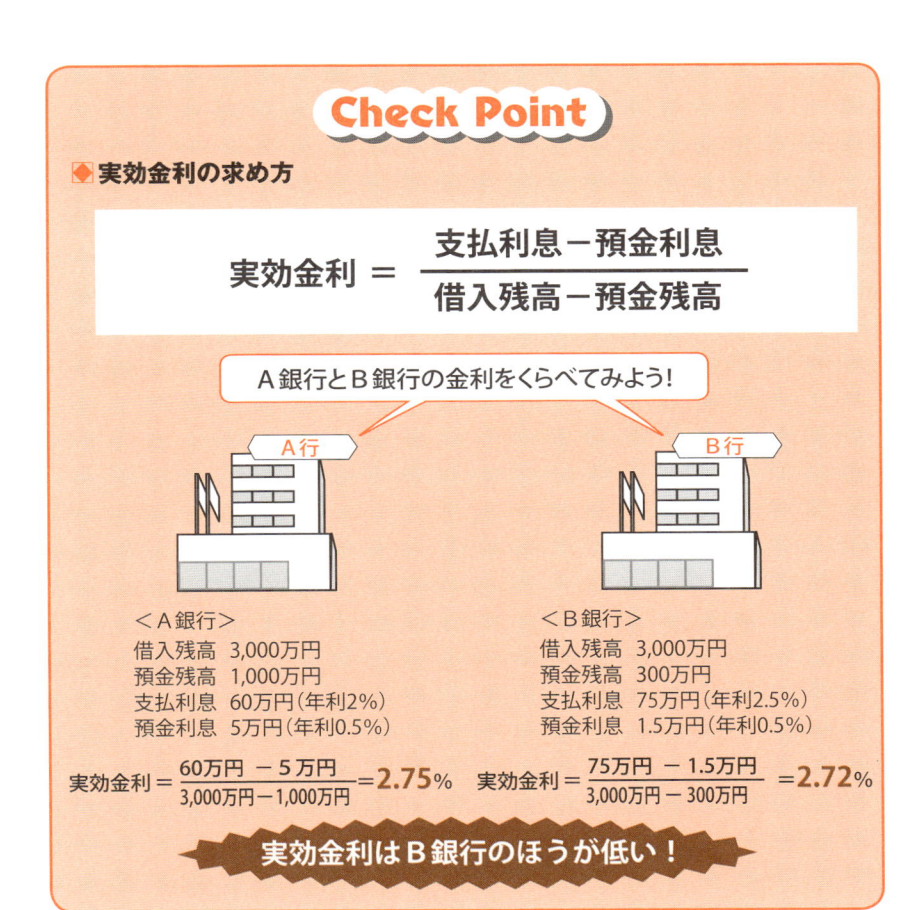

　実際に計算してみると、契約書上の金利は安くても、実効金利は高かったということがしばしばあります。これでは、定期預金をするために借入れをしているようなもので、本末転倒です。

　金融機関から融資を受けるときには、この「実効金利」を把握しておかないと危険です。

　たとえ金利の差がほんのわずかだとしても、融資額によっては返済金額に大きな差がついてしまいます。いくら低金利の時代であっても、借入利率より預金利率が高いなんてことはあり得ないことですから、しっかりと確認をしましょう。

資金調達 ❾

12 融資の担保となるのは不動産だけではない

● 注目される流動資産を担保にした融資

「融資の担保といえば不動産」という時代が長く続きました。しかしバブル崩壊以降の土地の下落により、たとえ不動産を持っていて担保に差し出す条件でも、融資を引き出すことはむずかしくなっています。

すでに担保としての融資枠を使い切り、追加融資が不可能といった会社も多くありますし、もともと不動産を持っていない会社では、融資自体がままならず企業活動の拡大もできません。

そこで最近注目を集めているのが、右ページで説明している「ＡＢＬ」です。

これは、**不動産に限られてきた担保を、流動資産（☞179ページ）にまで広げる**ことで資金調達力を高めようというもので、とくに担保力の弱い中小企業の資金調達に力を発揮しています。

● 肉牛やワインも担保になる

実際に担保として扱われている流動資産はさまざま。一般的なのは、会社の在庫、売掛金、預金口座などですが、変わったところでは肉牛肥育業者の肥育牛、ワイン製造業者の自社生産ワイン、工作機械メーカーの産業用ロボットなどもあり、ＡＢＬは今後より一層の広がりを見せる可能性があります。

とくに地元密着を掲げる地方銀行などでは、地場産業への理解を深め、育成・振興するためにＡＢＬに積極的に取り組むところが少なくありません。

また、融資を受けた会社も資金調達力が向上するだけでなく、担保となった在庫や売掛金などの管理にはより一層の正確さが求められるため、自社の財務体質への関心や意識が高まるといったプラスの面があります。

ＡＢＬでは、在庫などがお金になるまでを担保にするため、**金融機関は会社が提示する事業モデル（事業計画書）をより重要視**します。

Check Point

! ABLとは
- ABL＝Asset Based Lendingの略。流動資産一体担保型融資。
- 企業が商品を製造・販売し、代金を回収するまでの事業全体のお金の流れに着目し、在庫商品や売掛金などを一体的に担保とする融資。
- 借り手にとってのメリットは、不動産価格が下落し続ける現状や、不動産担保を持たない会社にとっても、有効な資金調達の方法となる点。
- 金融機関にとってのメリットは、融資先から担保の状況に関する定期的な報告を必要とするため、企業の実情を把握しやすいこと。

◆ABLのしくみ

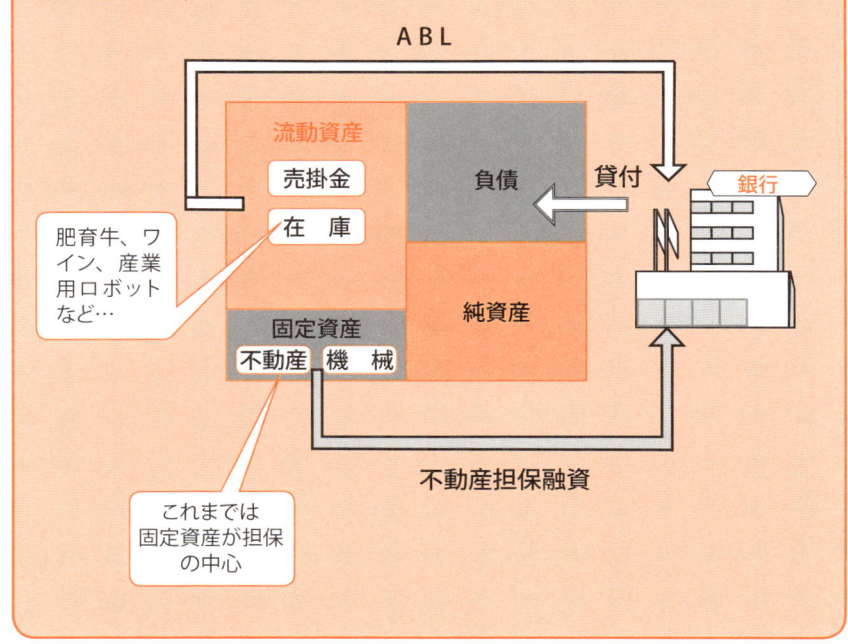

ABL

流動資産
- 売掛金
- 在庫（肥育牛、ワイン、産業用ロボットなど…）

固定資産
- 不動産
- 機械

（これまでは固定資産が担保の中心）

負債 ← 貸付 ← 銀行

純資産

不動産担保融資

13 資金調達⑩ 融資申し込みの際の面談では、質問に正直に答えよう

● しっかり事前準備をして面談に臨む

　金融機関に融資を申し込み、書類を提出してから行われるのが**融資担当者との面談**です。この面談では、提出書類に基づいて事業内容や計画についての確認や質問のほか、会社の現状などについて質問を受けます。

　注意したいのは、**質問に対して答えた内容と事前に提出した決算書や事業計画書の内容に齟齬があってはならない**ということ。

　見栄えをよくしようと決算書の数字を操作しても、相手はプロですからすぐに見破られますし、事業計画書の作成を人任せにしていたり、財務内容に対する理解があやふやだと質問に答えることもできません。

　そうなると、経営者としての適性が疑われ、また会社への信頼も損なって融資は受けられなくなってしまいます。

　提出した書類の内容をきちんと理解し、「どんな事業内容なのか」といった基本的な説明から、「なぜ融資が必要なのか」といった**融資の目的の根拠を明確に説明**できるように事前準備をしっかりとしておきましょう。

● どんな質問にも誠実に答える

　面談では、見栄をはったり、話を誇張したりする必要はまったくありませんし、嘘をついたりごまかそうとしても無駄です。

　ときには、「なんでこんなことまで聞くのか？　事業とは関係ないのでは？」と思うような、細かい質問をされることもあります。

　しかし、先方も融資を行うために稟議書を作成し、金融機関内での決済を受けなければなりません。そのために、なるべく詳細な情報、データを集めておきたいのです。

　決して面倒くさがらずに、相手からの質問には誠実に答えるようにしましょう。面接では、**社長の人柄も審査されている**と思ってください。

Check Point

◆ 融資の流れ

| 相談 | ・融資の相談を金融機関に行う。
・できれば直接窓口へ行くのがベスト。電話より詳細な事情を説明できる。事前に電話予約を入れておくとよい。 |

▼

| 申し込み | ・融資の申し込みを行う。
・借入申込書などの書類と共に、決算書などの必要書類の提出が求められるので、準備する。 |

▼

| 面談 | ・金融機関の融資担当者（2人ぐらい）との面談。時間は30分〜1時間ぐらい。
・初めての場合は会社の事業内容や状況、財務内容についても聞かれる。
・事前提出した書類と齟齬がないように注意すること。 |

▼

| 審査 | ・書類および面談を受け、審査開始。
・融資担当者が作成した稟議書に基づき、金融機関内で審査。約10日前後はかかる。 |

▼

| 融資実行 | ・無事に審査が通れば融資実行。
・指定の口座に資金が振り込まれる。 |

14 借入金の返済
金融機関への返済方法には、いろいろな選択肢がある

● 返済方法の違いで返済総額に差が出る

　銀行や日本政策金融公庫（☞208ページ）からの借入金の返済には「**元利均等返済**」と「**元金均等返済**」という2つの方法があり、どちらかを選択することができます。それぞれの返済シミュレーションを右ページに挙げます。

　上の元利均等返済は、住宅ローンなどでもよく用いられるもっとも一般的な返済方法で、1回当たりの返済額が均等になるように元金部分と利息部分が組み合わされています。これに対して元金の返済を均等に分け、それに対して利子をかけるのが、右ページ下の元金均等返済です。

　元利均等返済は返済金額が一定なのにくらべて、元金均等返済は返済初期には負担が大きくなります。融資を受けた直後の返済金額を抑えたい人にとっては、元利均等返済のほうにメリットが感じられるでしょう。

　一方、右ページに示すように、元金均等返済は元金がどんどん減っていくので利子はそのぶん少なくなり、最終的な返済額も元利均等返済より少なくなります。

● 一括返済、繰り上げ返済のメリット

　これまで説明してきた2つの返済方法は、いずれも**分割返済**ですが、**一括返済**という選択肢もあります。

　ただし、クレジットカードの1回払いと異なり、一括返済であっても借りてから返すまでの期間分の利子がかかります。短期間で返済できるのなら、利子も少なくて済むというメリットがあります。

　また分割返済を選んでいても、資金に余裕ができた場合は、繰り上げ返済を行うことができます。

　繰り上げて返済したぶん、利子が減るので資金に余裕が出た場合は繰り上げ返済もおすすめです。

◆元利均等返済の返済シミュレーションとイメージ図

〔例〕借入金：1,000万円／利率：6％（年利）／返済期間：10年

	元金	毎年の返済額	返済額内訳 元金部分	返済額内訳 利息部分	返済後の残高
1年目	10,000,000	1,358,679	758,679	600,000	9,241,321
2年目		1,358,679	804,200	554,479	8,437,121
3年目		1,358,679	852,452	506,227	7,584,669
4年目		1,358,679	903,599	455,080	6,681,070
5年目		1,358,679	957,815	400,864	5,723,255
6年目		1,358,679	1,015,284	343,395	4,707,971
7年目		1,358,679	1,076,201	282,478	3,631,770
8年目		1,358,679	1,140,773	217,906	2,490,997
9年目		1,358,679	1,209,219	149,459	1,281,778
10年目		1,358,679	1,281,778	76,906	0
合計		13,586,790	10,000,000	3,586,790	

返済金額が一定なので資金計画がしやすい

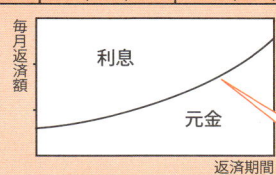

毎月の返済額を均等にできる！

◆元金均等返済の返済シミュレーションとイメージ図

〔例〕借入金：1,000万円／平均利回り：5.55％／返済期間：10年

	元金	毎年の返済額	返済額内訳 元金部分	返済額内訳 利息部分	返済後の残高
1年目	10,000,000	1,600,000	1,000,000	600,000	9,000,000
2年目		1,540,000	1,000,000	540,000	8,000,000
3年目		1,480,000	1,000,000	480,000	7,000,000
4年目		1,420,000	1,000,000	420,000	6,000,000
5年目		1,360,000	1,000,000	360,000	5,000,000
6年目		1,300,000	1,000,000	300,000	4,000,000
7年目		1,240,000	1,000,000	240,000	3,000,000
8年目		1,180,000	1,000,000	180,000	2,000,000
9年目		1,120,000	1,000,000	120,000	1,000,000
10年目		1,060,000	1,000,000	60,000	0
合計		13,300,000	10,000,000	3,300,000	

返済初期の負担は大きいが、元利均等返済より30万円弱もお得

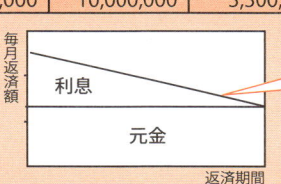

元金の返済を均等に分けて、それに利子をかける

リスケジュール❶
15 返済や資金繰りに困ったら、リスケジュールを考えよう

● 資金繰り悪化の悪循環を断ち切る

　もし資金繰りに行き詰まり、融資返済の資金が手元になくなったらどうすればよいのでしょうか。

　新たにどこかから借入れをするか、私財をありったけ持ち出すか、社長の頭にはそんな考えがよぎるかもしれません。

　しかし、資金のない会社に新たに融資してくれる金融機関はまずありません。もしあるとすれば、異常に利率が高い違法な金融機関ぐらいです。私財をつぎ込むのは経営者として仕方がありませんが、それにも限度があるでしょう。

　そもそも、人員に余裕のない小さな会社の社長が、四六時中資金繰りに走り回っているようでは、本業に注力できません。結果として、業績はどんどん右肩下がりになっていってしまいます。

　この悪循環を何とか断ち切らなければ、決して会社の利益は上がるはずがないのです。

● リスケジュールで返済を繰り延べてもらう

　資金不足を切り抜ける手段として考えたいのが、**「リスケジュール」**、通称**「リスケ」**です。

　これは、支払いや返済といった**債務の返済条件を変更すること**。簡単に言ってしまえば、**支払日や返済日を繰延してもらうこと**です。そして、支払いや返済を猶予してもらっている間に、何とか資金繰りを行って資金を手当てします。

　もし、金融機関への返済に行き詰るような場合は、リスケを考えてみてください。

　「そんなことをしたら、銀行との付き合いを断られてしまうのでは」と不安

Check Point

◆ リスケジュール（リスケ）とは

- 支払いや返済といった債務の返済条件を変更すること。
- 具体的には、支払日や返済日を繰延してもらうこと。支払や返済を猶予してもらっている間に、資金繰りを行って資金を手当てすることがメリット。

↓

❗ リスケをいつ申請するか？

❶ 事業が予想外に悪化したとき
潤沢な現金がなく、悪化が長引きそうな場合

❷ 事業の緩やかな下降が止まらないとき
ずるずる下降が続き、この先回復の機会が望めない場合

❸ 返済可能額の10倍以上の返済がある場合
1年間で10倍以上の返済がある場合は、約1カ月ごとに資金不足となる状態

がる社長もいますが、それは逆です。返済できず、会社が倒産してしまったら、金融機関は債権を回収することができなくなってしまいます。

極端な話、会社がつぶれてしまうより、一時的に返済を遅らせても最後まで返してもらったほうが、金融機関としてはメリットがあるのです。

もちろん、最初の計画どおりに返済してもらえるのがいちばんですが、借りたときと状況が変わることはよくあることです。

金融機関に相談に行くと、「困りますよ」程度のことは言われるかもしれません。ただ、それはとりあえず言うだけで、決して門前払いにはしないはずです。

16 リスケジュール❷ リスケジュールの申し込みと課されるペナルティ

● 返済が滞る前になるべく早く相談する

　金融機関にリスケジュール（リスケ）を相談するとき、まず心得なければならないことは、**「リスケの申し込みは返済日の前に」**ということです。

　返済が滞ってから相談するのと、事前に相談するのとでは、相手に与える印象が格段に違います。

　期日を守れないのであれば、事前にその旨を伝えましょう。期日前であれば、「返済の意思はある」と判断されます。金融機関がもっとも重視するのは、**「遅れても最後まで返済する意思があるかどうか」**なのです。

　金融機関は、リスケの相談を受けると、なぜこのような状況になってしまったのか、事業継続の可能性や将来性などについて調査します。調査の結果、リスケの申し入れを受け入れるかどうかを審査します。

　金融機関は大きな組織ですから、そうそう機敏に対処できません。だからこそ、もし「資金繰りが厳しくて返済がむずかしい」と思ったら、なるべく早くリスケの相談をしましょう。早ければ早いほど、金融機関に対して誠意を示すことになり、柔軟に対応してもらえるはずです。

　リスケの申し込みには、いくつかの書類の提出が必要になります。金融機関によっても違いますが、現在の経営状況を正確に把握するための**試算表、銀行別借入残高表、資金繰り表、事業計画書（中期経営計画書）**の４つは、おおよそどこの金融機関でも提出を求めてくるでしょう。

　なるべく早く対応してもらうためにも、まずこの４つの書類は準備しておくことが求められます。

　銀行別借入残高表について、説明を加えておきます。

　複数の銀行から融資を受けている場合、１つの銀行だけがリスケを行うことはありません。取引銀行すべてが平等にリスケを受け入れることが原則です。

Check Point

◆ リスケジュール（リスケ）の準備項目

❶ 4つの書類（試算表、資金繰り表、銀行別借入残高表、事業計画書）を準備する。
— リスケを申し込んだ段階で、金融機関から提示を求められる。

❷ いくらなら返せるかを試算しておく
— リスケ中は追加融資が受けられないので、50万円返済可能ならその半分の25万円にしておくなど、返済金額には余裕を持たせる。

❸ 希望のリスケ期間を伝える
— 半年～1年ぐらいが妥当

❹ 返済が厳しくなった理由や今後の見通しについて、整理しておく
— リスケに納得してもらうために、誠意を持って金融機関に理由を伝える。

そして、銀行の融資シェアに基づいてリスケが行われるため、その確認のために銀行別借入残高表が必要になります。

● 知っておきたいリスケのペナルティ

リスケに対してどのようなペナルティが課されるかも、事前に確認しておきましょう。金融機関との約束を変更するわけですから、ある程度のペナルティは仕方がありません。

一つは**金利が上がる**こと。リスケを要請したということは、業績が悪化したということです。業績が悪化すれば、金融機関にとっては回収リスクが高まったということで、金利を高く設定せざるを得ないのです。

もう一つは、リスケを行っている間は原則的に**追加融資が受けられません**。もしリスケ中に再び状況が悪化しても、融資が受けられないばかりか、再度のリスケもできません。

リスケを行うときはこの2点に注意し、返済に回す金額はある程度の余裕を持たせて設定しましょう。

出せるぎりぎりの金額にしてしまうと、もし状況が悪化したときに対処できなくなってしまいます。

リスケジュール❸
17 リスケジュールを成功させる経営改善計画書のつくり方

◉ 経営改善計画書とは

　前項で、リスケジュールを申し込むときには、金融機関に対して最低でも４つの書類の提出が必要とお話ししました。できれば、それらを盛り込みながら、**「経営改善計画書」**の形にまとめて提出できるとベストです。

　経営改善計画書の作成は素人にはむずかしいとされていますが、支払いを延ばしてもらうわけですから、十分な準備が必要です。ここでは、小さな会社向けの経営改善計画書の作成方法について説明します。

◉ 経営改善計画書に必要な６つの資料

　リスケの成功確率を高めるためには、金融機関がほしがる情報を経営改善計画書に過不足なく盛り込むことです。

　具体的には、以下の６つの資料で作成するとよいでしょう。

①業績が悪化した原因を示す資料

　試算表などを提示し、業績が悪化した原因をはっきりとさせることで、それに対する改善策を練ることができます。

②具体的な経営改善計画と対策を示す資料

　①の原因を取り除くべく、どのような対策を、いつまでに、どれくらいの規模で行うのかを明確にさせます。また、それによってどの部門で、どれくらいの利益を上げるか、その展望を説明します。

　もちろん経費削減などのコストカット策をはじめ、役員報酬のカット、不要不急資産の売却など、自らの身を削るような具体策も提示する必要があります。

③リスケジュールの内容を提示する資料

　リスケジュールの期間終了後、いくらぐらいなら返せるのかを考えます。ただし、必ず返済額には余裕を持たせること。

> **Check Point**
>
> **無理のない現実的な計画であることが重要!**
> 業績悪化の原因を客観的に明確に示し、具体的な対応策について説明できることが第一。返済は現実的な計画を練り、金融機関に対して無理のない経営改善計画であることを印象づけよう!
> 何度もリスケできるわけではない。遠慮より達成優先。

「リスケジュール終了後に改めて相談させてほしい」というように、具体的な数字を上げないのも一つの手です。

④銀行別借入残高表

取引のあるすべての金融機関との取引内容を一覧にします。証書貸付、手形貸付（☞230ページ）、当座貸越（☞234ページ）など、一つひとつの融資内容をすべて表にしておきましょう。

⑤今後1年間の月次資金繰り表

リスケ中に追加融資を受けられないことはすでに触れましたが、ほとんどの金融機関がリスケ終了後1年程度は追加融資に応じてくれません。その間、自己資金で何とかできる目途を立てなければいけません。それを前提に、資金繰り表（☞198ページ）を作成しましょう。

ポイントは、リスケができなければ、確実に資金ショートすることが明確なこと。そして、1年間のリスケで少なくとも月商の50パーセント程度の資金を手元に確保できることです。

⑥中期経営計画書

今後5年間の経営計画書を作成します。5年分の損益計算書を予測したもので、おもな内容は売上高、粗利益、営業利益、経常利益、当期利益の予測です。あまり楽観的な数字は、審査の際に疑問符がつく可能性があります。

できればここには、本来の予測数字を少し下回る程度の数字を入れておきましょう。「堅実な路線で、達成可能だろう」と金融機関に思わせるほうが得策です。

18 リスケジュール❹ 取引先に対する支払延期や給与の遅配は最後の手段

● 買掛金の支払い期日を延ばして支出を削る

　これまでお話ししてきた金融機関へのリスケジュールのほかに、**取引先に支払いを待ってもらう**というリスケジュールもあります。

　取引先にとっても、相手が資金ショートして倒産してしまうより、少し支払いを延ばしてもお金を払ってもらったほうがマシと思ってもらえるかもしれません。とにかく一度相談してみることです。

　ただし、**支払期限を延ばしてもらえるのは短期間**と心得ましょう。取引先もあなたの会社からの入金が、自社の支払いの原資になっていることが多いからです。

　体力のある大企業ならともかく、取引先も中小企業だったりすると、それほど長く支払いを猶予できる余力があるとは思えません。連鎖倒産といった最悪の事態にもつながりかねないのです。

　こうした手法を繰り返せば、あなたの会社の信頼度は急速に失われてしまいます。あくまでも突発的な窮地をしのぐため、近々入金される予定の売掛金があり、それが入ればすぐに買掛金の精算ができる……。そんな目途がついていないと危険です。

　また、支払いの延期に応じてくれた取引先には**利子相当分を上乗せして支払う**など、信頼回復のための対策をとるようにしましょう。

● 給与の遅配の前に自らの身を削る

　資金繰りのやりくりでの最終手段は、**従業員への給与の遅配**です。

　これは、本来ならばやってはいけないこと。法律で「月1回以上、給与を支払わなければならない」と決められていますし、何よりも従業員の生活がかかっています。従業員の生活を守ることは、経営者の使命であることを忘れてはいけません。

Check Point

🔶 **給与遅配の際の注意点**

❶給与遅配は最後の手段	⇒	金融機関との交渉、取引先への交渉など、打てる手はすべて打つ。
❷社長が身を削る努力	⇒	不要不急の資産の売却、役員給与のカットなど。
❸従業員への説明責任	⇒	給与遅配はれっきとした「債権不履行」。誠意を持って謝罪するだけでなく、今後の支払いの見通しを明確にすること。
❹資金繰りの計画実行	⇒	給与遅配が恒常化するようでは従業員のモチベーションが落ち、業績悪化は避けられない。抜本的な経営改革と資金繰りの改善を図る。

　給与遅配が常態化すると、従業員のモチベーションが下がり、業績悪化に拍車をかけることにもなります。

　給与は債権ですから、未払いは従業員への債権不履行に当たります。ですから、給与が遅配するようなことになったら、**従業員に誠意を持って謝罪する**こと、これが第一です。

　「会社が今苦しいことは、みんなわかってくれている。だから許してくれるだろう」と思うのは単なる甘えにすぎません。きちんとスジを通し、「いつ」「いくら」支払えるかを明確に説明しましょう。もちろんそれには、資金のアテができていることが大前提です。

　いつ支払われるかわからない、いくらもらえるかもわからない状態では、従業員も不安になります。「倒産する前に、何とかもらえるものをもらって辞めてしまおう」と考える人が出てくるかもしれません。

　言うまでもないことですが、従業員への給与の遅配より先に、社長自らの身を削ることが大前提です。

　金融機関とのリスケ交渉、取引先への支払い延期交渉、自分の給与や役員給与の削減など、できるかぎりの手を打ったうえでの最終手段であることを、きちんと従業員に説明しましょう。

手形の活用 ❶

19 手形を担保にお金を借りる「手形貸付」にはリスクが伴う

◉ 短期の資金調達法として利用される手形貸付

金融機関からお金を借りる方法の1つに**「手形貸付」**があります。てっとり早くいえば、**手形を担保にお金を借りる**ことです。

金融機関は、手形の額面から満期までの利息を差し引いた金額を貸し付けます。基本的に借主を振出人（会社）、金融機関を受取人とする約束手形を借主に振り出させ、金融機関がそれを預かるという形をとります。

この手形貸付は、1年以内の短期の資金を集める手段で、融資などにくらべて手続きが簡単に済み、また受取人も手形割引や裏書によって資金化、譲渡ができるメリットがあります。また、印紙税も安く済みます。

ただし、手形が発行できること、つまり当座預金の口座を持っていなければ、この方法は利用できません。

◉ 多用すると不渡りのリスクが拡大

手形貸付は便利で手続きも簡単ですが、多用するのは危険です。

基本的に、手形の支払いは期日厳守です。手形でお金を借りられても、**支払期日にきっちりと支払えるかどうかが問題**となります。

6カ月以内に2回不渡りを出せば、問答無用で銀行取引停止処分を受けます。そうなると、借入金は一括返済しなければならず、2年間は新規の借入れもできません。つまり事実上の倒産です。

手形の支払期日を先延ばしする**「手形のジャンプ」**という方法もありますが、ジャンプに応じてくれるかどうかは先方次第ですし、保証人が必要になる場合もあり、信用不安を起こす可能性が高くなります。

手形は便利ですが、安易に使うと不渡りのリスクが拡大します。手形貸付にかぎらず、自社振出の支払手形なども減らしていく方向で考えましょう。

Check Point

◆ **手形貸付の流れ**

❶ 借主が融資額・振出日・支払期日（返済日）を記入した手形を金融機関に振り出す

▼

❷ 金融機関から振出日に融資が実行される

▼

❸ 借主は支払期日に金融機関に返済する

> **短期の資金調達の方法**
> 手形貸付は融資期間が1年以内の短期融資。運転資金、賞与資金、納税資金などに多く用いられている。一般の融資などにくらべて手続きが簡単で、受取人も手形割引や裏書によって資金化、譲渡ができる。印紙税が安くて済むというメリットもある。

◆ **不渡りのリスクに注意**

1回目の不渡り
6カ月以内
2回目の不渡り

手形の支払いは期日厳守。6カ月以内に2回不渡りを出せば、即座に銀行取引停止処分に。

銀行取引停止処分
- 借入金の一括返済
- 2年間の当座勘定取引不能
- 2年間の新規借入れ不能

事実上の倒産！

手形の活用❷
20 手形を期日前に現金化する「手形割引」の注意点

◉ 手数料を条件に手形を現金化

　取引先から受け取った約束手形は、支払期日まで待てば満額を受け取ることができますが、期日より早く現金化したい場合、手数料を支払えば現金化が可能です。これを**「手形割引」**といいます。

　手数料は、期日までの金利が主となり、この手数料を**「割引料」**、現金化された手形を**「割引手形」**といいます。

　要は、約束手形を担保にして金融機関からお金を借りるのと同じことで、受け取る金額は手形の額面から割引料を差し引いた金額になります。

　手形割引のレート（割引金額）は振出人の会社の規模や内容によって変わります。また振出人が上場優良企業の場合と中小企業の場合とでは、レートに倍近い差が出ることもあるので注意してください。

◉ 手形が不渡りになった場合

　手形割引は、とにかく現金が欲しいといった場合に便利な方法ですが、リスクが伴うことも心得ておいてください。それは、**手形を振り出した会社が倒産し、不渡りになった場合**です。

　右ページの図をご覧ください。手形の振出人であるA社が倒産した場合、金融機関は、手形の受取人で割引を依頼してきたB社に対して手形の買い取りを求めてきます。

　これを**「受取手形遡及義務」**といい、手形受取人（B社）はA社が振り出した手形を受け取ったことに対して責任があるという意味です。

　したがって、金融機関は手形を割り引くときに手形受取人の信用調査を行います。振出人が不渡りを起こしても、受取人が手形を買い戻せる資金力があるかどうかを調査したうえでないと、手形割引をしません。

　ただしこの調査基準は、「融資」の審査ラインよりは低めに設定されてい

Check Point

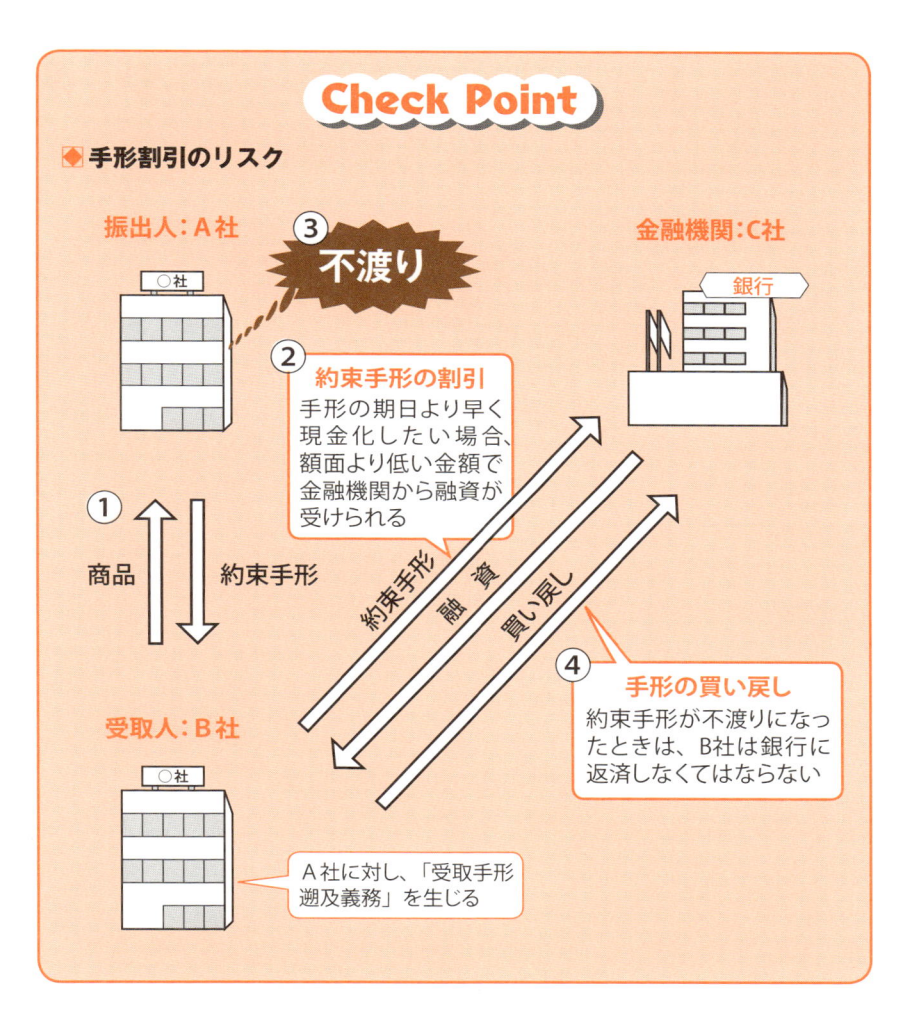

◆ **手形割引のリスク**

振出人：A社

① 商品 / 約束手形

② **約束手形の割引**
手形の期日より早く現金化したい場合、額面より低い金額で金融機関から融資が受けられる

③ **不渡り**

金融機関：C社（銀行）

約束手形 / 融資 / 買い戻し

④ **手形の買い戻し**
約束手形が不渡りになったときは、B社は銀行に返済しなくてはならない

受取人：B社

A社に対し、「受取手形遡及義務」を生じる

ることがほとんどです。

　手形を割り引いてくれるのは銀行のほかに、ノンバンク（☞206ページ）や手形割引を扱う専門の民間企業もあります。それぞれに割引レートや条件は異なりますし、審査の基準も異なります。

　銀行では審査に数日を要す場合もありますが、手形買取専門業者のなかには即日のところもあるようです。そのかわり、高い割引レートの場合もあるので、割引を依頼するときにはきちんと比較検討を行いましょう。

21 預金者が限度額まで借りられる当座貸越の利用
〔当座貸越〕

● 2つの種類がある当座貸越

　当座預金の口座があれば銀行と契約をすることにより、預金残高以上で一定の限度内ならば、手形などを支払ってもらえる制度があり、これを**「当座貸越」**といいます。この当座貸越には、**「専用当座貸越」**と**「一般当座貸越」**の2つの種類があります。

　専用当座貸越は、あらかじめ決められた限度額まで、当座預金の残高を超えて小切手を振り出すことで借入を行う方法です。

　たとえば銀行との相談により限度額をあらかじめ200万円と決めていたら、口座に100万円しかなくても200万円分の手形の振出しが可能になります。　もうひとつの一般当座貸越は、銀行総合口座を開設している個人や法人に対して、定期預金の預金残高の範囲内で普通預金の預金残高を超えて出金できるサービスです。

　ほとんどの場合は、**定期預金残高の8割程度を限度**としているので、100万円の定期預金がある預金者には80万円まで自動的に貸付が可能で、普通預金の残高がゼロでも引出しが可能になります。

　なお、普通預金は一般的に毎年2月と8月に利息がつきますが、当座貸越の金利の徴収も同時に行われます。

● 借入金であり、金利が発生する

　当座貸越は銀行が預金者に対して貸付を行っている形になるため、当然ながら金利を支払わなければなりません。

　これがかなり高率なので、結局は定期預金を解約したほうが得になる場合も多いようです。あくまでも、短期的な支払いのための資金調達の手段といえるでしょう。

　また当座預金は、手形や小切手の支払いなどの決済をすることを目的とし

Check Point

◆ 2つの当座貸越の比較

● 専用当座貸越
- 貸出専用口座を設け、貸越限度額の範囲内で借りることができる。
- カードローンのような形でいつでも資金を借りることができる。
- 返済は、いつでもすることができる。

● 一般当座貸越
- 貸越の場合、普通口座の残高がマイナスになる。自動的に借入になり、金利が発生する。
- 口座に入金があった場合、自動的に借入分の返済に充てられる。
- 金利の支払いは、一般的に2月と8月の2回。

◆ 当座貸越メリットとデメリット

メリット
- あらかじめ定めた限度額までなら、預金残高にかかわらず手形や小切手の振出しが可能。
- 審査などが不必要なため、素早い対応が可能。
- 金利が後払い。

デメリット
- 当座預金口座そのものの開設が厳しくなってきている。
- 借入金という意識を持たないと、金利がかかってしまう。
- 金利が高いため、短期的な資金調達にしか使えない。

た口座です。決済用のため金利はつきませんが、ペイオフ時などには全額が保護の対象になります。

ただ、現在では企業間でも手形や小切手による決済が減少しているため、当座預金の口座そのものが減少しつつあり、また口座の開設自体もむずかしくなってきています。

当座貸越は限度額内ならいつでも利用できるため便利ですし、返済も簡単です。ただし「借入金」であるという意識を持たないと、金利がかかることを忘れがちです。

22 助成金・補助金
利用条件が合えば活用したい返済不要の助成金と補助金

● 最大のメリットは「返済不要」

　意外と知られていないのが、**助成金**や**補助金**の存在です。それぞれに条件は異なりますが、条件を満たしさえすれば、より有利に資金を調達できる可能性があります。

　融資との大きな違いは、**返済する必要がないこと**。融資はあくまでも"借りた"お金なので、金利を付けて返済しなければなりません。しかし、助成金や補助金はその必要がなく、これは最大のメリットといえるでしょう。

　助成金や補助金の多くは、その利用目的がかぎられています。たとえば、雇用に関するもの、新規起業に関するもの、介護事業・建設事業など特定の事業に関するもの……といった内容です。的確にこうした目的に合ったものを選ぶようにしましょう。

● 情報収集はこまめに

　助成金や補助金はかなり種類が多く、交付元もさまざまですが、大きく2系統に分けられます。

　一つは**経済産業省系**のもので、交付金が大きいぶん、受給も狭き門になっています。もう一つは**厚生労働省系**のもの。一件当たりの交付金は小さいですが、比較的受給が容易です。とくに雇用関連などは、一度調べてみると使える制度があるかもしれません。

　助成金や補助金はその存在をあまり大々的に宣伝していません。利用したいと思ったらインターネットなどを使い、こまめに情報収集する必要があります。

　申し込む際は、利用可能かどうか条件をしっかり見極めましょう。交付額が大きいものになればなるほど、手続きや必要書類が複雑になることも多く、また競争相手も多くなります。

Check Point

◆ **2系統ある助成金・補助金**

```
         助成金・補助金
         ┌─────┴─────┐
      経済産業省系      厚生労働省系
   ・中小企業海外展開支援事業  ・派遣労働者雇用安定化特別
     費補助金            奨励金
   ・新事業活動促進支援補助金  ・若年者等正規雇用化特別奨
     ……など             励金
                         ……など
```

◆ **情報入手先**

名称	情報入手先	URL
資金調達ナビ	中小企業基盤整備機構	http://j-net21.smrj.go.jp/srch/navi/index.jsp
事業主の方への給付金のご案内	厚生労働省	http://www.mhlw.go.jp/seisakunitsuite/bunya/koyou_roudou/koyou/kyufukin/index.html
民間助成金ガイド	財団法人 助成財団センター	http://www.jfc.or.jp/search/guide.html
各都道府県の中小企業支援センター	公益財団法人 東京都中小企業振興公社	http://www.tokyo-kosha.or.jp/support/josei/index.html
	公益財団法人 あいち産業振興機構	http://www.aibsc.jp/
	公益財団法人 大阪産業振興機構	http://www.mydome.jp/
	中小企業庁（各都道府県一覧）	http://www.chusho.meti.go.jp/soudan/todou_sien.html
補助金等公募案内	中小企業庁	http://www.chusho.meti.go.jp/koukai/koubo/

COLUMN 「融通手形」「白紙手形」の利用は危険

　融通手形とは実際の商取引がないのに手形だけを発行する、いわゆる「空手形」のこと。手形の受取人は、銀行などの第三者に手形を持ち込んで割り引いてもらい、現金を入手します。金融のために手形を融通するところから、こう呼ばれています。実際の取引がないのに手形を入手し、現金化できるのですから資金調達としては楽な手口です。

　しかし、楽なモノには必ず落とし穴があります。現金化した資金を使って商売がうまくいき、手形の支払期日までに振り出してもらった会社にお金を返すことができれば、振り出した会社は問題なく手形を決済することができます。でも、資金繰りに苦しんでいる会社の業績が、そんなに簡単に好転するはずはありません。近いうちに必ず破たんし、手形を振り出した会社に資金を返すことができなくなります。

　そうなると、振り出した会社に手形決済能力がなければ、不渡りとなってしまいます。融通手形のやり取りは、振り出したほうも、受け取ったほうも、倒産への第一歩なのです。

　また、「白紙手形」は金額や振出日などを白紙のまま、借主に捺印させた借用証書のこと。こんなものを書いてしまったら、いつ、いくら返せばいいのかは貸主の思いのままです。たとえ実際には100万円しか借りていなくても、証書に1000万円と書かれても抗弁できません。白紙手形を担保に融資をするようなところは、あてにしないほうがいいでしょう。

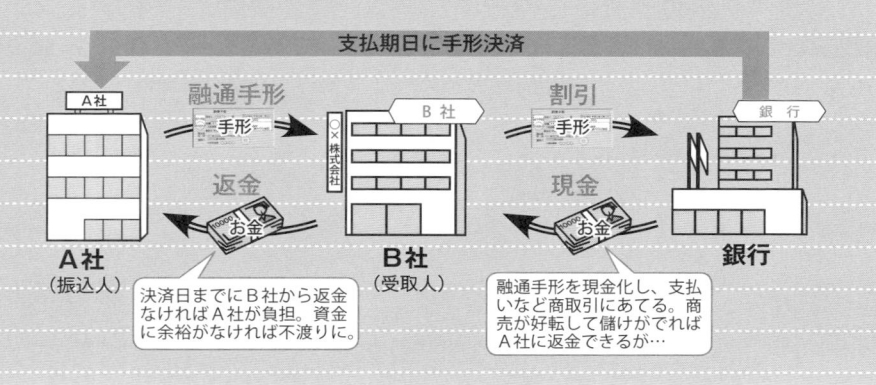

支払期日に手形決済

A社（振込人） → 融通手形 → B社（受取人） → 割引 → 銀行
銀行 → 現金 → B社 → 返金 → A社

A社（振込人）：決済日までにB社から返金なければA社が負担。資金に余裕がなければ不渡りに。

B社（受取人）：融通手形を現金化し、支払いなど商取引にあてる。商売が好転して儲けがでればA社に返金できるが…

第8章 小さな会社でも効果抜群の「節税」対策

法人税対策のキホン ❶
1 節税対策をしなければ、利益の4割を税金にとられる

● "適正な"節税対策を考えよう

　会社の収益にも税金がかかることは、第1章で説明しました。なかでもやはり問題になるのは、**法人税**。会社の「利益」にかかる税金です。

　よく、「税金に取られたくないから、帳簿上はできれば赤字をめざす」という社長がいますが、あまり極端な節税はおすすめできません。

　先にも述べたように、決算が赤字の会社には金融機関は融資してくれませんし、無理な節税は効果が1期かぎりのものが多いからです。

　そうはいっても、何も対策をしなければ**実効税率**（☞右ページ）として利益の4割近くを税金で持って行かれてしまいます。

　過度な節税対策は結果的に自分の首を絞めることになりますが、たとえば、従業員への福利厚生を充実させた結果が節税対策になる……など、将来的に会社にプラスとなるような対策を検討してみましょう。

●「課税所得」を圧縮することが節税対策の第一歩

　法人税は会社の利益の金額にかかりますから、最大のポイントは利益を減らすことです。かといって仕事をさぼって利益を減らすわけにはいきません。きちんと売上を上げたうえで、利益を減らす対策が必要になります。

　正確に言うと、利益を減らすというよりも、**法人税を掛ける対象となる「課税所得」を減らします。**

　右ページの図をご覧ください。20ページでもお話ししたように、企業会計上の利益は、会計上は「収益」から「費用」を引いたものですが、税務会計上では「益金」から「損金」を引いたものを「所得金額」といい、この金額で法人税を計算します。

　「収益」と「益金」は、ほぼ同じものですが、一部「益金不算入」として会計上は「収益」として認められるものの、税法上は「益金」には入らないと

Check Point

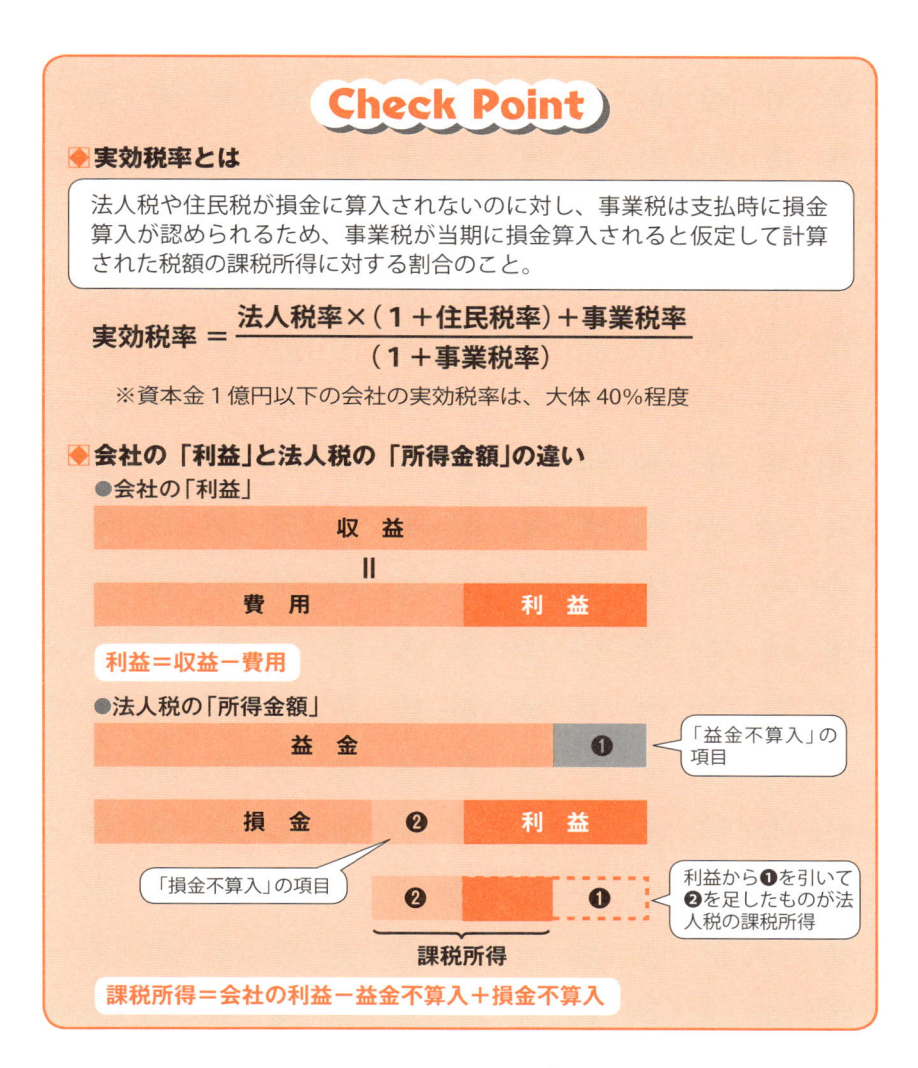

◆ **実効税率とは**

法人税や住民税が損金に算入されないのに対し、事業税は支払時に損金算入が認められるため、事業税が当期に損金算入されると仮定して計算された税額の課税所得に対する割合のこと。

$$実効税率 = \frac{法人税率 \times (1 + 住民税率) + 事業税率}{(1 + 事業税率)}$$

※資本金1億円以下の会社の実効税率は、大体40％程度

◆ **会社の「利益」と法人税の「所得金額」の違い**

●会社の「利益」

収　益	
=	
費　用	利　益

利益＝収益－費用

●法人税の「所得金額」

益　金	❶

「益金不算入」の項目

損　金	❷	利　益

「損金不算入」の項目

❷　　　❶

課税所得

利益から❶を引いて❷を足したものが法人税の課税所得

課税所得＝会社の利益－益金不算入＋損金不算入

いったものがあり、まったく同じではありません。

　同様に「費用」と「損金」も、ほぼ同じといえますが「損金不算入」とされるものもあり、細かい部分で違いがあるのです。

　したがって法人税を計算するためには、会計上の**「利益」に修正を加えて「課税所得」を出す**必要があり、この課税所得を圧縮することが節税対策の第一歩になります。

法人税対策のキホン ❷
2 会社の活動にかかった費用はすべてもれなく計上する

● 領収証は必ずとっておく習慣を

　課税所得を減らすことが節税の第一歩だからといって、無駄なものにお金をつぎ込む必要はありません。必要なものにはきちんとお金をかけるべきです。そして、そういった**費用をすべて計上する（経費として落とす）ことは最低限の節税術**です。

　「そうはいっても、文房具などは金額も小さくて精算の手続きが面倒くさい」とか、「ついつい、領収証をなくしてしまいがちで……」などと言っていては、節税はできません。

　また、「こんなもの、費用として認められないんじゃないか？」と勝手にあきらめるのも、もったいない話です。**費用として認めるかどうかを判断するのは税務署であり、もし認められなければ修正申告をすればいいだけ**です。

　とりあえず、会社の活動にかかった費用はすべてもれなく計上することです。鉛筆1本、コピー用紙1束、そんな細かい備品も積もり積もれば"山"となりますから、領収証は必ずとっておきましょう。

　個々の節税術は後でご紹介しますが、意外なものがちゃんと費用として認められることも多いので、下調べと準備が必要です。

● 事前に規定を設け、福利厚生で節税対策

　福利厚生関係の節税対策では、事前に取り決めをしておくことで、費用計上が認められるものもあります。

　たとえば**出張手当**。出張にかかる交通費や宿泊費とは別に、日当などを支給することで、費用として計上することができます。ただし、事前に出張旅費規定の作成が必要です（☞264ページのコラム）。

　また従業員やその家族に**慶弔見舞金**を支給することができます。これも事前に規定を作成しておけば、費用計上が可能。このほか、従業員を連れて行

Check Point

🔸旅費規定（ひな形）
事前に規定をつくっておかないと、費用として認めてもらえないので注意！

◉目的
第一条　この規定は、会社の業務遂行のために国内出張する場合の旅費等の取り扱いおよび手続きに関する事項を定める。

◉定義
第二条　この規定において、「勤務地」とは職場の所属する市区町村をいう。
2　この規定において「出張」とは、日帰り出張、宿泊出張および特別出張をいい、その定義は当該各号に定めるところによる。
一　日帰り出張　勤務地以外の市区町村に出向き、宿泊を必要としないものをいう。
二　宿泊出張　勤務地以外の市区町村に出向き、宿泊を必要とするものをいう。
三　特別出張　新規採用者およびその家族が居住地から勤務地に赴くことをいう。
3　この規定において「旅費」とは、交通費、宿泊費および日当をいう。

◉交通費、宿泊費、日当
第三条　交通費は別表一で定める定額を支給する。
2　宿泊費は宿泊日数に応じて別表二で定める定額を支給する。
3　日当は日帰り出張については別表三で、宿泊出張については宿泊日数に応じて別表四で定める定額を支給する。

◉特別出張
第四条　特別出張については、居住地から勤務地に至る交通費の実費のみを支給する。

◉出張の経路等
第五条　出張の経路、その利用交通機関及び乗車券類（乗車券と料金券）等は、経済性を重視して選ぶことを原則とする。ただし、特別の理由がある場合はこのかぎりでないが、事前に所属長の承認を得るものとする。

◉自動車による出張
第六条　自動車を利用した出張は原則として認めない。事情により自動車による出張を行わざるを得ない場合には、あらかじめ所属長の許可を受けなければならない。その際の交通費については、燃料、駐車料、有料道路通行料などそれを証明するものを提出した場合にかぎり支給する。

く**慰安旅行の費用**なども同様です。

　これらは、金額的な基準が税法上決められているわけではありませんが、高額になりすぎると、税務署で費用計上が認められない可能性があります。

　そうならないよう一般常識の範囲内で、"相場"を考えて規定に金額を盛り込まなければなりません。このような節税対策は、税務調査で必ず確認されるので、**社内規定に適用条件と金額を明記する**ようにしてください。

3 決算賞与の扱い
税金対策のための決算賞与はできるだけ避ける

● 当期費用に計上するには３つの条件がある

　会社の業績が伸び、利益が思ったよりも上がりそうなときに、従業員へのインセンティブとして、**決算賞与の支給**を考える社長も多いでしょう。

　従業員の側からすれば大歓迎でしょうが、経営者サイドから考えると、あまりおすすめできません。その理由は２つあります。

　１つ目の理由は、経理上の問題です。

　たしかに決算賞与は費用として計上できるのですが、当期の経費として計上するためには、右ページの上に示した３つの条件が必要となります。

　決算日当日までに賞与として支給するのであれば問題ありませんが、決算をして利益を確定し、それに対して決算賞与を出そうとすると、その費用は翌事業年度の支出扱いとなってしまいます。

　もし、当期の費用として計上したいのであれば、**しっかりと利益予測を立てて、年度内に全従業員に決算賞与金額を通知しなければなりません。**

　ただし、右ページの下に挙げたケースでは、決算賞与が費用として認められません。

　たとえば決算日が３月末日で、決算賞与支給日が４月25日だった場合、４月25日前に退社した従業員にも決算賞与を支払わないと、従業員全員分の決算賞与が費用として計上できないのです。

● かえってモチベーションを低下させる可能性も

　決算賞与をおすすめしないもう１つの理由は、インセンティブ面の問題です。

　従業員とすれば、賞与の支給は歓迎すべきことでしょう。ただ、もらった側はすぐにそれに慣れてしまいます。

　社長は、「利益が出たから支給するけど、利益が出なければ支給しないの

Check Point

◆ **決算賞与を費用計上するための３つの条件**

❶ **決算日までに決算賞与の支給額を、全従業員に個別に通知していること**
➡個々人に金額をそれぞれ通知する必要がある。全員に通知したことを証明するため、書面で通知し日付と確認印をもらうなどの対策をとると安心。

❷ **決算日から１カ月以内に、受給者全員に支払っていること**
➡銀行振込なら証拠が残るので安心。手渡しの場合は受領書を受けておいたほうがよい。

❸ **決算で未払金（もしくは未払費用）の計上をしていること**

◆ **決算賞与が費用として認められないケース**

❶ 就業規則で、「支給日に在職する従業員にのみ賞与を支給する」としている場合
❷ 上記の規則がなくても、結果的に支給日到達以前に退職したものに支給しなかった場合

は当然」と考えますが、従業員はそう割り切って考えられません。

　もし来期、思ったような利益が出ずに決算賞与を支給できないと、「去年はもらえたのに……」と失望し、かえってモチベーションが下がる可能性があります。これでは、いったい何のために決算賞与を支給するのか、わからなくなってしまいます。

　今後ずっと決算賞与を支給し続けられる業績が予測できればかまいませんが、そうでなければ、**税金対策としての決算賞与はできるだけ避けたほうが無難**でしょう。

4 役員報酬の扱い
社長や役員の給与・賞与を適正に設定しよう

● 原則として役員の給与は費用にできない

　第3章でお話ししたように、従業員の給与は、当然ながら損金として扱われるので費用に計上できますが、社長や役員の給与は原則として損金不算入、つまり費用とすることができません。

　損金にするには、以下のいずれかの条件を満たしていることが必要でした（☞67ページ）。平成18年度に大幅に法人税法が改正され、かなり条件が厳しくなりました。

①定期同額給与
　1カ月以下の一定期間ごとに支給され、事業年度内は同額が支給される給与である。

②事前確定届出給与
　支給時期、支給額を事前に税務署に届け出ている給与である。

③利益連動給与
　利益に連動して役員に対して支払う給与で、有価証券報告書に記載されるなど、一定の要件を満たしている。

● 給与は賞与を加味して算出し、役員賞与を廃止する

　前述のように、定期的かつ定額の役員給与は、損金算入が認められますが、役員賞与は臨時的なものと判断され、基本的に損金算入ができません。

　つまり、役員に賞与を支給すると、役員個人が所得税を取られるばかりか、**会社は賞与を支給したにもかかわらず、そのぶんを費用化できないために節税対策にはならない**のです。

　もちろん、事前確定届出給与という形で費用化できる賞与を受け取ることもできますが、この場合は、たとえ事業で利益が出ていなくても"必ず"給付することが絶対条件となることも、前に述べたとおりです。

Check Point

◆ 定期給与の改定事由

①通常改定	定時株主総会による増額・減額改定
②臨時改定事由による改定（外部要因）	役員の職制上の地位の変更などにより期中に行う増額・減額改定
③業績悪化改定事由による減額改定（内部要因）	・経営状態が著しく悪化した場合に行う減額改定 ・単なる業績悪化や資金繰り不安は該当しない

　賞与として支払うが経済的ではないからといって、売上が上がったらそのぶん給与を上げればいいかというと、それも禁じられています。納税を免れるために役員給与を上げて利益を減らすという利益操作を防ぐために、役員給与の支給額は株主総会で決めることが義務付けられています。

　定時株主総会は決算期終了後、3カ月以内に開くことが決められているため、その期間を過ぎての変更は費用として認められない場合が出てきます。

　逆に定時株主総会を待たず、新しい事業年度開始からすぐに変更したい場合は、臨時株主総会を開いて決議します。

　決議といっても、小さな会社の場合、社長1人による総会というところも少なくないでしょう。その場合でも、最低限、議事録は付けておかなければなりません。

　上の表の②③の場合も、変更には株主総会による決議が必要です。③については「著しく悪化した場合」が条件となっているように、資金繰りに少し困っているくらいのことでは認められません。

　一方、たとえば金融機関への返済をリスケジュール（☞222ページ）することになり、相手先からも減額を求められているような場合は認められるケースもあります。

　いずれにしても、**役員への給与は賞与を含んだ金額とし、役員賞与は支給しないほうが節税になります**。ただし、一度決めたら1年間は勝手に金額の増減ができないので、正確に利益の見通しを立てることが大切です。

5 生命保険の扱い
会社を受取人にして社長に生命保険をかけるメリット

● 保険料を費用に計上して節税効果を狙う

　節税のいちばんポピュラーな手法として、**生命保険への加入**があります。

　個人で生命保険をかけている人が多いと思いますが、会社が社長に対して生命保険をかけることは、節税以外にも重要な意味があるのでぜひ知っておきましょう。

　まず節税効果から。**会社が社長に対して生命保険をかけると、保険料の一部もしくは全額を費用に計上することができます。**

　右ページに生命保険の種類を挙げていますが、保険料のうちいくらまでを計上できるかは保険の種類によって異なります。

　ここでは、満額を費用に計上できるという前提で考えてみましょう。

　年に60万円の保険料を支払う定期保険に加入したとします。全額費用に計上できますから、実効税率（☞241ページ）を40％とすると24万円分の節税効果があり、36万円の保険料で保険に加入しているのと同じになります。

　仮に会社の課税所得が300万円だったとき、実効税率の40％を掛けると税金は120万円です。そこに保険料の60万円が費用になると所得金額は240万円、税額は96万円になり、24万円の節税となるのです。

● リスクヘッジとしても役立つ生命保険

　会社を受取人にして社長に生命保険をかけると、節税対策以外にもさまざまなメリットがあります。

　小さな会社の場合、社長の身に万が一のことがあったら、会社の存続自体が危うくなります。

　そのとき、**会社が受取人の保険金があれば、事業継続のための資金、事業保障資金、遺族への死亡退職金などに充てることができます。**

　また、貯蓄性のない定期保険でも、会社の業績が急激に悪化した際などに

Check Point

◆ **生命保険の種類**

定期保険	掛け捨ての保険。貯蓄性はない。その代わり、比較的少額の保険料で高額の保険金を受け取ることができる。保険期間が限られている（＝定期）。
終身保険	死亡時に保険金がおりるタイプの保険。期限はなく、一生を保障する。保険料は定期より高く、養老保険より低い。ただし契約内容によっては、生存している間中保険料を支払い続けなければならないため、長生きすると保険料の総額が高くなる場合もある。
養老保険	いちばん貯蓄性が高い保険。10年や20年など、あらかじめ定められた保険期間中に亡くなるか、もしくは無事に満期を迎えると、保険金が下りるタイプ。保険料は比較的高い。

❗ 会社として社長死亡時の資金源とするのであれば、比較的安い保険料で高額保障の付けられる「定期保険」が一般的。

は、**保険を解約し、解約返戻金を資金繰りの原資とすることもできます。**

　こうした生命保険への加入は、節税効果を期待するのはもちろんですが、それよりもいわゆるリスクヘッジとしての役割が大きくなってきているのが現状です。

　ただし、保険の種類はさまざまですし、保険料自体も月々の金額はたいしたことがなくても、何年も入り続けることを考えれば決して安い買い物ではありません。保険料の支払いのために、資金繰りが悪化するようでは本末転倒です。

　自分の会社の状態にあった保険、将来必要となるであろう保険の種類を選ぶこと、適切な保険料と保障内容を吟味して選ぶことが欠かせません。

6 資産の扱い
自動車や不動産などは会社所有にしたほうがお得

●「業務用」なら必要経費として計上できる

　資産の種類はいろいろありますが、個人所有にするよりも会社所有にしたほうが有利なものがあります。それは、**維持費がかかるもの**です。

　たとえば**自動車**は、それ本体の価格も決して安くはありませんが、維持費にもお金がかかります。税金、ガソリン代、車両整備代、車検代、保険料、駐車場代、タイヤやオイルなどの消耗品……。

　これらは、年間にすると結構な金額になります。個人所有の車を事業用に使用している場合、これら諸費用をすべて自分の財布から出さなければいけませんが、業務用ならすべて必要経費として費用に計上できます（ただし、あくまで実際に会社の業務に使っていることが条件です）。

　不動産も同様に、オフィスの賃料はもちろん、所有している物件なら固定資産税、そのほかにも維持管理・修繕費用、火災保険料などを損金として算入できます。もちろん、従業員への保養施設として別荘を購入した場合も、その管理費なども含めて損金扱いが可能です。

　また会社で不動産を購入した場合、ローン代はもちろん、会社の資産のための借入金ということで、利息も全額が損金扱いになります。

　このメリットを利用して、**自宅用の不動産を購入する際には会社名義で購入**するのも一つの方法です。そのうえで社宅として借りると、諸費用は原則として会社の費用で計上して、自分は賃料を会社に納めることになります。

　とくに自宅用の不動産の場合、仮に会社から自宅の購入代金を役員給与としてもらって、個人で購入したとしたら、支払われた役員給与に対して、多額な所得税がかかってきます。ところが会社名義であれば、所得税も一切かかりませんし、会社側も損金として計上できるため、法人税を減らすことができます。

　同様に周辺の家賃相場をみて、適正な価格にする必要はありますが、賃貸

Check Point

◆ 個人名義と会社名義の差

	個人名義	会社名義
資産の維持管理費	個人で支払い	会社で費用に計上
固定資産税等の税金		
購入のために借入れたローン+利息		
火災保険、自動車保険料等		
減価償却	不可	可能
譲渡損失	―	利益と相殺可能

節税に効果あり！

物件を借り上げる方法でも同じように節税効果があります。

社長だけでなく、従業員などへも借り上げのアパートなどを社宅として用意すれば、福利厚生の一環にもなります。

● 売却時にマイナスになっても会社の利益と相殺できる

これらの資産を**会社名義にしておくと、減価償却**（☞38ページ）**ができる**というメリットもあります。土地は減価償却対象外ですが、建物部分については可能。何年にもわたって費用として計上できます。

また、不動産は年数がたつと資産価値がどんどん落ちていき、いざ売却するとなると買ったときよりも評価が落ちるケースも少なくありません。

もし、会社名義の資産で譲渡損失が出た場合は、本業の利益と相殺することができます。

さらに、単年度で相殺ができず、マイナスになってしまったら、次の事業年度に繰り越して相殺することも可能です。

7 儲けの扱い
設備の修繕や消耗品購入は儲かっている期内のうちに

● 修繕や設備投資をして節税

　社屋の修繕や機械設備などのメンテナンスには、意外にお金がかかります。必要と思っていても、一度に大きなお金が出ていくため、ついつい後回しにしてしまっている会社も多いでしょう。

　もし、「今期は利益が出そうだ」と予測できたら、いまがチャンス。赤字のときには手を出せず放置していたことに、思い切って投資しましょう。節税効果が生まれるばかりか、業務効率のアップが期待できます。

　ただし、設備の維持管理や壊れた部分を直す費用は「修繕費」ですが、設備の機能を向上させたり、バージョンアップさせたりするような、施設の資産価値の向上につながる修繕は、「資本的支出」と判断され、損金算入ではなく減価償却の対象となります。1回の支出が20万円未満、3年以内の周期で行われているものなど、**税務上で修繕費として処理するためには条件がある**ので注意しましょう。

　また、節税とは少し話がそれますが、儲かっているときのほうが金融機関からの融資は受けやすくなります。修繕や設備投資のためにお金を借りるにしても、儲かっていないと、なかなか資金は借りられないでしょう。

　もちろん借金をしたら返済義務が生じるので、むやみに借りるのは考えものですが、今後の利益の見通しをきちんと立てたうえで融資を受ければ、金融機関に対してプラスの印象を与えることができます。

● 資産計上しなくてよい消耗品を購入する

　同じように、**儲かっているときに備品や消耗品などを購入する**のも一案です。ただし、備品については、「それが本当にいま必要なものか」をよく考えて購入してください。節税のための買い物だったはずが、うっかりすると会社の利益を食いつぶす無駄づかいになりかねません。

Check Point

◆ やってはいけない節税対策

A社の場合…
当期利益予測：500万円
税額（実効税率40％）：200万円

会社に残るお金 300万円

▼

節税のために、会社のパソコンを全台（20万円×15台）入れ替えることにした。

▼

パソコン代金：300万円
当期利益予測：200万円
税額（実効税率40％）：80万円

会社に残るお金 120万円

120万円分の節税効果はあるが、会社に利益として残るはずのお金が300万円から120万円へ目減りしている。

　消耗品は、将来的にも必ず必要となるもの、使用期限が短くないものにかぎります。

　なお、儲かっているからといって、「いまのうちに大量に商品（＝在庫）を仕入れておこう」と考えるのはNGです。

　なぜなら大量に商品を仕入れてお金を使っても、仕入れ費用として損金に計上できるのは、売れた商品の仕入れ分だけだからです。

　仕入れた商品のうち、期末に在庫として残ったものは、貸借対照表では「商品」という勘定科目で表される「資産」となり、そのぶんの利益が減るわけではないので節税にはなりません。

　それだけではなく、在庫を大量に保有すると売れ残りのリスクを抱えることになります。保管用の倉庫代もばかになりませんし、節税効果もありませんからあまり意味がないのです。

　その点、消耗品は資産に計上されませんので、ある程度まとまった金額を購入して損金計上すれば利益を減らすことができ、節税効果が見込めます。

8 前倒し計上
短期前払費用や未払分を前倒しで計上しょう

● 前倒して費用を計上する「短期前払費用」

　原則として、サービスの提供や商品を買ったときの代金は、いくら先に支払ってもすぐには費用になりません。商品が届いたとき、またサービスを受けたときにはじめて費用となります。

　しかし、税務上は「**短期前払費用**」という特例制度があります。これは前払いした費用のうち、**支払った日から1年以内にサービスや商品の提供を受けることを前提として、支払った年度内に全額を費用化できる**というもの。

　たとえば、保険料の1年分前納などです。1年以内なら、決算日をまたいでも当期中の費用にすることができます（☞右ページ）。

　ただ、気をつけておきたいのは、この制度は来期の費用として計上できるものの"前倒し"にすぎず、何もしなければ、来期の費用がそのぶん少なくなるという点です。

　つまり、この制度は初めの一度しかメリットが望めません。

● 未払分を払ったものとして計上する

　未払費用の計上も、"支出を増やす"策の一つです。

　決算日までに支払いが済んでいなくても、**すでに債務として支払いが確定しているものであれば、「未払金」「未払費用」として当期中の費用に計上できます**。

　具体的には、従業員の給与や賞与、固定資産税などを、こうした扱いにすることがあります。

　たとえば、決算日が3月末日で、15日締め25日払いの給与制度の場合、3月16日から31日までの期間に相当する給与は翌4月25日に支払われますが、このぶんを日割りにして未払費用として計上することができます（☞右ページ）。

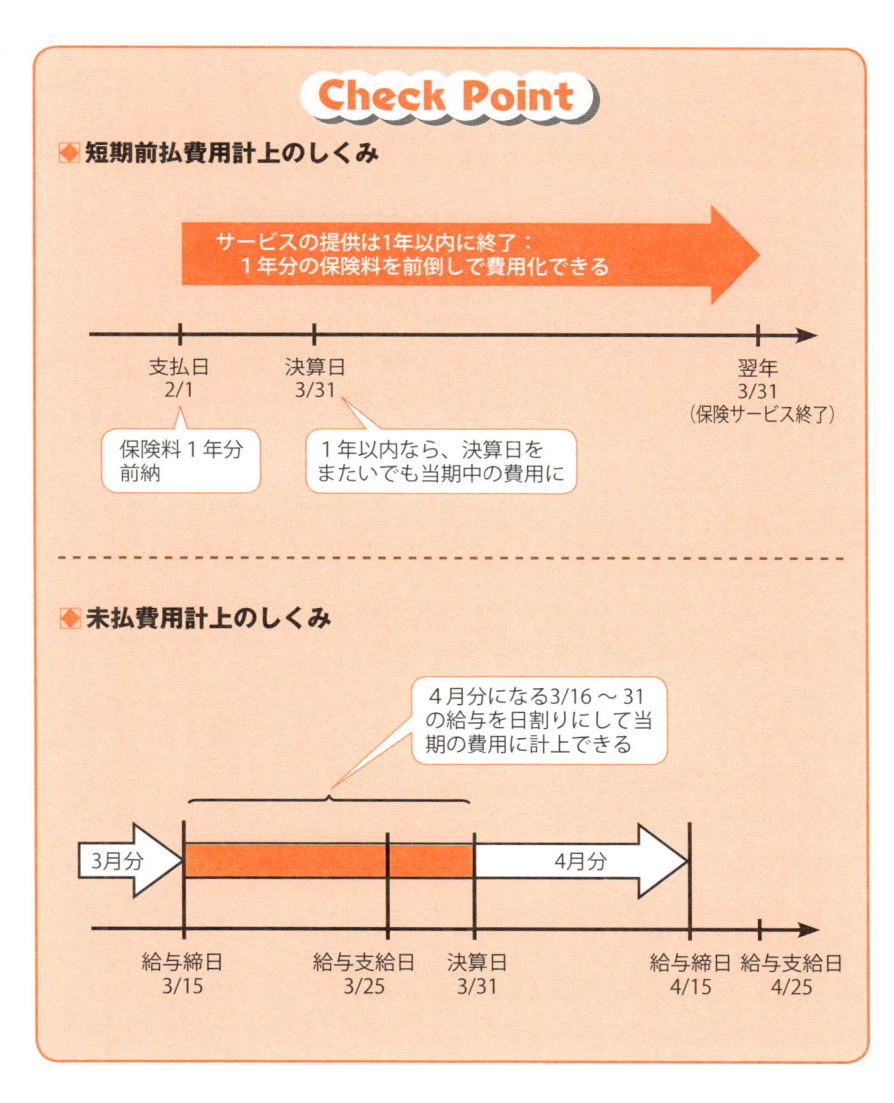

Check Point

◆ **短期前払費用計上のしくみ**

サービスの提供は1年以内に終了：
1年分の保険料を前倒しで費用化できる

支払日 2/1 — 保険料1年分前納
決算日 3/31 — 1年以内なら、決算日をまたいでも当期中の費用に
翌年 3/31（保険サービス終了）

◆ **未払費用計上のしくみ**

4月分になる3/16～31の給与を日割りにして当期の費用に計上できる

3月分　　4月分

給与締日 3/15
給与支給日 3/25
決算日 3/31
給与締日 4/15
給与支給日 4/25

　ただ、こうした未払費用の計上も、来期の費用になるものを前倒しして計上するだけのことです。あくまでも費用計上のタイミングを変えるだけなので、節税の効果自体はさほどありません。

　しかし、来期に必ず利益が出るという保証はありませんから、計上できるときにしておいたほうがよいでしょう。

9 飲食代の扱い
取引先との飲食代は1人当たり5,000円以下に抑えよう

● 年間600万円までの交際費は10％分が課税対象となる

　損金として計上できるかできないかでよく問題になるのが、「飲食代」です。社内・社外を問わず、**打合せを兼ねて2人で数千円のランチという程度であれば、通常「会議費」として損金算入の対象**です。会議費とは、打合せなどの会議時に茶菓、弁当などの飲食物を供与するために通常要する費用と規定されています。しかし、これが**高額になると「交際費」の扱いとなり、原則損金にはできません**。

　ただ、中小企業の場合は特例が認められています。資本金が1億円以下の会社の場合、**支出した交際費のうち、年間600万円まではその金額の90％を損金に算入することができる**のです。

　たとえば、1人当たり8,000円の飲食を5人がしたとすると、8,000円×5人で40,000円。このうち損金算入できるのは90％分の36,000円で、4,000円は交際費として課税対象となります。

　なお、年間600万円を超える部分の交際費は、全額が課税対象となり、交際費が700万円であった場合には、600万円×10％＋（700万円－600万円）＝160万円が課税対象となってしまいます。

● 1人当たり5,000円以下の飲食費は対象外

　なお、**社外取引先との飲食はすべてが交際費というわけではなく、1人当たりの飲食費が5,000円以下の場合には、その全額が交際費としての課税対象から除かれます**。

　ただし、この交際費適用の除外を受けるにあたっては「日付、その飲食等に参加した得意先、仕入れ先その他事業に関係のある者等の氏名または名称及びその関係」を明らかにしなければなりません。精算のときには、飲食に参加した人の氏名などを「○○会社・○○部・氏名、以下○名、卸売先」と

Check Point

◆ この飲食代は交際費の扱いになる?

Q1:1人当たり5,000円を超えた分が交際費となる?

A1:1人当たり5,000円を超えた場合、その飲食代すべてが交際費の扱いとなる。5,000円×人数分の90%であり、1人当たり5,000円分を控除されるのではない。

Q2:親会社の役員を接待した場合も交際費となる?

A2:親会社であっても「社外」の人間なので、適用される。

Q3:接待が1次会、2次会に分かれた場合は?

A3:連続して飲食が行われた場合でも、店を移るなどそれぞれの行為が単独で行われているときは、それぞれに1人当たり5,000円以下であれば問題なし。

Q4:テーブルチャージ、サービス料などの扱いはどうなる?

A4:テーブルチャージやサービス料も含めて飲食代と考える。実際に飲み食いした代金に、これらのサービス料などを加えた総額を参加人数で割って1人当たりの金額を算出する。

いったように特定できるようにしておく必要があります。

また交際費は、逆にいうと、**参加者の大部分が従業員で社外の人が1人だけであったとしても、従業員が参加する必要性があれば、交際費としての課税対象からは除かれる**ことになります。

10 株式投資
会社名義の株式投資なら、損が出てもフォローできる

● 会社名義なら譲渡損失を本業の黒字と相殺できる

　株式投資は投資に失敗すれば元手まで失います。個人で投資を行っていたら、マイナスはマイナスとしてあきらめるしかありません。それが株式投資というものだからです。

　税務上、個人の上場株式等にかかわる譲渡損失は、ほかの株式の譲渡益となら相殺できますが、給与所得などとは相殺することができません。

　たとえば、Ａ社株の売買で100万円の損失を出し、Ｂ社株の売買で120万円の利益が出た場合は、差引20万円の利益として課税所得を少なくすることができます。しかし、Ａ社株の売買で100万円の損失を出しても、ほかに株式譲渡益がない場合、給与から株式譲渡損失の100万円を引いて課税所得を少なくすることはできないのです。

　個人の場合、上場の株式譲渡損失を譲渡益で相殺してもまだマイナスが残る場合は、確定申告をすれば翌年以降3年にわたってマイナス分を繰り越せますが、その3年間も株式の取引による譲渡益、上場株式の配当としか相殺できません。

　ところが、**会社組織として株式投資をすると、譲渡損失が出た場合も会社の本業の黒字部分と相殺できます**。もしマイナスになってしまったとしても、青色申告（複式簿記で帳簿を付ける代わりに、赤字を翌期以降７年間、黒字の年に相殺できるなどの特典を持つ税金の申告制度。一般に法人は青色申告だが、単式簿記でＯＫだが税制面で不利となる「白色申告」もある）をしている会社の所得がマイナスになった場合の繰越しは7年間と、個人の倍以上の期間になっています。

● 会社名義の口座ならFXのレバレッジ規制対象外

　また、FX取引も法人口座で行うと個人で行うよりもメリットがあります。

Check Point

◆ **株でマイナスになったときの利益との相殺**

＜例＞
株式投資で100万円の損失を計上する場合

	条件	課税対象	相殺対象	譲渡損失繰越
個人	給与所得：800万円	800万円	株式譲渡益	3年
会社	利益：800万円	800万円－100万円＝700万円	すべての利益	7年

❗ **会社名義で株式投資を行うメリット**
○ **損失が出たときは本業の利益と相殺するので、節税になる**
○ **株式譲渡損失の繰越が7年間**
○ **FXではレバレッジ規制の対象外**

　FXの場合、平成23年8月から個人口座では最大レバレッジ（自己資金にレバレッジの数字を乗じた金額分が取引できる。100万円の自己資金でレバレッジが5倍であれば500万円分の取引が可能）が25倍に規制されましたが、法人口座に関してはレバレッジ規制の対象外になっています。したがって**自由にレバレッジを設定できる**のです。

　また株式投資と同じように、損失を本業の黒字と相殺でき、それでもマイナス所得の場合は7年間の繰越ができます。

　もちろん、株式投資もFXも元金保証ではありませんから、儲かれば文句はありませんが、マイナスになる可能性も十分あります。

　ただ、会社名義で行う株式投資やFX取引は、マイナスになってもそのぶんを本業の利益と相殺できるので、投資を始めるのであれば個人でやるより会社名義で始めるほうが、損失が出た場合を考えるとメリットがあります。

11 在庫処分
赤字が出ている資産は、黒字決算の期に処分しよう

● デッドストック化した在庫を処分して損金計上

　節税対策の一つとして、**在庫の再評価（資産価値の見直し）**が挙げられます。たとえば、もう何年も倉庫に眠っているデッドストック化した在庫がある場合、維持管理のための倉庫代など、経費がかかっています。

　さらに長期的に倉庫に眠っていた在庫は、すでに新しいモデルが出ていたり、日焼けするなどの劣化が激しく、商品価値が落ちていたり、破損や型崩れなどですでに商品として価値がなくなっていたりと、通常の価格ではすでに販売できないケースがほとんどです。

　もしそういった在庫があれば、**黒字決算の期に思い切って処分し、損金として計上**すれば節税対策になります。

● 棚卸資産の評価減が認められるようになってきた

　基本的に棚卸資産（☞166ページ）は税法でも会計でも、取得価額で評価しますから、多少古くなって価値が下がった商品でも、原則的には価値金額の変更はしません。

　しかし、最近の会計では時価会計がさかんに言われるようになってきているので、こういった**在庫などの価値の評価減が認められる方向**にあります。

　ただし、すべての在庫について評価減がOKかというと、そうではなく、先述のように、破損や状態が劣化しているなど、明らかに商品としての価値が下がっていることがわかる状態でなければなりません。

　評価減後の価格については、たとえばバーゲンセールなどを行って売れ残った商品であれば、そのバーゲンセールの価格までは評価損を計上することができます。

　これらの資産の評価減を行い、また**資産価値が帳簿価格よりも低ければ、その差額を除去損として損金に計上**することが認められる可能性もあります。

Check Point

◆ 棚卸資産評価損の効果

<例> 期首棚卸100、当期仕入1,000、期末棚卸150（うち30が評価損の対象）

●評価損を計上しない場合

期首棚卸 100		損金 950
当期仕入 1,000		100＋1000 －150
	期末棚卸 150	

●評価損を計上する場合

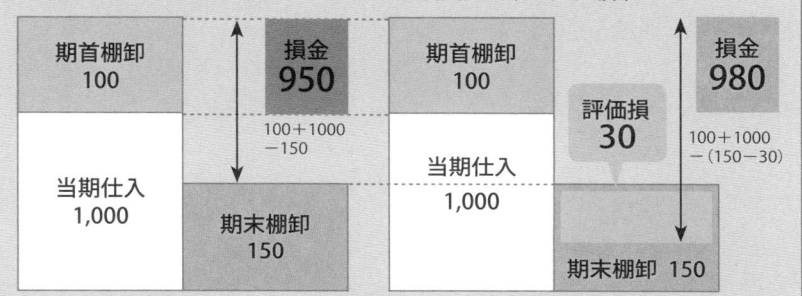

期首棚卸 100		損金 980
	評価損 30	100＋1000 －(150－30)
当期仕入 1,000		
	期末棚卸 150	

**評価損を計上すると……
損金が30増加！（＝所得が30圧縮）**

◆ 棚卸資産の再評価の注意点

❶ 商品とそれ以外の在庫を区分し、それぞれの棚卸評価方法を適用する。
❷ 各商品の適正売価を設定する（定期的な売価変更処理の実施）。
❸ 在庫表と在庫状況による適正評価損を計上する。
❹ 経理上、一度すべての在庫を計上して、損金経理により不良在庫を計上する。
❺ 未着品や貯蔵品についての計上もれをしない。

> **注意!**
> 棚卸資産の再評価については、会社側と税務署間で判断に違いが出る場合も多いので、税務調査時などに備えて客観的な資料を提示して説明できるようにしておく必要がある。

なお在庫を廃棄するときは、あとの税務調査（☞192ページ）などに備えて、廃棄場面を写真にとるなどして、確実な証拠を残しておきましょう。

12 分社化
別会社を立ち上げれば、免税措置が受けられる

● 消費税の納付が免除される新会社

　もし会社が順調に業績を上げ、いくつかの事業を行うようになったら、**分社化**するのも節税対策になります。

　分社化とは、もう1つ別な会社を立ち上げ、事業の一部をその新会社で行うようにすること。たとえば飲食業と小売業を営んでいた会社が、新会社をつくって小売業を移行するといった具合です。

　分社化するメリットとしては、第一に**消費税の節税効果**が挙げられます。

　新会社を設立するにあたっては、課税売上高が1,000万円以下になるようにします。なぜなら、課税売上高1,000万円以下の会社は消費税の納税義務がないので、最大50万円の消費税が節税できるのです。

　とくに**資本金が1,000万円未満の会社では、起業から1期目は売上高にかかわらず、消費税の納付が免除**されます（☞34ページ）。

　ただし、新会社がただのペーパーカンパニーで、売上を付け替えただけでは税務署も認めてくれないので、きちんと実態のある会社にする必要があります。

● 法人税に関してはメリットとデメリットを見極める

　法人税の税率は本来28.05％（平成24年4月1日以後開始事業年度から3年間。復興特別法人税を含む）と一律ですが、資本金1億円以下の企業では、原則として法人税の軽減措置が取られています。一般の普通法人の場合、年間所得のうち800万円を超える部分には28.05％の税率が課されますが、それ以下の部分には16.05％の軽減税率が適用されているのです。

　この制度を利用すれば、1つの会社に利益を集中させるより、**分社化して利益も分散させて軽減税率の適用を受ければ、法人税の節税につながります**。

　もちろん、分社化にはデメリットもあります。法人税の均等割は赤字で

Check Point

◆ **分社化のメリットとデメリット**

メリット	
消費税	●課税売上高1,000万円以下であれば、消費税納付義務がない ●起業から1期目は免税措置あり
法人税	●年間所得800万円までは軽減税率適用

デメリット	
法人税	●均等割分は赤字でもかかるので負担増になる
その他	●事務手続きが倍になる ●新会社設立には初期投資が必要

あっても納めなければいけないため、最低でも7万円の納税負担が生じます。

したがって1つの会社が分社化して2社になれば、法人税の均等割部分が最低でも14万円かかることになります。もしどちらかの会社が赤字になれば、法人税均等割の部分についてはまるまる負担になってしまいます。

また2社に分けることで、事務手続きが倍になることもあります。新会社で新たに従業員を採用すれば人件費もかかりますし、当然ながら新会社の立ち上げについては、法人設立に関する登記などの初期投資が必要になりますから、損益分岐点を見極める必要もあります。

COLUMN　旅費規定を作成すると節税にも役立つ！？

　出張などで必要になる交通費や宿泊費。これらは旅費として所得税法上、非課税になります。また一定以上の距離を移動した場合、「日当」を支払う会社もあるようですが、この日当も旅費として非課税扱いになります。

　この旅費ですが、所得税法では実費精算とは定められていません。そこで事前に「旅費規定」を定めておけば、節税効果が見込めます。

　というのも、旅費規定では正規運賃や宿泊料金で計算して支給するので、実費よりも高い額を支給することになります。正当に実費より高い額を経費にできるため、節税効果があるのです。

　税務調査の際に、旅費について疑問を持たれないようにするには、事前に旅費規定をきちんと明文化しておくこと。もし規定をつくっていないと、経費の支出に基準がなくなってしまい必要経費と認められない場合があります。日当についてもあまりに高額なものは認められません。1日当たり6,000～1万円程度が妥当な範囲です。

　また、この旅費規定を株主総会による決議事項としておけば、税務署は株主総会の決議事項に介入できませんので、突っ込まれる可能性は低くなります。

　旅費を必要経費と認めてもらうためには、実際に出張に行ったという証拠になるものを残しておきましょう。会議の議事録や出張のスケジュール表などを精算書類に添付するようにしておくとよいでしょう。

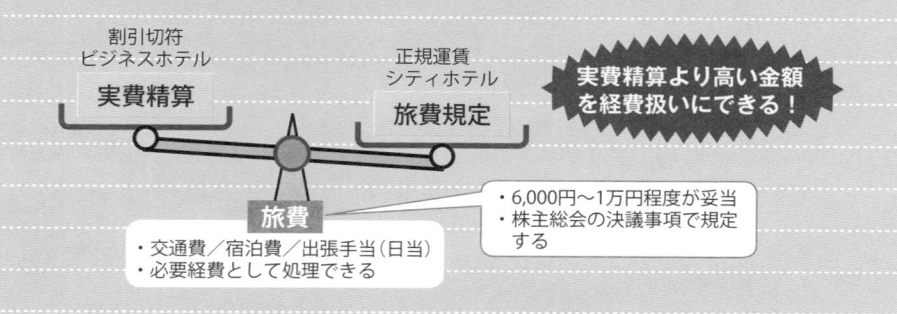

割引切符
ビジネスホテル
実費精算

正規運賃
シティホテル
旅費規定

実費精算より高い金額を経費扱いにできる！

旅費
・交通費／宿泊費／出張手当（日当）
・必要経費として処理できる

・6,000円～1万円程度が妥当
・株主総会の決議事項で規定する

索引

あ

後入先出法 …………………… 170
ROE ……………………… 182,184
ROA ……………………………… 182
慰安旅行 …………… 102,141,243
一般当座貸越 …………………… 234
移動平均法 ……………………… 170
印紙税 …………………… 29,40,230
受取手形遡及義務 ……………… 232
内金 ………………………………… 24
売上 ………………… 240,247,262
売上以外の収入 …………………… 17
売上原価 …………… 17,16,180,190
売上総利益 ………… 23,177,180
売上高 …………………… 22,168,183
売上高利益率 …………………… 183
売掛金 …………………………… 183
売掛帳 ………………… 148,155,157
運転資金 ………… 70,82,202,208,231
営業外収益 ………………… 22,180
営業利益 ……… 177,180,182,190,227
ABL ……………………………… 217

か

買掛金 ……… 22,131,147,148,155
買掛帳 ………………… 148,155,157,158
会議費 …………… 140,146,192,256
会計 ………………………………… 20
会計事務所 ……………………… 133
介護保険 …………………… 104,108
解約返戻金 …………………… 197,249
確定申告 ……… 30,115,148,165,258
額面 ……………………… 92,230,232
掛け商売 ………………………… 18,186
課税売上高 ………………………… 34
課税所得 ………… 112,114,240,258
課税文書 …………………………… 40
株主資本等変動計算書 ………… 176
借入金 ………… 17,53,120,147,177
借入残高表 ……………………… 224
仮払金 ………… 26,131,138,146,192
仮払金申請書 ……………… 26,138
仮払金精算書 ……………… 26,138
簡易課税 …………………… 26,139
元利均等返済 …………………… 35
元金均等返済 ……………… 203,220
記帳 ……………………………… 130
基本給 ……………………… 65,92,96
キャッシュフロー計算書 ……… 176
給与規定 …………………… 74,108
給与計算ソフト ………… 126-127
給与支払報告書 …………… 36,114
給与所得控除 ………………… 72,120
給与所得者の扶養控除等申告書 … 112

索引

黒字倒産……………………19,194
経営改善計画書…………………226
軽自動車税………………………38
経常利益………………23,177,180
慶弔見舞金………………………242
経理………………………………130
決算書………144,148,164,176-181
決算賞与…………………………244
減価償却………38,147,172,251,252
原価法……………………168,170
現金主義…………………………150
現金商売………………………18,188
現金出納帳………148,152,154,156
源泉所得税………………………28
源泉徴収税額表…………………112
原則課税…………………………34
交際費……………………………256
厚生年金保険料…………………76
公認会計士………………………133
小切手……………………………14
国税………………………………60
小口現金…………………………140
固定資産台帳……………148,155,172
雇用保険料…………………76,110
雇用保険…………………………110

さ

最終仕入原価法……………168,170
先入先出法………………………170
事業計画書…………………202,212
資金繰り………………………194-237
資金繰り表………………………199
資金ショート………………227,228
自己資本比率……………………186
自己資本利益率…………………184
仕事給手当………………………96
試算表……………………………208
事前確定届出給与………24,164,225
実効金利…………………………246
実効税率…………………………214
実地棚卸……………240,248,253
自動車重量税………………166,171
自動車税………………28,38,147
収益………………20,142,147,150
就業規則………………74,83,88,100
終身保険…………………………249
修正申告…………………………32,242
収入印紙…………………………40
出金伝票…………………………135
出勤簿……………………107,116
出張手当…………………242,264
純資産…………70,177,142,144,147
小規模企業共済制度……………87

償却資産税……………………… 28,38	
商工組合中央金庫……………… 200	
商工ローン……………………… 206	
譲渡益…………………………… 258	
譲渡損失…………………… 251,258	
消費者金融……………………… 206	
消費税…………… 28,34,128,164,263	
助成金……………………… 208,236	
所定内賃金……………………… 96	
所定外賃金……………………… 96	
仕訳帳……………………… 142,148,154	
申告納税制度…………………… 192	
深夜労働……………………… 96,98	
信用金庫………………… 44,46,61,204	
信用保証協会……………… 204,208	
請求書…………………………… 136	
制度融資………………………… 200	
税引前当期純利益…………… 177,180	
税務申告…………………………21,165	
税務調査……… 18,192,243,261,264	
生命保険………………… 120,122,248	
税理士…………………………… 133	
全部原価計算…………………… 190	
専用当座貸越…………………… 234	
総勘定元帳………………… 148,192	
総資本……………………… 182,186	
総資本回転率…………………… 183	

総資本利益率…………………… 182	
総平均法………………………… 170	

た

貸借対照表…… 176,178,186,188,212	
退職金……………………… 84-87	
退職所得控除……………… 84,124	
第二地方銀行……………… 46,201	
棚卸原票………………………… 166	
棚卸資産……… 146,166-171,188,260	
棚卸表……………………… 166,171	
短期前払費用…………………… 254	
単式簿記…………………… 142,258	
単純平均法……………………… 170	
担保……………………… 216,230	
地方銀行…………… 46,201,204	
地方消費税……………… 28,34	
中期経営計画書………………… 224	
中小企業退職金共済制度………… 86	
帳簿……………………… 130,148	
直接原価計算…………………… 190	
積立定期預金…………………… 60	
低価法…………………………… 168	
定期積金……………………… 44,60	
定期同額給与…………………… 66	
定期保険……………………… 248	
定時株主総会…………………… 247	

索引

手形 …………… 15,50,146,147,177
手形貸付 ………………… 227,231
手形割引 ……………………… 232
手付金 ………………………… 24
手取り ……………………… 93,119
当期純利益　23,144,177,180,183,100
当座貸越 ………………… 227,234
当座預金 …………………… 14,50
登録免許税 ……………… 29,40,42
特別徴収税額通知書 ………… 37,114
都市銀行 ……………… 46,48,200,202

な

日本政策金融公庫 …………… 200,208
ネットバンキング …… 46,48,113,127
年末調整 ………… 116,120-123,126
納期の特例制度 ………………… 36
ノンバンク ………… 196,200,206,233

は

売価還元法 …………………… 170
白紙手形 ……………………… 238
発生主義 ……………………… 150
販売費及び一般管理費 … 26,180,191
ビジネスローン ……………… 202
費用 ………………… 20,144,146
費用収益対応の原則 ………… 150

標準賞与額 …………………… 118
標準報酬月額 ………………… 108
複合仕訳 ……………………… 158
複式簿記 ………………… 142,144,258
負債 ………… 142,177,178,182-189
普通貸付 ……………………… 208
普通預金 ……………………… 50
振替伝票 ……………………… 158
不渡り …… 15,45,195,230-233,238
分割返済 ……………………… 229
分社化 ………………………… 262
粉飾決算 ……………………… 212
分離課税 ……………………… 124
ペイオフ …………………… 50,235
別表 …………………………… 165
返済金 ………………… 17,215,220
法人事業税 ………………… 28,32,131
法人住民税 …………………… 28,30
法人税 …………………… 29-32,130
法人用クレジットカード ………… 56
法定耐用年数 ………………… 38
補助金 ……………………… 209

ま

前受金 ………………… 24,147,162
前払金 ……………………… 28,162
前払費用 ……………………… 254

前渡金……………… 22,24,147,162	旅費規定……………………… 264
未収金…………………… 22,155	労災保険料………………… 65,76
みなし残業代……………… 24,74	労働保険…………… 81,104-107,
未払金………………… 147,160	131,146,160
未払費用……………… 245,254	
無形固定資産………………38,155	
メインバンク ………… 46,203,210	

わ

割引手形……………………… 232
割増賃金……………………… 98

や

役員給与……………25,66-69,246
役員賞与…………………69,246
役員報酬……………………… 66
約束手形…………… 14,41,230,232
有形固定資産………………38,155
融通手形…………………… 238
養老保険…………………… 249

ら

リース会社…………… 128,206
利益…………………… 20-23
利益連動給与………………67,246
リスケジュール………………
　　　　　　196-197,222,224,247
流動資産…………… 177,188,216
流動比率……………………… 188
領収証………… 18,26,40,58,154

[監修者]
土屋裕昭（つちや・ひろあき／税理士、ＣＦＰ、登録政治資金監査人）
大学卒業後、一般企業勤務を経て、簿記知識ゼロから３年間で税理士試験合格。設立間もないベンチャー企業から上場会社まで、幅広い法人クライアントをサポート。特に、中小企業のサポートを得意としており、商人気質を持った税理士（実家は、新宿でお好み焼き店を営んでいる）として経営者からの信頼も厚い。
共著に『やさしくわかる経理・財務の基礎知識』（税務経理協会）、『経理・財務スキル検定ＦＡＳＳテキスト＆問題集』（日本能率協会マネジメント）など。
●土屋会計事務所
東京都新宿区西新宿 6-12-7　ストーク新宿 1F
URL：http://www.th-kessan.jp/

[著者]
Business　Train（株式会社ノート）
起業・開業・ビジネス分野のコンテンツ制作から支援まで行うエキスパート集団。小さな会社やお店の取材は 500 件を超え、現場から抽出した実践重視の解説で高い評価を得ている。著書、編集協力作品に『フリーランス・個人事業の青色申告スタートブック』『食の終焉』（以上、ダイヤモンド社）、『小さな「バル」のはじめ方』（河出書房新社）、『お店やろうよ！シリーズ①〜⑳』（技術評論社）、『小さな会社「これが社長の仕事です！」』（実務教育出版）など多数。
●問い合せ先：info@note-tokyo.com

小さな会社　社長が知っておきたいお金の実務

2012 年 7 月 5 日　初版第 1 刷発行

監修者	土屋裕昭
著　者	Business　Train
発行者	池澤徹也
装丁者	宮川和夫事務所
イラスト	浜畠かのう
発行所	株式会社　実務教育出版
	東京都新宿区大京町 25 番地　〒163-8671
	☎ (03) 3355-1951（販売）
	(03) 3355-1812（編集）
	振替：00160-0-78270
印刷	株式会社　日本制作センター
製本	東京美術紙工

検印省略 ©Note Co.,Ltd. 2012 Printed in Japan
ISBN 978-4-7889-0802-4 C2034
乱丁・落丁本は本社にてお取り替えいたします。

好評発売中

自分の会社・お店を
これから持つ人、持った人のための
社長業のビギナーズ・バイブル！

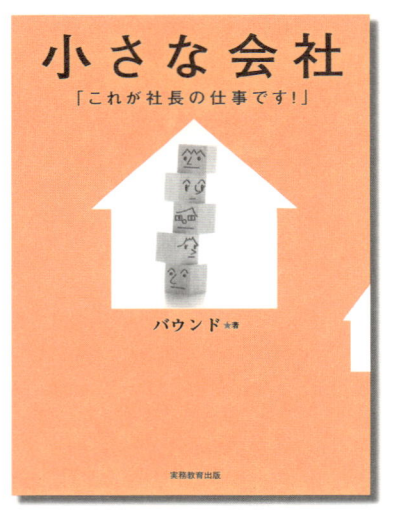

小さな会社「これが社長の仕事です！」

バウンド[著]

初心者社長が陥りやすい「失敗パターン」の紹介から、「物件選び」「市場調査」「広告・営業」「ネット活用」「経理」「決算書の読み方」「採用・組織づくり」のノウハウまで、小さな会社の社長に必須の知識を、図解入りでわかりやすく解説。

●224頁●2色●定価：本体1,500円＋税●ISBN978-4-7889-0793-5

実務教育出版